DES TONNES DE BLAGUES

TOTO
LES FEMMES
SEXY
PRÉSIDENTS
MÉDECINS
MONSIEUR ET MADAME
INFORMATIQUE
LES HOMMES
DEVINETTES

Introduction

Pour les amateurs de blagues en tous genres, rien de pire que d'en manquer. Ce qui ne risque pas d'arriver avec ce livre puisque ça n'est pas moins de 1000 blagues qui vous sont proposées ! Compilées avec soin, elles couvrent un nombre varié de thèmes, donc certains à ne pas mettre entre toutes les mains !

Qu'est ce qu'une blonde enceinte ?
Réponse : un air-bag.

Comment fait-on les petits-suisses ?
Comme les petits Français.

Savez-vous ce qui se serait passé, si ça avait été trois reines mages au lieu de trois rois mages ?
Elles auraient demandé des directions pour se rendre à la crèche.
Elles seraient arrivées à l'heure.
Elles auraient aidé à l'accouchement.
Elles auraient nettoyé l'écurie.
Elles auraient fait une fricassée.
Elles auraient apporté des cadeaux pratiques et on aurait la Paix sur terre.

Une femme rentre des commissions et trouve son mari au lit avec une jeune et charmante demoiselle.
L'homme saute hors du lit et dit :
– Chérie, je peux tout t'expliquer ! Sur le chemin en rentrant du golf, j'ai vu cette pauvre fille sur le bord de la route. Je l'ai prise en stop et je lui ai demandé où elle allait. Elle m'a dit qu'elle n'avait nulle part où aller et qu'elle n'avait pas mangé depuis 3 jours. Alors je l'ai ramenée à la maison et je lui ai donné à manger. Pendant qu'elle mangeait, j'ai vu qu'elle n'avait pas de chaussures, alors je lui ai donné une de tes paires de chaussures que tu n'utilises plus. Puis j'ai vu que ses habits étaient en lambeaux alors je lui ai donné certains de tes anciens habits que tu n'utilises plus. Quand elle était sur le point de partir, elle s'est tournée vers moi et m'a dit :
« Est-ce qu'il y a encore quelque chose que votre femme n'utilise plus ? »

Dame, ayant la moutarde qui lui monte facilement au nez, rencontrerait homme-sandwich.

« Pouvez-vous me recommander une pilule anticonceptionnelle ? demande une jeune fille à un pharmacien.

– Il y a bien celle-ci, que prend régulièrement ma femme.

– Ah ! Est-ce que je pourrais la voir, votre femme, pour qu'elle me donne quelques précisions ?

– Oui, mais rapidement. Parce que, vous savez, avec nos dix enfants, elle n'a pas tellement de temps à perdre à bavarder. »

Une jeune femme entre dans un

confessionnal.

« Mon Père, j'ai appelé un homme "espèce d'ordure" hier.
– Et pour quelles raisons mon enfant ?
– Eh bien, il a commencé à me toucher le bras...
– Comme ça ? demande le prêtre en caressant le bras de la jeune fille.
– Oui.
– Ce n'est pas une raison suffisante pour l'appeler "espèce d'ordure"...
– Mais mon père, il m'a aussi touché la poitrine !
– Comme ça ? demande le prêtre en caressant la poitrine de la jeune fille.
– Oui.
– Ce n'est toujours pas une raison valable pour l'appeler "espèce d'ordure"...
– Mais mon père, il a aussi arraché mes vêtements !
– Comme ça ? demande le prêtre en déchirant les habits de la jeune fille.
– Oui.
– Ce n'est pas une raison suffisante pour l'appeler "espèce d'ordure"...
– Mais mon père, il a aussi mis son "vous savez quoi" dans mon "vous savez quoi" !
– Comme ça ? demande le prêtre en mettant son "vous savez quoi" dans le "vous savez quoi" de la jeune fille.
– Oui.
– Ce n'est encore pas une raison pour l'appeler "espèce d'ordure"...
– Mais mon père, il avait de l'herpès !
– Ah... Quelle espèce d'ordure ! »

L'inspecteur se met en fureur après la directrice d'un établissement scolaire : « C'est une honte ! lui dit-il, une véritable incitation au vice !

– Quoi donc ? bredouille la directrice, interloquée.

– Mais enfin, comment voulez-vous que vos élèves ne se trouvent pas encouragés à la masturbation quand vous prévoyez, dans leur emploi du temps, le travail manuel juste après l'éducation sexuelle. »

Une prostituée a l'habitude de demander à ses clients :
« Tu joues au flipper, de temps en temps ?

– Oui.

– Eh bien, en ce qui me concerne, c'est exactement le même principe. Si tu parviens à ce que je fasse "tilt ", ça te donnera droit à deux parties gratuites. »

Dans une Fiat, il y a quatre ingénieurs : un mécanicien, un électronicien, un chimiste et un informaticien.
Tout à coup, la voiture s'arrête et le moteur s'éteint.
Le mécanicien dit :
– Je le savais, c'est un problème de transmission.
– Mais non, dit l'ingénieur chimiste,

c'est la faute des acides de la batterie !
– A mon avis c'est le circuit électronique qui ne marche plus !, dit l'électronicien.
L'informaticien en dernier :
– ...et si on essayait de fermer toutes les fenêtres, de sortir et après de rentrer à nouveau ?

« Il faudrait un peu savoir ce que tu veux, dit un homme à sa femme. Depuis près d'un an, tu me cries après, matin et soir, de démonter les guirlandes de Noël. Et, aujourd'hui, où je me décide à le faire, tu viens me dire que ce n'est plus la peine, parce que Noël, c'est la semaine prochaine. »

Un bar a été construit devant un cimetière. Le propriétaire a installé une enseigne qui dit : « Quoi qu'on dise, quoi qu'on fasse, on est mieux ici qu'en face ! »
Lorsque celui qui entretient le cimetière a vu l'enseigne, il en a également fait poser une devant celui-ci : « Quoi qu'on dise, quoi qu'on fasse, tous ceux qui sont ici viennent d'en face ! »

Ce sont deux collègues de bureau. L'un des deux est vraiment triste depuis plusieurs jours. Son collègue s'en inquiète et lui préconise :
« Tu sais, moi dans ces cas-là, je ne cherche pas trop le pourquoi du comment et quand je rentre à la maison je fonce sur ma femme et je lui fais l'amour jusqu'à plus soif. Tu devrais essayer je t'assure, avec cette méthode tu verras la vie en rose à nouveau ».
Après plusieurs jours pendant lesquels la mine du collègue tristounet s'est améliorée de façon visible, le collègue aux bons conseils vient aux nouvelles :
« Toi, je suis sûr que tu as appliqué mes conseils à voir ta mine toute épanouie… »
« Oh oui, tu avais bien raison ! Mais dis donc, tu m'avais caché comment c'était beau chez toi ! »

– Monsieur le policier, annonce un mari éperdu, je viens vous déclarer la disparition de ma femme. Elle était sortie pour promener le chien et voilà une semaine qu'elle n'est pas rentrée à la maison.
– Pouvez-vous me donner son signalement ?
– Euh… Elle est rousse. Non, blonde....
– Grande, petite ?
– Hum… pas vraiment grande mais pas vraiment petite.
– La couleur de ses yeux ?
– Verts ! Non… plutôt bleus… Enfin, bleu-vert je crois.
– Des signes particuliers ?
– Hum… je sais pas !
– Quelle sorte de vêtements portait-elle ?

– Aucune idée !
– Bien, dit le commissaire en soupirant. Et le chien, il est de quelle race ?
– Berger allemand. Soixante-cinq centimètres au garrot, pèse 30 kilos, son poil est fauve clair, sa truffe est noire, il a des yeux marron foncé, une légère cicatrice sous le menton, il lui manque une griffe à la patte gauche arrière et son numéro de tatouage est GAH459H595P2492.

Pourquoi Dieu a-t-il créé l'homme en premier et la femme après ?
Parce qu'il devait faire un brouillon avant de créer son chef-d'œuvre.

Une blonde se trouve toute nue au sauna avec un homme. Ils engagent la conversation :
– Je suis magicien.
– Ah bon, j'ai toujours rêvé de rencontrer un magicien ! Vous pouvez me faire un tour de magie, là ?
– Enfin, mademoiselle, je suis tout nu, je n'ai pas d'accessoire. Ou alors, ne bougez pas.
Il fait un tour de passe-passe et lui demande :
– Abracadabra. Alors, vous sentez quoi, là ?
– Je sens un doigt !
Agitant ses deux mains devant le visage de la blonde, il répond :
– Et pourtant, ils sont tous là !

C'est un type qui croise un de ses copains dans la rue.
– Tiens, Albert, ça va ?
– Ben, figure-toi que ma belle-mère est morte, la semaine dernière...
– Oh merde ! Qu'est-ce qu'elle avait ?
– Bof, trois fois rien : une table, un buffet...

C'est l'histoire d'un petit garçon, très admiratif de son grand frère. Il ne peut s'empêcher de l'espionner. Un soir, il voit donc son frère se diriger vers sa voiture. Il se dépêche d'aller se cacher sous la banquette arrière. Le frérot va chercher sa petite amie et part en rase campagne. Au bout d'un moment, celui-ci s'arrête et demande à la fille. « Tu veux ou tu veux pas ?

– Je ne veux pas !

– Bon puisque c'est comme ça, tu descends et tu rentres à pied. »

Et elle rentre à pied. Le mercredi après-midi suivant, le petit garçon, très inspiré, prend son vélo et va voir sa petite copine. Ils vont, tous les deux sur le vélo, se promener à la campagne. Et au bout d'un moment, le petit garçon demande.
« Tu veux ou tu veux pas ?

– Ben, je veux bien.

– Bon, puisque c'est comme ça, je descends et je rentre à pied ! »

Une blonde sort du bureau du docteur.
« Qu'est-ce qu'il a dit ? »
Elle y retourne : « Docteur, m'avez-vous dit sagittaire ou capricorne ?
– Cancer, madame… cancer. »

Marie-Chantal et Gladys visitent le Louvre et tombent en arrêt devant une nativité de Rembrandt.
– Chérie, demande Marie-Chantal, pourquoi cette misère, pourquoi cet âne et ce bœuf miteux qui leur soufflent dans le cou ?
– Vous savez bien, fait Gladys, que ces gens là avaient des difficultés monstres et pas d'argent du tout…
– C'est incroyable ! Pas d'argent et se faire peindre par Rembrandt !

Un Indien arrive au saloon, un fusil à pompe dans une main, et un sceau de bouses de bison dans l'autre.
« Bison mugissant vouloir café ». Le serveur lui apporte, l'Indien descend la tasse en une gorgée, jette le contenu du sceau en l'air, met un coup de fusil dedans et part.
Le lendemain, il revient au saloon et redemande du café.
– Ho ! attends un peu, là, s'exclame le patron, on est encore en train de nettoyer ton coup d'hier. C'est quoi c't'histoire ?
– Moi prendre cours de management pour être cadre supérieur. Ca travaux pratiques. Moi arriver le matin, boire café, semer la merde puis disparaître toute la journée.

Un policier arrête une blonde au volant de sa Golf Cabriolet car elle vient d'être prise au radar à plus de 50 km/heure au-dessus de la vitesse autorisée. Très calmement, le policier demande à voir le permis de conduire de la blonde. Énervée, la fille lui répond :
« Vous devriez vous mettre d'accord dans la police. Pas plus tard qu'hier, un de vos confrères me retire mon permis, et aujourd'hui il faudrait que je vous le montre… »

Quelle est la similitude entre une prostituée et une inspectrice des impôts ? Dans les deux cas, on est baisé par une professionnelle.

Comment appelle-t-on un agent secret qui n'a pas de cerveau, qui a les oreilles décollées et le front aplati ?
Réponse : James Blonde.

Une blonde qui en avait marre de passer toujours pour la potiche qui gobait toujours n'importe quel bobard, se décide un jour de passer le cap et à faire quelque chose d'incroyable : se rendre au magasin de location de vidéos et de voir enfin ce qu'est un film porno.
Elle arrive dans le magasin et passe les rayons en revue, pour finalement choisir une cassette au titre évocateur... Elle rentre ensuite chez elle, se prépare un bon petit repas qu'elle déguste aux chandelles, puis, très excitée, elle installe la cassette dans le magnétoscope et s'installe confortablement dans un fauteuil.
Mais à sa grande déception, il n'y a absolument rien sur l'écran !
Furieuse, dès le lendemain, la fille appelle le magasin de vidéos pour se plaindre. Elle s'écrie au téléphone :
« Je vous ai loué hier une vidéo X et il n'y a absolument rien sur l'écran ! J'espère bien que vous allez ! me permettre de louer un autre film ! »
Le vendeur lui répond :
« Je suis désolé madame, cela peut arriver dans certains cas, nous ne vérifions pas systématiquement les cassettes. Évidemment, vous pourrez passer quand vous le souhaitez et louer une autre cassette de ce même film. Je vais tout de suite vous mettre une cassette de côté : quel film aviez-vous loué ? »
Et la blonde :
« Le titre c'est *Nettoyage des têtes* ».

Pourquoi les chauves prennent-ils du Viagra ?
Parce qu'on leur a promis qu'ils auront une queue de cheval.

La NASA passe en revue 3 personnes ayant réussi les tests physiques pour séjourner dans l'espace, et qui pourraient bientôt être envoyées sur Mars.
Le voyage sera long, très long, et il se pourrait même que les astronautes ne rejoignent jamais la Terre.
Ces 3 personnes ont des métiers différents :
Le premier est un ingénieur. On lui demande combien il désire être payé pour partir vers Mars. Celui-ci répond : 5 millions de francs. Ce sera pour faire un don à la recherche sur la fusion nucléaire.
Le second est un médecin. On lui demande combien il désire pour partir vers Mars.
Celui-ci répond : 10 millions de francs. Ce sera pour donner la moitié à ma famille et l'autre moitié à la recherche sur le cancer.
Le troisième est un avocat. On lui demande combien il désire pour partir vers Mars.
Celui-ci se penche à l'oreille de l'interviewer et lui souffle :
– 15 millions de francs
– Pourquoi autant ? Vous en demandez beaucoup plus que les deux autres, répond l'interviewer...

L'avocat répond :
– Si vous me donnez 15 millions, je vous donne 5 millions, je garde 5 millions, et on envoie l'ingénieur...

Un mari inspecte, devant tous les invités, les vingt-six bougies, plantées sur le gâteau d'anniversaire de sa femme.
-Tu as bien fais de ne pas les mettre toutes, chérie, lui dit-il. Sinon nos amis auraient risqué d'être incommodés par la chaleur...

C'est une classe spéciale de blondes, en cours de géographie. Le prof, déjà accablé d'être tombé dans cette classe, montre un pays sur la carte du monde :
« Qui peut me dire de quel pays il s'agit ? »
Silence le plus complet dans la classe...
« Allez les filles, c'est un grand pays d'Asie, le communisme y a fait rage, on en parle beaucoup à cause du non-respect des droits de l'homme... »
Pas une réponse... Démoralisé, le prof craque :
« C'est la Chine, bordel de merde, la Chine ! LA CHINE ! »
Il fait une autre tentative et montre le grand pays de M. Bush.
« Alors, quel est ce pays ? »
Stupéfaction ! Béatrice lève timidement le doigt : « L'Amérique, m'sieur ? »
« Oui, bravo Béatrice ! Et maintenant qui va me dire qui a découvert l'Amérique ? »
Et toutes les blondes en chœur :
« Béatrice, Béatrice, Béatrice ! ! ! »

Depuis la coupe du monde, les Français remplacent leur minerve par des pneus Michelin.

Il était une fois une jeune et jolie princesse qui subissait une horrible malédiction : tout ce qu'elle touchait fondait ! De ce fait, les hommes étaient effrayés à l'idée de la toucher. Personne ne voulait l'épouser. Le roi son père était désespéré. Que pouvait-il faire pour aider sa fille ? Il prit alors conseil auprès des plus célèbres sorciers et magiciens du pays. Le roi reprit espoir. Quelques jours plus tard, il organisa une grande manifestation au château, au cours de laquelle n'importe quel homme pouvait soumettre n'importe quel objet au toucher de la princesse... Le chevalier qui arriverait ainsi a guérir la princesse pourrait l'épouser et hériter de l'immense fortune du bon roi...
La princesse accepta le défi.
Trois jeunes princes s'inscrivirent à la compétition.
Le premier prince apporta un objet en titane... Mais hélas, aussitôt que la princesse le toucha, l'objet se mit à fondre... Le prince s'en retourna,

triste et déçu.
Le deuxième prince apporta un énorme diamant, persuadé que, le diamant étant la substance la plus solide, il ne fondrait pas. Mais hélas, dès que la princesse posa la main sur le diamant, il se mit également à fondre… Le deuxième prince s'en alla également triste et déçu.
Le troisième prince approcha. Il lui demanda de toucher ce qu'il avait dans le pantalon. La princesse s'exécuta, bien que devenant rouge pivoine… Elle sentit quelque chose de dur. Elle le serra dans sa main… et la chose ne fondit pas !
Le roi était au comble de la joie ! Hourra ! Sa fille était guérie ! Le prince put épouser la princesse et une grande fête se tint dans tout le pays pendant trois jours !

Question : qu'y avait-il dans le pantalon du prince ?
Réponse : des Smarties.

– Ce soir, annonce une femme à son mari, je t'ai préparé une délicieuse épaule d'agneau.
– Hum ! On va se régaler, mais ce n'est pas courant, un jeudi soir, que tu nous réserves une telle surprise.
– Oui. Vois-tu, je ne sais pas comment je m'y suis prise, quand nous avons fait les courses, samedi au supermarché. Toujours est-il que je me suis trouvée, d'un coup, complètement à court de restes.

Un homme, ça a une cellule de plus qu'un chien, pourquoi ! ? Pour l'empêcher de remuer sa queue à chaque fois que quelqu'un passe !

Une blonde se rend à l'université pour son examen final qui consiste en une série de questions de type oui/non. Elle prend un siège dans la salle d'examen, étudie le questionnaire pendant 5 minutes et, prise d'une soudaine inspiration, sort son porte-monnaie de son sac, y prend une pièce de monnaie, se met à la lancer et à répondre sur la feuille de réponses : oui pour pile, non pour face.
Au bout d'une demi-heure, elle a terminé alors que le reste de la classe est encore en train de transpirer sur le questionnaire.
Pendant les dernières minutes, elle est pourtant en train de lancer désespérément la pièce, de jurer et de suer. Le surveillant, alarmé, s'approche d'elle et lui demande ce qui se passe.
– J'ai terminé l'examen en une demi-heure. Mais j'essaie de vérifier mes réponses.

Quéquette et foufoune font du saut à l'élastique. Qui saute le premier ? C'est foufoune, parce que quéquette a les boules !

Toto va voir son père :
– Papa, papa, est-ce que tous les hommes ont deux coucougnettes ?
– La plupart, oui, Toto.
– Alors, comment appelle-t-on un Monsieur qui n'a pas de coucougnettes ?
– Un eunuque.
– Et un Monsieur qui n'a qu'une coucougnette ?
– Un handicapé.
– Et un Monsieur qui en a trois ?
– Un mutant !
– Et un Monsieur qui en a quatre ?
– Un homosexuel, parce que les deux autres, ce n'est pas les siennes !

C'est une blonde, qui se nomme Ariane, qui reçoit de son ami une Porsche 917.
Toute contente, elle va se promener sur les routes des campagnes.
Vu qu'elle ne s'occupe pas de l'essence, elle tombe en panne.
– Oh, non ! s'exclame-t-elle.
Une autre blonde, qui se nomme Mélanie, arrive en Porsche 917 et, par politesse, s'arrête pour prêter main forte à Ariane.
– Mais, qu'est-ce qui se passe, Mademoiselle ?
Ariane sort de sa voiture et ouvre le capot avant.
– Oh, non ! On m'a volé mon moteur ! crie-t-elle.
– Oh ! Mais tu es chanceuse ! J'en ai un de rechange dans mon coffre à l'arrière !

Qu'est ce qu'une blonde avec une mèche brune ? Un brin d'intelligence.
Qu'est ce qu'une blonde avec une coloration brune ? L'intelligence artificielle.

En arrivant chez elle, une blonde réalise qu'elle s'est fait cambrioler. Elle appelle le 22 immédiatement, et sort s'asseoir sur le balcon pour attendre la police. Un agent arrive avec son chien policier. La blonde le regarde et, soudainement, se couvre le visage avec les mains et se met à pleurer à chaudes larmes.
– Qu'est-ce que vous avez, madame ?
– J'arrive chez moi (snif), je me suis fait cambrioler (snif), tout à disparu (snif), j'appelle le 22 et qui est-ce qu'on m'envoie ? (Snif) Un policier aveugle !

Pourquoi le Père Noël a-t-il des coucougnettes énormes ?
Réponse : parce qu'il ne vient qu'une fois par an.

Monsieur et Madame Versaire ont quatre filles, comment s'appellent-elles ?
Réponse : Elsa, Rose, Laure, Annie.

Un homme marié discute avec l'un de ses collègues et lui dit :
– Je suis dans l'embarras, je ne sais pas quoi offrir à ma femme pour son anniversaire.
Elle a tout ce qu'elle veut et en plus, elle peut s'offrir n'importe quoi.
Le collègue le regarde et propose :
– J'ai bien une idée. Pourquoi ne lui proposes-tu pas 120 minutes de sexe, quand elle veut et comme elle veut ? Tu te mets à son entière disposition.
Le lendemain, l'homme marié retrouve son collègue qui lui demande aussitôt :
– Alors, ta femme a-t-elle apprécié la surprise ?
L'autre :
– Tu parles… Elle m'a remercié, m'a fait une bise sur le front et m'a simplement dit : « Ne m'attends pas pour dîner, chéri. »

Pourquoi certains hommes donnent-ils un prénom à leur pénis ?
Ils veulent être plus intimes avec celui qui prend toutes les décisions pour eux.

C'est un gars qui rentre complètement cuit à 3 h du matin, il se couche à côté de sa femme et il compte les pieds au bout du lit : « 1, 2, 3, 4… 5, 6 ! M… Mais il y a quelqu'un d'autre dans ce lit… »
Alors, il se lève pour aller recompter les pieds de plus près : « 1,2,3,4 ! Non, c'est bon, on est bien que tous les deux. »

Monsieur et Madame Donchier ont une fille, comment s'appelle-t-elle ?
Réponse : Eva

Deux copains sourds sont en pleine discussion sur la façon dont ils sont rentrés chez eux la nuit précédente après une virée dans les bars de la ville. Le premier sourd dit :
– Ma femme dormait quand je suis rentré, j'ai eu du bol. Du coup, je me suis enfoncé dans le lit sans la réveiller et hop ! Tout s'est bien passé.
L'autre lui répond :
– Oh oui, t'as eu de la chance.
Moi, elle m'attendait assise sur le lit. Quand je suis arrivé dans la chambre, elle a commencé à monter sur ses grands chevaux et elle m'a abreuvé de noms d'oiseaux.
Le premier lui demande :
– Alors qu'est-ce que tu as fait ?
– Bah, je lui ai cloué le bec : j'ai éteint la lumière !

– Docteur, c'est affreux ! Mon petit vient d'avaler une souris vivante !
– Une souris vivante ! Bon... Il y a peut-être encore une chance. Dites à votre bambin d'ouvrir la bouche, et mettez-lui un bout de fromage devant.
J'arrive tout de suite !
Au bout d'un quart d'heure, le docteur arrive et voit le gosse la bouche ouverte, et la mère qui brandit une sardine juste devant lui.
– QUOI ? ! ! Je vous avais dit du fromage, pas du poisson !
– Peut-être, répond la mère, mais maintenant c'est le chat qu'il faut faire sortir !

Pourquoi les blondes mettent leur string à l'envers ?
Pour que leur chatte puisse jouer avec la ficelle.

Qu'est-ce qui est carré et bleu ?
Un carré bleu !

C'est l'histoire d'un jeune homme qui rencontre un vieil ami.
– Salut Olivier que deviens-tu ?
– Maintenant je suis prof de logique.
– Ah, et c'est quoi ?
– je vais t'expliquer : t'as un aquarium ?
– Oui !
– Donc tu aimes les poissons
– Ben ouais !
– Donc tu aimes les belles choses ?
– Ben ouais !
– Donc tu aimes les femmes ?
– Ben ouais !
– Ben voila, c'est ça, la logique.
– Ah bon.
Les deux amis se séparent. Celui qui a appris ce qu'était la logique rencontre un autre copain de 30 ans.
– Salut Fred !
– Salut !
– Je viens d'apprendre ce qu'était la logique, c'est génial : as-tu un aquarium ?
– Non !
– Ah bon, bah... T'es pédé !

Comment faire pour doubler la valeur d'une Lada ?
En faisant le plein.

Pourquoi Bush a-t-il mal commencé sa partie d'échec ?
Parce qu'il a déjà perdu ses deux tours !

Comment fait-on pour qu'une blonde ait un torticolis ? On lui offre un éventail !

Qu'est-ce qu'une blonde dans le désert ?
Réponse : une gourde.

Pourquoi les blondes portent-elles des épaulettes rembourrées ?
Pour amortir la tête quand elles marchent.

Quel est le comble de l'avarice ?
– C'est de regarder par-dessus ses lunettes pour ne pas les user.

Quéquette et foufoune sont au resto. Qui paie l'addition ?
C'est foufoune, parce que quéquette est raide et foufoune a du liquide.

Dans un café, un homme aborde une belle blonde. Celle-ci le questionne.
– Que fais-tu dans la vie, pépé ?
– Je suis poète.
– Ah oui ? Alors fais-moi des vers !
– Comment tu t'appelles ?
– Denise.
– Denise, veux-tu que je te dise.
– Merde ! J'aurais dû lui dire que je m'appelle Thérèse !

C'est un gars de 70 ans qui va faire un contrôle médical chez son médecin.
Le docteur :
– Vous êtes en très grande forme pour votre âge !
– À quel âge est mort votre père ?
Le patient :
– Qui vous a dit qu'il était mort ?
Le docteur :
– Il est encore en vie ?!
– Ça lui fait quel âge ?
Le patient :
– Il a 92 ans et il se porte comme un charme !
Le docteur :
– Et quel âge avait votre grand-père quand il est mort ?
Le patient :
– Qui vous a dit qu'il était mort ?
Le docteur :
– C'est incroyable ! Et lui, quel âge a-t-il ?
Le patient :
– Il a 115 ans et il se porte tellement bien qu'il va se marier la semaine prochaine !
Le docteur :
– C'est fou ça… Et pourquoi un homme qui a 115 ans veut se marier ?
Le patient :
– Qui vous a dit qu'il voulait se marier ?

Sa maman à Toto :
– Il faut aller te coucher, le marchand de sable va passer…

– Si tu me donnes 10 euros, je dis rien à papa !

C'est un gars qui a une bite tellement énorme, qu'il a beaucoup de mal à trouver une petite amie : Quand elles voient la taille de son engin, elles partent en courant. Alors un jour, le gars échafaude un plan pour pouvoir enfin baiser. Il rencontre une prostituée et lui demande :
« Dis, ça ne te dérange pas si on baise à ma façon ?

– Et c'est quoi ta façon ? demande-t-elle.

– Bah, tu n'auras qu'à avoir les yeux bandés, répond-il.

– C'est tout ? ! Pas de problème, du moment que tu paies le supplément. On peut y aller maintenant », répond-t-elle.

Et les voilà qui montent dans une des chambres de l'hôtel. Pendant qu'elle se déshabille, il lui pose un bandeau devant les yeux.

« Tu ne m'as pas dit pourquoi tu voulais que j'aie les yeux bandés ? demande-t-elle.

– À cause de ma religion.

– Et c'est quoi ta religion ? demande-t-elle encore.

– Je suis agnostique, dit-il en se préparant à la pénétrer.

– Hmmm un agnostique. J'en ai entendu parler, tu fais partie de ces personnes qui ne croient pas en... Ô MON DIEU ! ! ! ! ! ! ! »

Un jour, un homme qui déteste sa belle-mère, demande à sa femme :
– Quelle est la différence, pour toi, entre un accident et une catastrophe ?
– Je ne sais pas chéri...
– Ta mère tombe à l'eau, c'est un accident ?
– Bah, oui...
– Si quelqu'un la repêche, c'est une catastrophe.

Un type descend whisky sur whisky dans un bar. Soudain, 2 superbes créatures entrent dans le bar et commandent à boire tout en continuant à discuter. Le type, un peu éméché, fait des clins d'œil, des mouvements avec sa langue, etc., etc. Une des filles se lève alors et va aux toilettes. L'autre regarde notre héros, s'approche de lui et le dialogue s'installe :
– Elle te plaît ma copine ?
– Ouaiiiis ! ! !
– Tu voudrais l'embrasser hein ?
– Ouaiiiis ! ! !
– Tu voudrais la caresser hein ?
– Ouaiiiis ! ! !
– Tu voudrais sentir sa chatte hein ?
– OUAIIIIS ! ! ! ! ! ! !

À ce moment la fille s'approche de lui et lui fait « Aaaaahhhhhh... » en lui faisant sentir son haleine.

C'est une femme qui est à l'article de la mort. Son mari lui tient la main, près du lit. Le mari a des larmes qui coulent doucement le long de ses joues. Bref, c'est triste. La femme essaie de parler : « Chéri... » Le mari l'interrompt : « Chut. Ne parle pas. » Mais la femme insiste de sa voix fatiguée et chevrotante : « Chéri, laisse-moi parler. Je dois t'avouer quelque chose... » Le mari, tout en sanglots : « Tu n'as rien à avouer. Tout va bien. » La femme : « Non, tout ne va pas bien. Il faut que je t'avoue une chose sinon je ne pourrai pas mourir en paix : je t'ai trompé ! » Le mari alors lui sert la main avec affection et répond : « Ne te préoccupe pas de ça. Je suis au courant. Pourquoi t'aurais-je empoisonnée sinon ? »

Un type rentre bredouille de sa partie de pêche. Sa femme lui dit pour le taquiner :
– J'aurais dû te prévenir, l'horoscope de ce matin disait : « Journée exceptionnelle pour les poissons ».

À l'oral d'un examen de comptabilité, l'examinateur demande à une jolie candidate :
« Si je vous donne un million et que vous me deviez 5 % de commission, qu'est-ce que vous enlevez ?

– Tout, répond la fille en rougissant, sauf mes boucles d'oreilles.

Monsieur et Madame Ambre ont trois fils, comment s'appellent-ils ?
Sam, Eugène, Tom.

Ce sont 3 filles, de 12, 13 et 14 ans qui jouent dans la cage d'escalier.
Celle de 12 ans voit une tache blanche par terre et dit :
« – Oh, une tache de lait ! »
Celle de 13 ans s'agenouille, renifle et dit :
« – Ce n'est pas du lait, c'est du sperme ! »
Celle de 14 ans s'agenouille, trempe son doigt et le lèche et dit :
« – Et en plus il n'est pas du quartier ! »

Un maître d'hôtel a répondu à une demande d'emploi. Son copain qui l'avait recommandé aux patrons lui demande comment ça s'est passé :
« Ben, je suis arrivé à la propriété et j'ai été reçu par madame la comtesse qui m'a dit : "Montrez-moi vos mains !" Après les avoir examinées, elle a ajouté : "Ce sera

parfait pour les gants blancs !" Puis elle m'a demandé : "Montrez-moi vos mollets !" J'ai retroussé mon pantalon, elle a regardé mes mollets et a conclu : "Ce sera parfait pour les culottes à la française." Puis elle a continué : "Montrez-moi vos références !" Et là, mon bon Georges… je crois que j'ai fait une bêtise… »

Un bateau fait naufrage. Comme il y a des requins dans l'eau, personne n'ose nager pour aller chercher du secours.
Un grand nageur arrive et dit :
– Je vais essayer car je suis le meilleur nageur du monde.
Il plonge et se fait dévorer aussitôt.
Un curé arrive et dit :
– Je vais le faire car Dieu me protège.
Il plonge et se fait dévorer aussitôt.
Un avocat arrive et tout le monde le supplie d'essayer. Il plonge, se rend à terre et revient avec du secours.
– Comment as-tu fait, lui demande les gens.
– Bien, dit-il, entre collègues on se ménage.

À l'hôpital, une femme est en train d'accoucher dans la plus grande douleur. Son mari lui tient la main et lui chuchote à l'oreille :
– Ma chérie, si seulement je pouvais te soulager. Au fond, je me sens responsable de tout cela.
– Ne t'inquiète pas chéri, vraiment, tu n'y es pour rien.

Une femme entre dans une pharmacie et demande de l'arsenic.
– Que comptez-vous en faire ? lui demande le pharmacien soupçonneux.
– C'est pour tuer mon mari.
– Quoi ? Vous plaisantez ! Je ne peux pas vous vendre de quoi commettre un meurtre !
Très calmement, la femme ouvre alors son sac à main, et en sort une photo de son mari en train de coucher avec la femme du pharmacien.
– Ah, évidemment, lui dit ce dernier, si vous avez une ordonnance, c'est différent.

François visite son ami Marc un matin. Celui-ci lui ouvre la porte visiblement mal réveillé. Marc explique qu'une fête impromptue a eu lieu dans son appartement avec une dizaine d'amis togolais rencontrés la veille. François propose de remettre un peu d'ordre dans le salon pendant que Marc prend une douche salutaire. En nettoyant la magnifique table monacale de la salle à manger, François remarque de profondes rayures à quelques centimètres du bord de celle-ci. Il appelle Marc et lui montre les dégâts : « Oui, je suis au courant » répond celui-ci un peu

gêné.
« Mais que s'est-il passé ?

– Eh bien, tu sais que l'on dit couramment que les Noirs ont un sexe plus grand que les autres ?

– Oui mais quel rapport ?

– J'y viens… hier soir, dans l'euphorie, ils ont fait un concours de longueur… chacun a posé tour à tour sa verge sur la table… et les traits ont servi de marque. »

François, hilare, regarde les marques, se déboutonne et pose lui aussi son sexe sur la table :
« Mort d'une légende : je les bats tous !

– Oui François… mais eux… ils étaient de l'autre côté de la table ! ! ! ! »

C'est un médecin neurochirurgien qui a une fuite d'eau chez lui. Il appelle un plombier pour faire la réparation. Dans la journée, le plombier arrive et colmate la fuite en 5 minutes chronométrées.
Il présente la facture : 250 !
Le médecin est outragé par le montant à payer :
– Je suis neurochirurgien, et j'ai étudié pendant 12 ans pour obtenir cette qualification. Eh bien, je ne gagne pas autant qu'un plombier pour cinq minutes de travail ! ! !
Le plombier sourit et dit :
– Oui, je sais… Je ne faisais pas autant moi non plus lorsque j'étais encore neurochirurgien !

Comment appelle-t-on un avocat avec un QI de 50 ?
– Monsieur le juge.

Monsieur et Madame Hornottobi ont une fille, comment s'appelle-t-elle ?
Réponse : Tobby.

Tant qu'il y aura des gros seins, il y aura des grosses mains.

Dans cette famille de jeunes mariés, le mari a perdu son emploi depuis plus d'un an, et impossible de trouver un nouveau job. Après avoir essayé tous les stages rémunérés et autres formations diplômantes, notre gars se retrouve encore et toujours au chômage.
Après moult réflexions avec sa femme, un beau soir, l'épouse a une idée :
– Il faut faire quelque chose pour trouver de l'argent. Le RMI, ça ne suffit pas. Je vais me prostituer !
– Quoi, tu n'y penses pas ? ! Moi vivant, jamais tu ne vendras ton corps…

Mais à force d'insister, la femme obtient gain de cause. Alors le soir même, sur le coup de 20 heures, la femme quitte la maison et se dirige vers le boulevard. Plusieurs heures passent. Vers 1 h du matin, le mari commence à s'inquiéter, surtout qu'elle est jeune, belle, et qu'elle n'a aucune expérience de ces choses-là. Ce n'est que sur le coup des 3 h du mat' que son épouse rentre à la maison.
Le mari l'accueille tout réjouit, puis il lui demande comment ça s'est passé. Elle lui répond :
– Oh très bien. Je me suis fait 15,50 euros.
– Quoi ? ! Tu es restée dehors 7 heures et tu ne t'es fait que 15,50 euros ? Et puis d'abord qui a osé te donner 50 centimes ?
Alors la femme rougit et dit :
– Ben… tous.

Un homme et sa femme, une blonde bien entendu, sortent au restaurant pour fêter leur dixième anniversaire de mariage. Alors que le serveur s'approche pour leur remettre les menus, la blonde lorgne le contenu des assiettes sur les tables voisines pour trouver l'inspiration. Tout à coup, elle donne un petit coup de pied discret à son mari :
– Chéri, retourne-toi et regarde. Je crois que c'est Victor Hugo à la table à côté…
L'homme se retourne machinalement et répond d'un air consterné :
– Chérie, tu sais bien que Victor Hugo est mort depuis longtemps.
La blonde en proie au doute réplique :
– Tu es sûr ?
Mais quelques secondes plus tard, elle donne un autre coup de pied à son mari.
– Non, regarde… Il a bougé.

Ce sont deux blondes, il y en a une qui demande à l'autre en mettant son doigt devant sa figure :
– Qu'est-ce que tu vois ?
Et l'autre répond :
– Ben… Un doigt.
L'autre rétorque :
– Je suis bien cachée, hein ?

Un cannibale va au marché pour acheter à manger. Sur un stand, il y a des cerveaux.
– C'est combien, celui-là – le cerveau de programmeur linux ?
– 5 euros le kilo.
– Et celui-là – le cerveau d'analyste Sun ?
– 8 euros le kilo.
– Et le dernier – le cerveau d'analyste programmeur Microsoft ?
– 35 euros le kilo.
– Combien ! ! ? Mais pourquoi si cher ?
– Vous vous rendez compte combien il faut en tuer avant d'avoir un kilo de cerveau ?

On a retrouvé une blonde qui est morte gelé dans un ciné-parc : elle était partie voir le film FERMÉ POUR L'HIVER...

Une blonde est avec son mec. Il lui demande :
– Hé ! Pourquoi as-tu un bas rouge et un bas noir ?
Elle lui répond :
– Ne m'en parle pas ! J'en ai une autre paire comme ça chez moi.

C'est une maman qui essaie de tirer les vers du nez à sa fille blonde de seize ans. En fait, elle la soupçonne du pire, et finalement, après un interrogatoire poussé, l'adolescente avoue : elle est enceinte !
– Et qui est le père ? demande la mère, hors d'elle.
– Je ne sais pas, répond la fille.
Du coup, la maman est encore plus en colère :
– Très bien ! beugle-t-elle, tu vas aller dans ta chambre et tu ne descendras pas jusqu'à ce que tu puisses me donner la réponse à cette question.
Un peu plus tard dans la soirée, la voix de la jeune fille résonne dans l'escalier :
– Maman, je crois que j'ai une idée de qui c'est maintenant.
– J'espère bien ! répond la mère. Non seulement ma fille de seize ans tombe enceinte alors qu'elle est encore au lycée, il ne manquerait plus maintenant qu'elle ne sache pas qui est le père !
– Heu, du calme maman, dit la fille. J'ai déjà réussi à restreindre le choix au groupe de rock de l'école ou à l'équipe de foot mais après...

Que fait une blonde enceinte de jumeaux ?
Elle cherche le deuxième père.

James Bond entre dans un restaurant, regarde la foule présente, consulte sa montre et se dirige vers une très belle femme, assise seule au bar.
– Bonsoir, mon nom est Bond, James Bond.
– Bonsoir, mon nom est Vanessa. Que puis-je pour vous ?
– Ma montre à infrarouges me dit que vous ne portez pas de culotte, Vanessa.
– Votre montre se trompe, James.
– Ah, flûte, elle avance d'une heure.

Un chasseur rentre chez lui dépité. Sa femme s'étonne :
« Alors, cette partie de chasse avec tes copains s'est bien passée ?
– M'en parle pas, ils m'ont posé un lapin ! »

Un spécialiste du lavage des couches de bébés et de tous les services concernant les nouveau-nés a fait peindre, sur ses 28 camionnettes, ce commentaire ironique : « La pilule ? Quelle pilule ? »

Chaque jour, t'as 30 morts sur la route. Moi, je roule sur le trottoir.

Dans une famille complètement « je-m'en-foutiste », le père, la mère et la fille sont en train de se disputer pour savoir lequel des trois fera la vaisselle. Or ce soir, le fiancé de la fille doit passer, et il y a donc plus de vaisselle que d'habitude. Pour savoir qui fera la vaisselle ce soir, le père a une solution : « Bon, voici ce qu'on va faire : le prochain qui parle fait la vaisselle ! » La mère et la fille hochent la tête, pour dire qu'elles sont d'accord. Dehors, le fiancé arrive, sur son vieux vélo rouillé qui fait : « Couic-couic » à chaque tour de roue. Il pose son vélo contre le mur, pousse la porte : « Bonsoir tout le monde ! » Un peu surpris par ce silence, il se met à table à côté de sa fiancée. La mère sert la soupe… « Fameuse votre soupe ! » Toujours aucune réponse. Quoi qu'il dise, personne ne répond. Il a alors une idée pour les faire réagir : il met une main sur la cuisse de sa fiancée. Aucune réaction. Il lui tripote les seins. Aucune réaction non plus. Il se dit : « Mais c'est fou ! Qu'est-ce qu'il faut que je fasse ? ? » Il lève la fille, l'assied sur la table, lui soulève la jupe, et badaboum ! Quand il a fini, la fille se rassied et recommence à manger. Il explose : « C'est pas possible, vous êtes une bande de fous ! » En colère, il quitte la table, enfourche son vélo et s'en va. « Couic-couic-couic. » « Quelle bande de fous ! » « Couic-couic » « Je prends leur fille sur la table et ils ne disent rien ! » « Couic-couic » « Tiens ! Je suis sûr que si je m'étais fait la mère, ils n'auraient rien dit non plus » « Couic-couic » « … La mère… ? » Hop, il fait demi-tour, et « Couic-couic-couic » il est de retour ! Il pousse la porte, va vers la mère, la penche sur la table, soulève la robe, et rebelote. Puis il ressort avec un rire dément… « Couic-couic », « Quelle famille ! » « Couic-couic », « Et ce putain de vélo qui fait un bruit pas possible ! » « Couic-couic » « J'en peux plus ! Il faut que je fasse quelque chose, ce couic-couic me rend dingue ! » Demi-tour, il retourne chez la famille, pousse la porte et : « Vous n'auriez pas de la vaseline ? » Alors le père se lève : « OK… OK… Je fais la vaisselle. »

Deux pépés discutent sur un banc.
– Dis donc, André, tu as la braguette ouverte !
– Oui, Simon, c'est fait exprès. Figure-toi qu'hier, mon col de

chemise était ouvert et je me suis réveillé le cou tout raide. Alors, là, je me prépare pour fêter mes 50 ans de mariage... c'est demain.

Melon et Melèche veulent faire des crèpes.
Melon achète la farine et Melèche les œufs.

C'est un gars qui entre dans une pharmacie pour acheter des préservatifs. L'assistant lui propose tous les modèles : latex normal, strié, à picots, colorés, fluorescents, etc. Finalement, l'acheteur est un peu perdu parmi tous les modèles disponibles, alors il demande à l'assistant de le conseiller, ce qu'il s'empresse de faire en disant : « Les préservatifs faits en boyau de mouton donnent des sensations plus naturelles... » Alors l'acheteur lui répond : « Pour nous, les gars de la ville, c'est pas sûr... »

Deux jeunes hommes discutent entre eux :
– Tu sais que l'homme descend du singe et le singe descend de l'arbre ?
– Bah ! Vu ta gueule tu as dû louper les branches !

Quelle est la différence entre une prostituée et une mercière ?
La mercière débite des pelotes et la prostituée pelote des bites.

Un petit garçon prend son bain avec sa mère et lui demande : « C'est quoi ça ? » en lui montrant l'entrejambe (celui de sa mère évidemment) Et la mère un peu embêtée de répondre : « Et bien... tu vois... ça... c'est le paradis ». Quelque temps plus tard, le même petit garçon prend son bain avec son père et lui demande : « C'est quoi ça ? » de la même manière que précédemment. Et le père qui a entendu parler de la première discussion répond fort à propos : « Ça c'est la clef du paradis. » Quelque temps plus tard, toujours le même petit garçon rentre à la maison complètement affolé en criant : « Papa, papa, le voisin, il a un passe. »

Au restaurant, des gens s'installent et appellent une serveuse blonde :
– Bonjour mademoiselle, vous avez des cuisses de grenouille ?
La demoiselle répond :
– Non, c'est mon jean qui me serre un peu.

C'est Toto qui dit à sa maman :
- Dis maman, t'as vu ? J'ai donné un sucre au chien et il a remué la queue !
- Super, va donner 2 sucres à ton père...

Une blonde discute de jardinage avec son voisin Ferdinand.
- Dites-moi, Ferdinand, comment faites-vous pour avoir de si belles tomates ?
- C'est très simple : tous les matins, je baisse mon pantalon devant mon potager et mes tomates en rougissent.
- Ah, merci du conseil !
Une semaine plus tard, la blonde et Ferdinand font le point :
- Alors, vos tomates ?
- Bof, ce n'est pas terrible. Je leur montre mes seins tous les matins, mais ça n'a rien changé.
- Ah bon ! ? !
- Mais vous devriez voir la taille de mes concombres !

Combien de personnes peut-on mettre dans une Lada ?
Ca dépend de la puissance de la dépanneuse.

Un homme a un sexe tellement gros qu'il ne trouve pas de fille pour faire l'amour avec lui.
Un jour, il rencontre un pote qui lui file l'adresse d une prostituée susceptible de recevoir sa pénétration.
Trop content, le soir même il va voir la prostituée et miracle, il pénètre cette dernière sans problème. À la fin de l'acte, ce dernier, étonné, lui pose une question :
Lui : - Dis moi tu sens rien ? ?
Elle : - Pourquoi ? T'as pété ? ?

Monsieur et Madame Hulais ont deux fils. Comment s'appellent-ils ?
Réponse : Yvon et Jacques.

Combien faut-il de blondes pour traire une vache ?
Dix, une pour tenir les mamelles et neuf pour soulever et descendre la vache.

« Oh non chérie, ne me dis pas que tu as encore simulé cette fois ! ?
- Non, non, cette fois, j'étais vraiment endormie ! »

Un homme voyageant en avion a un

besoin urgent d'utiliser les toilettes. Mais à chaque fois qu'il se lève pour y aller, elles sont toutes occupées. L'hôtesse, qui a vu l'urgence de la situation du pauvre homme, lui propose d'utiliser les toilettes réservées aux hôtesses. Elle l'avertit cependant de ne pas toucher aux boutons qui s'y trouvent.
L'homme entre donc dans les toilettes, s'asseoit, et pousse un soupir de soulagement. Il remarque quatre boutons à côté du papier hygiénique : ET AT PP EAT. Et bien sûr, il commet l'erreur que tous les hommes commettent en n'écoutant pas leur femme… Il se laisse emporter par la curiosité et appuie sur le premier bouton « ET ».
Immédiatement, un doux jet d'Eau Tiède lui caresse le derrière. « Wow ! Super ! Les hôtesses ont droit au traitement de faveur ! »
Encouragé par sa première expérience, il décide d'appuyer sur le bouton « AT ».
Aussitôt, un courant d'Air Tiède lui assèche confortablement les fesses.
« Aaahhh. Je comprends mieux pourquoi les hôtesses mettent autant de temps aux toilettes ! Avec ce genre de service… »
Il appuie donc avec anticipation sur le bouton « PP ». Aussitôt, il se fait légèrement poudrer les fesses par un doux applicateur de Poudre Parfumée.
« Super ! Ces toilettes sont vraiment géniales ! »
Il appuie donc sur le dernier bouton : « EAT ».
Lorsque l'homme se réveille dans sa chambre d'hôpital, il est confus et souffrant. Il appelle la garde pour lui demander ce qui s'est passé. Il explique qu'il était dans les toilettes des hôtesses et tout ce dont il se souvient, c'est d'une douleur intense puis, plus rien.
– Je comprends, explique l'infirmière. Vous avez dû avoir beaucoup de plaisir jusqu'à ce que vous décidiez d'appuyer sur le bouton d'Extraction Automatique de Tampon.

Un père se promène avec son fils (6 ans) :
« Papa, papa, c'est quoi, ça ?

– Ça, c'est une mercerie.

– Et qu'est-ce qu'on y fait ?

– On y vend des boutons, du tissu…

– Et ça, qu'est-ce que c'est ?

– Ça, c'est une boucherie.

– Et qu'est-ce qu'on y fait ?

– On vend de la viande.

– Et ça qu'est-ce que c'est (il montre un bordel) ?

– Je te le dirai quand tu seras plus grand ! »

Alors, intrigué, le petit va casser sa tirelire et se pointe au bordel et sonne. La maquerelle lui ouvre et le fait vite entrer pour pas qu'on le voie devant cette porte. Elle appelle une de ses filles et lui dit de préparer quelques tartines de Nutella pour le petit garçon. Le père rentre à ce moment-là du travail et s'étonne de ne pas voir son fils à la maison. Il repense à la dernière question de son fils. Il décide d'aller voir. Quand il arrive devant le bordel, il voit son fils ressortir avec un sourire jusqu'aux oreilles. Le père : « Tu n'as pas honte, espèce de morveux. Qu'est-ce que t'as fait là-dedans ? » Le fils : « Je m'en suis tapé 5, la 6e je pouvais plus, alors je l'ai léchée. »

Une blonde va chez son docteur :
Dr : – Quel est le problème Madame ?
Bl : – Après chaque dîner, mes yeux me piquent, j'ai des plaques rouges et quand je me mouche, il y a du brun sur mon mouchoir.
Elle lui donne le mouchoir du dernier dîner.
Dr : – Je vais le faire analyser.
Il examine la patiente.
Dr : – Vous avez une allergie, prenez en note tout ce que vous mangez le midi et revenez me voir dans une semaine.
Une semaine plus tard.
Dr : – Montrez-moi votre liste.
Elle lui donne la liste.
Dr : – C'est bien ce que je pensais. Vous êtes allergique à un des aliments dans votre liste. Je vous envoie voir un allergologue pour savoir lequel. Et pour le brun sur le mouchoir, je vous recommande soit : de vous laver les mains avant de vous moucher ou de vous moucher avant de manger votre chocolat.

Il ne suffit pas d'être heureux, encore faut-il que les autres soient malheureux.

Tout le monde sait bien sûr ce que c'est qu'un pull-over...
Mais qu'est-ce qu'un pull sans ovaires ?
Un Tricostéril.

Monsieur et Madame Deux ont un fils, comment s'appelle-t-il ?
Jean Paul.

Toto écrit au Père Noël :
Cher Père Noël,
Cette année, ce que je voudrais, c'est une petite sœur.
Toto.
Il reçoit une réponse quelques jours plus tard :
Cher Toto,
Pas de problème, envoie-moi ta mère.
Le Père Noël.

Un professeur d'anatomie interroge à un examen une future jeune infirmière : « Quelle est la partie du corps qui se dilate jusqu'à atteindre sept fois sa taille initiale ? » La jeune femme commence à rougir et à balbutier de manière inintelligible... Le professeur lui dit alors : « Je vous interromps tout de suite, mademoiselle. Je crois que vous faites fausse route... Il s'agit de la pupille ! Et d'ailleurs, je crois que vous allez au-devant de... grandes désillusions ! »

Monsieur et Madame Orée ont un fils... Un indice : leur fils est ami avec le fils des voisins, qui s'appellent M. et Mme Jeunet.
Réponse : Rick (Rick Orée, l'ami du petit des Jeunet).

Il y a mieux que le Viagra !
C'est l'eau chaude...
ça durcit les œufs,
ça fait gonfler la saucisse
et ça ouvre la moule.

C'est Logarithme et Exponentiel qui sont dans un bar. Ils commandent une bière chacun. Lequel paie ?
Exponentiel parce que Logarithme népérien.

Ce qu'elle ne dira jamais...

10 – Hein ? Notre anniversaire aujourd'hui ? Mince, j'avais oublié !
09 – Tu tiens vraiment à parler ce soir ? Tu veux pas plutôt regarder la télé ?
08 – Oh, ce diamant est vraiment trop gros.
07 – Et pour notre lune de miel, une partie de pêche à Chicoutimi !
06 – Tu tiens vraiment à ce qu'on reste juste bons amis ? Pas plus ?
05 – Je crois que j'ai besoin de prendre un peu de poids.
04 – Meuh non, ça doit être la bonne direction, t'inquiète pas !
03 – Si c'est pour moi au téléphone, dis que je suis pas là.
02 – Je m'en fous, 2000 balles c'est trop cher pour une bête robe.
01– Je veux juste voir ce que cette bagnole a dans le ventre.

Ce qu'il ne dira jamais...

10 – Tiens, chérie, prends la télécommande.
09 – Tu sais, j'aimerais bien la revoir, mais elle n'est vraiment pas mon genre.
08 – Antonio Bandera et Brad Pitt ? Il faut absolument qu'on voie ce film.
07 – Pendant que je suis debout, je peux aller te chercher quelque chose ?
06 – Chérie, puisqu'on n'a rien prévu cet après-midi, on peut aller choisir le papier peint pour la chambre ?
05 – Je veux juste que tu me tiennes dans tes bras, c'est tout.

04 – Pourquoi ne viendrais-tu pas m'aider à choisir une paire de chaussures ? Celles que j'ai sont trop affreuses.
03 – Oublions le match de foot, et zappons sur *Les oiseaux se cachent pour mourir.*
02– Laisse-moi porter ton sac pendant que tu essaies ça.
01– Nous n'en parlerons plus.

Une voiture rate son virage et s'écrase contre un arbre. L'homme s'extirpe du véhicule, et se rend compte que seul son dentier est cassé. Il explique cela à la personne qui est venue l'aider, et qui par chance lui en propose un du lot qu'il a dans sa voiture. Il en essaye une dizaine, et en trouve un qui lui va.
– Dans mon malheur dit-il, j'ai tout de même de la chance de tomber sur un dentiste.
– Je ne suis pas dentiste, je suis croque-mort.

Une religieuse entre dans un magasin d'alimentation. Elle achète une énorme bouteille de porto et dit à la caissière :
– J'achète cette bouteille pour soigner la constipation de la Mère supérieure.
Une heure plus tard, alors qu'elle vient de sortir du magasin, la caissière croise la religieuse dans la rue, assise sur un banc, avec la bouteille vide à côté d'elle. La religieuse a l'air aussi bourrée que le métro aux heures de pointe.
– Mais enfin ma Sœur ! Vous m'aviez dit que cette bouteille était pour soigner la constipation de la mère supérieure !
– Mais c'est la vérité ! Vous verrez, ça va vraiment la faire chier de me voir dans cet état !

Deux types font le Paris Dakar et l'un d'eux a une envie pressante. Ils arrêtent la voiture et le gars se soulage sur une dune quand une vipère des sables lui mord le bout de la queue. Il se met à hurler et demande au pilote d'appeler les secours pour savoir quoi faire. Le gars appelle et explique :
« Mon coéquipier a été mordu par une vipère des sables.

– Il faut sucer la plaie… »

Et l'autre :
« Alors qu'est-ce qu'ils ont dit ?

– Ils ont dit que tu allais mourir… »

Monsieur et Madame Danloss ont une fille, comment s'appelle-t-elle ? Ella.

– Chérie, j'ai gagné un voyage, fais tes valises !

– Je prends laquelle, celle d'été ou celle d'hiver ?
– Les deux, tu te casses ! !

Son père dit à Toto, qui n'a que 5 ans :
– Tu dois manger tous les épinards si tu veux devenir fort comme papa.
– Je ne veux pas être fort comme papa, répond Toto, je veux être « boss », comme maman.

Deux blondes jouent à un jeu de questions :
– Allez, cite-moi deux monnaies.
– Euh, l'euro et le dollar.
– OK, maintenant, donne-moi deux moyens contraceptifs.
– La pilule et la capote !
– Alors, trouve-moi deux opéras russes.
– Euh, je ne sais pas.
– Pff ! Toi, à part l'argent et le sexe, il n'y a rien qui t'intéresse !

Ce sont deux copines à la terrasse d'un café. La brune dit :
« Tu connais le cri d'un spermatozoïde ?

– Non, répond la blonde après réflexion.

– C'est simple, la prochaine fois, au lieu d'avaler, tu le mords. »

C'est l'histoire de cette femme tellement jalouse que quand son mari rentrait à la maison le soir et qu'après une inspection minutieuse, elle ne pouvait trouver aucun cheveu sur son costume, elle lui disait : « Ça, c'est trop fort ! Alors maintenant, tu me trompes avec une femme chauve ? ! »

Entre quels orteils les femmes préfèrent-elles êtres chatouillées ?
Réponse : Entre les deux gros.

Un architecte, un artiste et un informaticien discutent s'il vaut mieux passer du temps avec sa femme ou sa maîtresse.
L'architecte dit : – Moi j'aime bien passer du temps avec ma femme, à construire de solides fondations pour une relation durable.
L'artiste répond : – Moi je préfère passer du temps avec ma maîtresse, à cause de la passion et le mystère que j'y trouve.
L'informaticien rétorque :
– Moi j'aime les deux.
– Les deux ?!?, répondent les deux autres.
– Bien sûr. Quand vous avez une femme et une maîtresse, chacune d'elle suppose que vous passez votre temps avec l'autre, et vous avez alors le temps de travailler un

peu.

Ne frappez pas quelqu'un avec des lunettes.
Frappez-le avec une batte de base-ball.

Quel est le comble pour une voleuse ?
C'est d'aller chez le coiffeur pour se faire boucler...

Comment reconnaît-on un gynécologue dans un congrès médical ?
C'est le seul à avoir sa montre sur l'avant-bras.

Une blonde explosive, poitrine à faire baver d'envie un nourrisson, tailleur mini noir, bas résille, embaumant Giacomo de Giacomo, se promène dans le parc avec deux grands chiens.
Un gosse la voit et tombe en arrêt devant elle.
– Tu veux caresser mes gros saint-Bernard ?, lui dit-elle.
– Oh oui, mais moi c'est Christian pas Bernard ! Lui répond le gamin.

Moralité : il ne faut pas poser de question bête à un homme, quel que soit son âge.

Un homme d'affaires décide de louer les services de nuit d'une call-girl mais, alors qu'il s'apprête à prendre congé de l'hôtesse de charme, il réalise qu'il n'a pas assez d'espèces sur lui. Il propose donc à la prostituée d'adresser à sa secrétaire une facture qui devra mentionner l'intitulé : « Location d'appartement ».
La facture arrive trois jours plus tard et sa secrétaire le lui signale bien évidemment. L'homme décide finalement de ne pas payer et dicte à son assistante une lettre de justification :
« Madame, suite à ma visite de votre appartement il y a trois jours, j'ai pris la décision de ne pas régler la facture que vous me présentez. Ma décision est motivée par les fausses impressions que m'avait laissées votre annonce :
1. L'impression que l'appartement n'avait jamais été occupé.
2. L'impression qu'il était beaucoup plus chaleureux.
3. L'impression qu'il était de taille suffisamment petite pour que je puisse m'y sentir bien et comme chez moi.
En fait, j'ai pu constater qu'il avait été occupé par de nombreux locataires, qu'il ne dispensait aucune chaleur particulière et qu'il était beaucoup trop grand. »
La réponse arriva deux jours plus

tard :

« Cher monsieur, je ne parviens pas à comprendre comment vous pouvez espérer qu'un appartement si mignon n'ait jamais été occupé. Au sujet de la chaleur, il y en a beaucoup mais il faut savoir trouver l'interrupteur.
Quant à l'espace, l'appartement est en réalité de taille tout à fait standard, mais si vous n'avez pas assez de meubles pour le remplir, ne venez pas blâmer la propriétaire. Cordialement… »

Quel est le comble du racisme ? Prendre un Black & White dans deux verres séparés.

Un homme passe une visite médicale. Le docteur pose des questions pour remplir le dossier :
– Combien avez-vous d'enfants ?
– Treize !
– Treize enfants ? Avec la même ?
– Oui, avec la même, mais pas avec la même femme !

Une jolie femme va chez un gynécologue pour une insémination artificielle. Le médecin la fait se déshabiller puis retire son pantalon, son slip et s'approche d'elle. La femme s'inquiète et lui demande ce qu'il a l'intention de lui faire.
« Madame, dit le médecin, comme on n'a plus de bouteilles, je vais vous faire ça à la pression. »

Quel est le comble du chef d'orchestre de l'opéra ?
Réponse : introduire un ballet dans l'ouverture de Carmen.

Deux brunes et une blonde sont invitées chez un prince texan du pétrole.
Toutes trois se sont perdues et arrivent complètement en retard chez le type.
Elles vont donc pour s'excuser :
Brune 1 : « Sorry I'm late… »
Brune 2 : « Sorry I'm late too… »
Blonde : « Sorry I'm late three… »

Pourquoi les blondes sortent-elles avec les cheveux mouillés ? Parce qu'avant de partir, elles disent au revoir à leur poisson rouge !

Pourquoi les mecs n'ont pas de règles ?
Réponse : à quoi ça leur servirait ? Ils sont en permanence de mauvaise humeur.

N'ayant plus rien dans la bouche, elle s'écrie :
– Enfin, c'est dégueulasse ce que vous me faites faire, fallait me laisser l'avaler tout de suite !
Et là, le type lui répond :
– Hé dis, du 12 ans d'âge, ça se savoure…

Pourquoi ne faut-il jamais faire l'amour le samedi soir ?
Parce que s'il pleut le lendemain, il n'y aura plus rien à faire.

« Est-ce vrai, papa, que dans certaines parties de l'Afrique un homme ne connaît pas sa femme avant le mariage ?
– Ben oui… Et ça se passe comme ça pas seulement en Afrique mais dans tous les pays du monde… »

Monsieur et Madame Desfritesdégeulassesdevant lecampmilitaire ont un garçon, comment s'appelle-t-il ?
Yvan.

Connaissez-vous l'histoire du gars qui avait cinq pénis ?
Son pantalon lui allait comme un gant !

Une mère met en garde sa fille qui va au bal : « Fais bien attention. Un garçon risque de te demander ceci, cela, etc. et cela ferait pleurer ta mère. » Le lendemain, la mère lui demande de lui raconter sa soirée. La jeune fille lui dit que c'est elle qui a demandé ceci, cela… à un garçon, en ajoutant : « Comme cela, c'est sa mère qui pleurera ! »

Quel est le comble de la méchanceté, pour un paysan ?
Réponse : battre la campagne.

« Ta mère m'a demandé de faire ton éducation sexuelle, dit un monsieur à son fils. Alors, vas-y : pose-moi, sans hésiter, toutes les questions qui te tracassent et que tu n'as jamais osé aborder.

– Eh bien… Je me suis souvent demandé… Suppose que je me marie et que ma femme attende un bébé.

– Tu veux savoir comment aura été conçu ce bébé ?

– Non, ça, je le sais déjà. Ce que je me demande c'est : si je l'emmène en voiture, à la clinique, est-ce que j'aurai le droit de brûler les feux rouges ? »

Un gendarme fait stopper une automobiliste.
– Vous n'aviez pas vu le feu rouge ?
– Si, c'est vous que je n'avais pas vu !

La peine prévue pour la bigamie, c'est d'avoir deux belles-mères.

En consultation, une femme et son époux demandent ce qu'il en est de l'état du mari qui n'a pas l'air très bien. Le médecin répond :
– Mais votre mari n'a rien madame, il croit qu'il est malade, voilà tout.
Une semaine plus tard, la femme appelle le médecin au téléphone :
– Docteur, mon mari croit qu'il est mort !

Pourquoi Dieu a-t-il créé le whisky ?
Pour éviter aux Irlandais de gouverner le monde.

C'est l'histoire de deux sœurs jumelles Colette et Berthe de 50 ans, vieilles filles et vierges toutes les deux… Elles sont là en train de regarder un téléfilm pseudo-érotique à la télé lorsque Colette dit à sa sœur Berthe :
« J'en ai marre, c'est plus possible. Je ne mourrai pas vierge. Je vais prendre la Ligier et sortir en ville et je ne rentrerai que lorsque je ne serai plus pucelle !

– Heu… essaie de rentrer pour le petit-déjeuner sinon je vais m'inquiéter pour toi », lui répond Berthe affolée.
Et la voilà partie. La nuit passe, puis le matin… Et pas de Ligier devant le garage. Finalement, sur le coup de midi, Colette rentre en courant dans la maison et se rue dans la salle de bains.
Berthe frappe à la porte : « Colette, Colette ? Qu'est-ce qui se passe ? Tout va bien ? »
Pas de réponse. Alors Berthe ouvre la porte et tombe sur sa sœur, assise par terre, la culotte enlevée, les jambes écartées, penchant la tête pour mieux contempler sa foufoune !
« Qu'est-ce qui se passe Colette ? Qu'est-ce qui ne va pas ? Tu es blessée ?
– Oh Berthe, si tu savais… C'est un bazar qui mesurait bien 25 cm quand il est rentré et 10 quand il est ressorti. »
« Si je retrouve les 15 cm manquants tu vas prendre le pied de ta vie », lui répond alors la sœur.

Quelle est la différence entre un vieux pneu et 365 capotes usagées ?
Aucune, it was a good year.

Par une nuit d'hiver lugubre, sous une pluie battante, un chauffeur de taxi aperçoit derrière un abribus une main tendue à son attention. Il a à peine immobilisé sa voiture que la personne s'est engouffrée à l'arrière. En regardant dans son rétroviseur, le taxi est surpris de voir une jeune femme complètement nue et toute ruisselante de l'eau qui lui est tombée dessus.

« Où va-t-on ? demande le chauffeur.

– Rue Monplaisir », répond la fille. Et le chauffeur se met en route. Mais il regarde à peine la route et semble obnubilé par ce qu'il voit dans son rétro. Tant et si bien que la fille s'en offusque et lui demande :
« Vous pourriez me dire ce que vous regardez !?!

– Hem, eh bien, pour tout vous dire... J'ai remarqué que vous n'aviez aucun vêtement, alors je me demandais comment vous alliez pouvoir faire pour payer la course... » Alors la fille, sans rien dire, écarte les jambes et sourit en disant :
« Est-ce que CECI répond à votre question ? » Et le taxi, toujours en regardant son rétro répond : « Vous n'auriez pas plus petit ? »

Deux amies de longue date discutent, dans le cadre feutré d'un célèbre salon de thé. L'une d'elle regarde avec envie son amie, qui arbore une nouvelle fourrure, un renard argenté de la plus belle facture. Curieuse, elle lui demande :
– Je n'arrive vraiment pas à comprendre comment tu fais pour convaincre ton mari de t'offrir ce genre de cadeau à tout bout de champ ?
– Oh, mais ce n'est pas lui qui me l'a offert...
– Ne me dis pas que tu as un amant !
– Non, non. Mais je me le suis offerte toute seule.
– Ah. Mais comment tu as trouvé l'argent ?
– Oh, ça c'est facile. Un jour sur deux, je dis à mon mari que j'ai décidé de le quitter et de rentrer chez ma mère. Et à chaque fois, il me donne l'argent du billet d'avion.

Le commissaire de police interroge la secrétaire de direction, une blonde évaporée :
– Avez-vous une idée sur la raison qui a pu pousser votre patron à se jeter par la fenêtre ?
– Non, je ne sais pas, dit la secrétaire en sanglotant. Il était

toujours gentil avec moi. Il y a deux mois, il m'avait fait cadeau d'un manteau de fourrure, le mois dernier, il m'avait payé une Porsche et aujourd'hui encore, j'avais eu droit à un solitaire magnifique. Tenez, regardez, je l'ai au doigt ! Et puis il m'a demandé ce qui me ferait plaisir pour que je lui accorde mes faveurs…
– Et que lui avez-vous répondu ? demande l'enquêteur.
– Je lui ai juste dit que les autres hommes du bureau avaient l'habitude de me donner trois cents balles !

À quoi sert un préservatif pour une blonde ? À garder les restes pour plus tard.

Quelle est la différence entre Bordeaux et Marseille ?
Trois buts.

Une secrétaire vient voir son patron et lui dit :
– Monsieur, je vous présente ma démission, j'ai trouvé une autre position.
– Pas de problème, on va l'essayer tous les deux.

Un type vient d'acheter de nouvelles chaussures. Il en est tellement fier que même à poil dans sa chambre, il marche avec.
« Tu as vu chérie ? dit-il à sa femme. Mes nouvelles chaussures sont tellement belles, que même LUI se penche pour les admirer !

– Ah oui ? Quel dommage que tu n'aies pas acheté une nouvelle cravate… »

Le juge, qui reconnaît la touche, n'a pas voulu accorder ce but !

Un dentiste dit a son client :
– Vous avez une dent morte. Je vous fais une couronne ?
– Non merci. Enterrez-la sans cérémonie.

Quelle est la plus petite unité de mesure de la distance ? Le millimètre.
Et quelle est la plus petite unité de mesure des liquides ? Le millilitre.
Enfin quelle est la plus petite unité de mesure d'intelligence ?
Réponse : Le militaire

Ce polisson est inquiet.

Pourquoi est-il conseillé de ranger le journal dans le réfrigérateur ?
Pour que les nouvelles restent fraîches.

Allez en vacances à Honolulu : on y trouve tout pour la famille. Du sable pour les enfants, du soleil pour madame, des jolies filles à mater pour monsieur et des requins pour belle-maman. [Ken Dodd]

Pourquoi les stylos sont-ils interdits dans les camps de naturistes ?
Réponse : parce que le stylo à billes (habille)

Un jeune homme riche et très très timide se marie, pour la bonne cause, avec une jeune fille de bonne famille.
La journée se passe bien et le gueuleton (heu... le buffet) est une réussite. Enfin, arrive la nuit de noces, atroce moment de vérité pour un jeune premier qui n'a jamais vu, ne serait-ce que le bout d'un sein et encore moins le reste...
Le lendemain, la jeune mariée va voir sa mère, en pleurant.
– Maman, c'est horrible. Il est nul. Il ne sait rien, et j'ai eu beau l'aider, lui montrer, il ne m'a rien fait.
– Attends, chérie, je vais m'en occuper tout de suite ! répond la mère qui en a déjà vu des vertes et des pas mûres.
Elle va voir son gendre :
– Alors, paraît que cette nuit, ce fut loin d'être... Ne t'en fais pas, il suffit de se dire que l'homme n'est en fait qu'un animal plus évolué que le chien. Tu as déjà vu faire les chiens, n'est-ce pas ?
– Euh oui, Madame.
– Eh bien, il suffit de faire comme eux, compris ?
– Oui, Madame.
Satisfaite, la belle-mère va rassurer sa fille.
Le lendemain, la jeune fille va voir sa mère, en pleurant plus fort que la veille.
– Je ne sais pas ce que tu lui as dit, mais il est encore plus con qu'hier.
– Ah bon, pourtant je croyais...
– Pourtant, tout avait bien commencé : Il m'a déshabillée et lui aussi s'est déshabillé mais alors après, il m'a flairé le derrière, et il est allé pisser contre l'armoire !

« Dis papa, demande un gamin, quand est-ce que tu vas faire mon éducation sexuelle ?
– Quand tu seras avec une fille de ton âge, répond le père, et que

tu auras brusquement envie de l'embrasser sur la bouche au lieu de lui flanquer une raclée : ce sera le moment. »

Pourquoi les blondes adorent les ordinateurs ? Parce qu'il y a des giga bites !

Dans un ascenseur, il y a un plombier, une blonde intelligente et un aveugle, et un billet de 100 euros par terre. Qui le ramasse ?
Le plombier, car les blondes intelligentes, ça n'existe pas !

Monsieur et Madame Azaraillet ont un fils, comment s'appelle-t-il ?
Éric

Quelle est la différence entre un homme et une tomate ?
Les tomates, elles, arrivent à maturité !

Ça se passe dans une boîte de nuit. Un garçon et une fille se rencontrent pour la première fois, et c'est le coup de foudre. Ils dansent ensemble toute la nuit, et après une série de slows, ils n'en peuvent plus et décident de faire l'amour dans la voiture… La fille est allongée sur la banquette arrière, le garçon est sur elle, et après quelques caresses, il tente de « s'introduire ». Mais il sent une résistance… Changement de position, il essaie encore, mais sent encore une résistance. Au bout d'un quart d'heure, il y arrive enfin, et ils font l'amour comme des bêêêêêêtes ! Juste après, le garçon lui dit :
« Excuse-moi, j'étais tellement excité… si j'avais su que tu étais vierge, j'aurais pris mon temps
– Ben oui, répond la fille, et si t'avais pris ton temps, j'aurais surtout enlevé mon collant… »

Quelle est la durée de vie d'une moule ?
Douze ou treize ans, car après il y a des poils et ça s'appelle une chatte.

Un comptable a été accusé de fraude, jugé coupable et envoyé en prison. On le place dans la cellule d'une montagne de muscle…
Comme c'est la première fois qu'il fait de la prison, il demande à son colocataire :
– Qu'est-ce qu'on fait pour tuer le temps ici ?
– On joue à des jeux.
– Quel genre de jeux ?

– On joue au papa et à la maman : lequel des deux tu veux être ?
Le comptable réalise qu'il est dans la merde et il se dit « je crois que je préfère mettre plutôt qu'être mis » et il dit :
– Je veux être le papa !
– Allez papa, viens sucer maman !

Cafougnette rencontre un camarade.
– Cha va, Cafougnette ?
– Bof ! J'ai interré m'belle-mère el'semaine passée !
– Ah bon ! Quo qu'all' avot ?
– Pas grand cosse ! Chinq caïelles, inne tape, inne gard'robe et pis gramint ed'fouffes !

Un type arrive avec un cocard le matin au bureau. Son collègue lui demande :
– Qu'est-ce qui t'es arrivé ?
– Tu te souviens, hier, j'avais un rendez-vous important avec un client ?
– Oui.
– J'y suis allé, mais en chemin, je me suis aperçu que le bouton de ma braguette était tombé.
– Pas classe.
– Alors, j'ai trouvé en dernière minute une mercerie où j'ai demandé un service express. La mercière n'a pas pris la peine de retirer mon pantalon, elle m'a recousu un bouton en direct.
– Et alors ?
– Au moment de couper le fil, elle s'est approchée pour le faire avec les dents. Et son mari est arrivé.

En rentrant un soir, monsieur Durand trouve la maison dans un état épouvantable : la table n'est pas desservie, le parquet est couvert de boue, les lits n'ont pas été faits et le dîner n'est pas préparé... Étonné et même inquiet, il va dans sa chambre et voit sa femme assise dans un fauteuil en train de lire tranquillement un roman-photo. Furieux, il lui demande :
« Mais que se passe-t-il ?

– Eh bien, voilà, mon chéri. Tous les soirs, tu me demandes ce que je peux bien faire de mes journées... Alors aujourd'hui, je ne l'ai pas fait ! »

Comment savoir si vous faites l'amour avec une infirmière, une institutrice ou une femme médecin ?
L'infirmière vous dit : « Allons allons, ça ne fera pas mal du tout. »
L'institutrice vous dit : « Il va falloir recommencer encore et encore jusqu'à ce que vous sachiez le faire parfaitement. »
La femme médecin vous dit :
« Ouvrez grand la bouche, tirez la langue et faites HMMMM. »

Toto est à la maternelle.
L'instituteur est en train de lire l'histoire des trois petits cochons. Il en est au passage où le premier petit cochon tente d'acquérir de quoi construire sa maison.
« ... et alors, le petit cochon rencontra un homme qui poussait une brouette pleine de paille, et il lui demanda : Pardon monsieur, pourrais-je avoir un peu de votre paille afin de construire ma maison ? »
Là, l'instituteur s'interrompt et il demande à la cantonade :
« Et alors les enfants, qu'est-ce qu'a répondu cet homme au petit cochon ? »
Toto se lève et au comble de l'excitation, s'écrie :
« Moi monsieur, moi monsieur, je sais ce qu'il a dit au cochon... Il a dit : » Nom de Dieu ! Un cochon qui parle ! «

Une maman va voir son petit garçon qui est en pleurs dans son lit parce qu'il a fait un cauchemar :
« Tout va bien, fils ?

– Oh maman, j'ai fait un cauchemar horrible. J'ai rêvé que tatie Jeannie était morte... »

La maman rassure le fiston, lui promettant que la tante Jeannie va bien et lui dit de se rendormir. Mais le lendemain, tante Jeannie meurt dans un accident de voiture. Une semaine plus tard, le fiston se réveille à nouveau en hurlant la nuit. La maman vient voir ce qui se passe : c'est un autre cauchemar...
« J'ai rêvé que grand-père était mort... »

La maman, déjà un peu moins sûre d'elle, rassure le gamin du mieux qu'elle peut et lui dit de se rendormir. Mais le lendemain, grand-père meurt d'un arrêt cardiaque. Une semaine plus tard encore, nouveau cauchemar...
« J'ai rêvé que papa mourrait demain ! »

La maman assure à son petit que son papa va super bien. La mère retourne se coucher, mais ne parvient pas à dormir. Elle décide de tout dire à son mari. Du coup, le mari n'arrive plus à se rendormir lui non plus. Il passe ensuite toute la journée dans la crainte : il va au travail à pied de peur d'avoir un accident de voiture, il ne mange rien le midi de peur de choper une intoxication alimentaire ou un empoisonnement, il évite de parler à qui que ce soit de peur de se faire tuer par un fou, il sursaute au moindre bruit et se cache sous son bureau. À la fin de cette journée au travail très très pénible, il rentre à la maison, toujours à pied. Lorsqu'il entre dans la maison, il dit à sa femme : « Pouah, je n'en peux plus. Je suis usé nerveusement et physiquement. C'est vraiment la pire journée de mon existence... » Et sa femme lui répond : « Tu dis que c'est ta pire journée... Pense un peu au facteur : ce matin, il est tombé raide mort devant la porte. »

Comment savoir si une blonde suisse a utilisé votre ordinateur ? Il y aura du gruyère à côté de la souris.

Un couple d'artistes de cirque présentait un numéro consistant à projeter la femme en l'air avec un canon... Le numéro marchait bien, jusqu'à ce que la femme fiche le camp avec le dompteur. Le mari déprimait un maximum et les autres artistes tentaient sans succès de le consoler.
« Vous vous rendez compte ! criait l'homme, jamais je ne retrouverai une femme de ce calibre ! »

Une blonde qui vient d'être opérée demande à son chirurgien :
« Docteur, quand vais-je pouvoir reprendre ma vie sexuelle ? »
Et le chirurgien dit :
« C'est la première fois, madame, qu'on me pose cette question après une opération des amygdales. »

Maria est une jeune Italienne issue d'une famille où la tradition DOIT être respectée. Du coup, le jour où elle se marie avec Tony, elle est encore vierge. En fait, elle ne sait même pas comment est fait un garçon. La nuit de noces doit avoir lieu dans la chambre préparée dans la maison de la maman de la mariée. Maria, le soir venu, confie à sa mère qu'elle a un peu peur de ce qui va advenir. Mais elle la rassure en lui disant : « Ne t'en fais pas Maria, Tony est un bon garçon. Monte dans la chambre et aie confiance car il prendra soin de toi. » Alors, Maria monte dans la chambre nuptiale. Dans la chambre, Tony est en train d'enlever sa chemise et expose ainsi sa poitrine velue à sa femme. Maria descend en courant demander à sa mère : « Maman, maman, Tony a plein de poils sur la poitrine, on dirait un singe ! » « Ne t'en fais pas Maria, tous les bons garçons ont du poil sur la poitrine. Il n'y a que les petits minets qui sont imberbes. Monte rejoindre ton mari maintenant, il va s'occuper de toi. » Alors, Maria remonte dans la chambre nuptiale. Et Tony enlève son pantalon. Maria a peur quand elle constate que son mari a plein de poils sur les jambes. Et ça ne rate pas, la voilà qui descend l'escalier pour demander à sa mère : « Maman, maman, Tony a plein de poils sur les jambes, c'est dégoûtant ! » « Ne t'en fais pas Maria, tous les bons garçons ont du poil sur les jambes. Tu dois être fier d'avoir un mari si poilu ! Monte rejoindre ton mari maintenant, il va s'occuper de toi. » Et Maria remonte dans la chambre pour la troisième fois. Là, elle voit Tony qui sort un 351 Magnum de son étui et qui le pose sur la table de nuit. Maria, toujours aussi affolée, descend les escaliers quatre à quatre et elle bafouille à sa mère : « Maman, maman, Tony a un gros calibre ! Un… un… un machin de 30 cm au moins ! » « Reste ici ma fille ! Maman va s'occuper de ça alors. »

Gérard fait l'amour avec Marie-Chantal, qui est encore vierge. Au bout d'un moment, Marie-Chantal s'écrie : « Qu'est-ce que c'est que ce va-et-vient ? Entrez ou sortez, Gérard ! »

Une blonde en vacance au Mexique veut appeler sa mère en France. Elle va donc dans un bureau de télécommunication et se renseigne sur les tarifs auprès d'un employé. Celui-ci lui répond que ça lui coûtera 4500 euros. La blonde dit : « Je ne possède pas cette somme mais sachez que je suis prête à tout pour appeler ma mère. » L'employé lui demande donc de passer dans le bureau d'à côté car il connaît un moyen de l'arranger. La blonde s'exécute. L'employé lui dicte donc ce qu'elle a à faire :
– Mets-toi à genoux, dégrafe ma ceinture.
La blonde s'exécute. Le type sort son sexe puis il dit :
– Et bien vas-y, fais ce que tu as à faire.
La blonde saisit le sexe du type, approche sa bouche et dit :
– Allô, maman ? ? ?

C'est l'histoire d'un type qui est cocu, mais tellement cocu, que pour faire l'amour avec sa femme, il est obligé de se déguiser en voisin…

Deux copains discutent au bistrot :
– Les boules ! Ma femme veut faire l'amour à trois !
– Comment ça « les boules » ? Tu n'es pas content ?
– Ah non, elle ne veut pas que je fasse partie des trois !

À l'école, pendant un cours d'éducation sexuelle, la maîtresse montre un dessin représentant un sein. Elle demande :
– Qu'est-ce que c'est ?
– C'est des nichons, répond Toto ! Et ma mère, elle en a deux !
– Toto, voyons !, reprend la maîtresse.
Elle continue sa leçon et montre un dessin de pénis.
– ça, c'est une quéquette, intervient alors Toto. Et mon père, il en a deux aussi : une pour faire pipi et une autre pour brosser les dents de ma maman.

Une femme blonde apporte la

photographie de son défunt mari à un photographe et lui demande :
– Est-il possible de refaire la photo en retirant le vilain chapeau que mon mari portait à ce moment-là ?
– C'est possible, madame, mais avait-il une raie de cheveux à droite ou à gauche ?
– Oh ! Je ne sais plus. Mais vous verrez bien par vous-même quand vous lui enlèverez son chapeau.

Quand les femmes ne serviront-elles plus à rien ?
Quand les machines à laver tailleront des pipes.

Un semi-remorque chargé de Viagra s'est renversé sur l'autoroute du sud. Et ça a fait 6 km de queue !

C'est un type qui va dans un bar en Afrique et qui demande un whisky dans un verre et un deuxième dans un petit dé à coudre... Le garçon s'exécute...
Le gars prends le verre en main, et à ce moment-là, sort de la poche de sa chemise un petit bonhomme de 10 cm de haut...
Il descend en rappel la chemise, glisse sur une manche (de la chemise !), et se retrouve sur le comptoir... Il se saisit à deux mains du dé à coudre, fait tchin-tchin avec le gars dont il vient de sortir de la poche, boit le contenu de son dé à coudre cul-sec, et hop remonte dans la poche... Le barman est sidéré !
Il dit « Hop, j'vous en sers une deuxième... » et rebelote... le type sort de la poche... ziiiippp jusqu'au comptoir tchin-tchin et hop remonte dans la poche de chemise...
« Où l'avez-vous eu ? J'adorerais avoir aussi un petit bonhomme comme ça... », dit le barman au client. Alors le client tire un peu sur la poche de sa chemise, et dit au petit bonhomme :
« Eh Roger ! C'était où déjà le village où t'as traité le sorcier d'enculé ? »

Folles sont mes pensées envers toi, et brûlant mon désir de te serrer dans ma main, avec une soif de plaisir incontrôlable pour ce que tu m'as fait. La nuit était chaude et calme et j'étais dans mon lit quand, subrepticement, tu t'es approché. Tu as frôlé mon corps nu avec ton corps, sans la moindre pudeur. Remarquant mon apparente indifférence, tu t'es pressé contre moi et tu m'as mordu sans scrupules jusqu'à mes plus intimes recoins. Je me suis endormi. Quand je me suis réveillé, je t'ai cherché avec une ardente avidité, mais en vain. Tu avais laissé sur mon corps et dans les draps des preuves irréfutables de ce qui s'était passé entre nous cette nuit-là. Cette nuit, je me coucherai plus tôt pour t'attendre dans ce même lit. Quand tu arriveras je veux t'étreindre avec fougue et impatience. Je veux te serrer avec toute la force de mes mains. Il n'y aura pas un millimètre de ton corps que mes doigts ne toucheront pas... Je n'aurai de répit que lorsque je verrai le sang chaud couler de ton corps. C'est comme cela que je t'éclaterai la tête ! Saloperie de moustique de merde !

Un jeune homme se rend, un jour de pluie, chez une camarade de cours dans sa chambre. Après une heure de conversation anodine, il lui demande :
« Qu'est-ce qu'on pourrait faire par un temps pareil ?

– J'ai une idée, dit-elle. Passe-moi une pièce de monnaie. On va jouer à pile ou face. Pile, on fait ce que j'ai envie de faire. Face, on fait ce que toi tu as envie.

– Lance la pièce, pendant ce temps-là, je prépare le lit ! »

Monsieur et Madame Naipacui ont une fille, comment s'appelle-t-elle ?
Lorie (le riz n'est pas cuit).

Au cours d'une conversation...
« Vous savez que mon mari a essayé le Viagra ?
– Oh !
– Oui, oui. Il a eu une érection de 6 h 10.
– Eh ben !
– L'embêtant, c'est le prix. 500 francs, c'est cher.
– Ah ouais.
– Oui, 500 francs pour 10 min de plus que d'hab... »

Que fait une blonde lorsqu'elle sait qu'elle va monter dans le Space Mountain ?
Elle fait ses valises.

Une jeune paysanne se rend à la gendarmerie pour se plaindre que deux légionnaires l'ont suivie alors qu'elle rentrait avec sa chèvre et l'ont prise en voiture. « Ils ont garé leur voiture dans un sous-bois désert. Ils nous ont fait descendre de voiture. Et ensuite, ils ont violé ma chèvre ! »

Comment dit-on « enceinte » en japonais ?
Imatoumi !

Quel est le comble du cuisinier ?
C'est d'être dans le potage !

Un homme assis au bord de l'eau surveille sa canne à pêche tout en buvant son pastis.
Un passant demande :
– Té qu'est-ce que vous pêchez là ?
– Té je pêche le congre.
– Et vous en attrapez beaucoup ?
– OUIGRE ! ! ! !

Pour leur 25e année de mariage, une femme dit à son mari : En 25 ans de mariage, tu ne m'as jamais rien acheté ! Le type lui répond : D'accord, mais toi tu ne m'as jamais rien vendu !

Nous sommes en 2015. Les astronautes sont enfin parvenus sur Mars.
Pendant leur exploration, un des astronautes rencontre une Martienne fabuleusement belle. Comme notre astronaute s'aperçoit que la Martienne parle très bien le terrien (langue officielle des expéditions dans l'espace), ils en viennent à parler de sexe et ça ne leur prend pas longtemps pour comparer leurs deux modes de reproduction.
La Martienne lui apprend que sur Mars, pour procréer, ils entassent une bonne dose de produits chimiques dans un récipient, ils crachent dedans, mélangent un bon coup et hop ! un nouveau petit Martien apparaît.
Notre astronaute lui répond que sur la Terre, il en va tout autrement et il lui propose de lui faire une démonstration, selon le principe « une bonne démo vaut mieux qu'une prise de tête ».
Alors l'astronaute repart avec la Martienne dans le vaisseau et s'emploie du mieux qu'il peut à expliquer toutes les finesses du mode de reproduction en usage sur la terre.
Après quelques heures d'explications, le souffle court, la Martienne dit :
– C'est INCROYABLE ! C'est la chose la plus fantastique que j'aie jamais faite ! Mais où se trouve le bébé ?
Notre astronaute répond alors :
– Oh, le bébé ? Il ne se montrera pas avant 9 mois…
Alors la Martienne :
– Alors pourquoi t'arrêtes-tu de remuer ?

Un type drague une fille en boîte.
– Mademoiselle, rentrons ensemble, je vous promets une nuit inoubliable !
– Ah bon, et que faites-vous de plus que les autres ?
– Je lèche le nombril…
La fille explose de rire.
– Mais enfin, tous les mecs sont capables de me lécher le nombril !
– Oui, mais moi, je le fais de l'intérieur !

Un Russe ivre mort déambule dans les rues de Moscou. Shootant négligemment dans une bouteille vide, il fait apparaître un génie, qui, selon une tradition bien connue, lui accorde immédiatement un vœu. L'homme, pas très clair et obsédé par la boisson, rétorque après une brève réflexion : « OK, génie, comme je veux être en mesure de boire n'importe où et n'importe quand, change mon urine en vodka jusqu'à la fin de mes jours ! » Le lendemain, le Russe se lève avec un terrible mal au crâne, va aux toilettes et s'aperçoit que son urine sent la vodka. Il se rappelle alors l'apparition de la veille et, pour en avoir le cœur net, finit par goûter. Ca marche… Il prévient immédiatement sa femme, fait pipi dans un verre et lui propose de goûter. D'abord dégoûtée, elle cède et finit par admettre que c'est la meilleure vodka qu'elle ait jamais dégustée. Ils boivent plusieurs verres d'affilée et se jurent de remettre ça le soir même. En revenant du travail, l'homme va directement à la cuisine ; il attrape un verre et le remplit. Sa femme, vexée de son manque d'attention, lui dit : « Merci de penser à moi. Tu aurais pu me donner un verre ! » L'homme réplique : « Pas besoin, chérie. Ce soir, tu bois à la bouteille… »

Monsieur et Madame Tousskeujbouf ont une fille, comment s'appelle-t-elle ?
Réponse : Georgette.

Papa est fâché. Toto a eu un zéro à sa rédaction.
« Comment cela se fait-il ? D'habitude, tu as de très bonnes notes en rédaction…
» Ben…» , répond Toto.
» Fais-moi voir ton texte ! «
Et papa commence à lire : » En me promenant dans la forêt, au détour d'un chemin, j'ai vu un caca tout vert : c'était le caca d'Albert. Un peu plus loin, j'ai vu un caca tout noir : c'était le caca d'Édouard. Au pied d'un arbre, j'ai vu un caca tout gris : c'était le caca de Denis…»
»Mais qu'est-ce que c'est que ça, Toto ?
« Ben… c'était le sujet quoi ! ».
Et papa lit le sujet : « Sujet : C'est dans le besoin que l'on reconnaît ses amis » !

Pourquoi les blondes accrochent-elles leur photo dans leur chambre ?
Réponse : Pour les utiliser comme miroir.

Un Belge questionne un spécialiste de la contraception : « Si je me fais une vasectomie et que ma femme continue de prendre la pilule, est-ce que nous ne risquons pas d'avoir des enfants anormaux ? »

J'étais heureux.
Ma petite amie et moi sortions ensemble depuis plus d'une année, et ainsi nous avons décidé de nous marier.
Mes parents nous ont aidés de tous les côtés, mes amis nous ont encouragés.
Et ma petite amie ? Elle était un rêve !
Il y avait seulement une chose qui me tracassait beaucoup et cette chose était sa plus jeune sœur.
Ma future belle-sœur avait vingt ans, portait minijupes serrées et chemisiers décolletés.
Elle se penchait régulièrement vers le bas quand elle était près de moi. J'avais ainsi une vue plaisante de ses sous-vêtements.
Cela était évidemment délibéré.
Elle ne l'a jamais fait quand elle était près de n'importe qui autrement.
Sa petite sœur m'a appelé et m'a demandé de venir pour vérifier les invitations de mariage.
Elle était seule quand je suis arrivé.
Elle m'a chuchoté que bientôt je devais être marié, et qu'elle avait des sentiments et du désir pour moi, qu'elle ne pouvait et ne voulait pas surmonter !
Elle m'a dit qu'elle voulait me faire l'amour juste une fois avant que je sois marié avec sa sœur.
Je fus très choqué et ne pus dire un mot.
Elle a dit : – Je vais en haut dans ma chambre à coucher. Si tu veux passer à l'acte, tu peux monter et me prendre !
J'étais assommé, gelé. Je l'ai observée monter les escaliers.
Quand elle a atteint le dessus, elle a baissé sa culotte et me l'a jetée en bas des escaliers.
Je me suis tenu là pendant un moment, puis j'ai tourné en direction de la porte. J'ai ouvert la porte et j'ai fait un pas hors de la maison. J'ai marché directement vers ma voiture.
Mon futur beau-père se tenait dehors.
Avec des larmes dans ses yeux il m'a étreint et dit : – Nous sommes très heureux que vous ayez passé notre petit test. Nous ne pouvions pas penser à un meilleur homme pour notre fille. Bienvenue dans la famille !

La morale de cette histoire est : Gardez toujours vos préservatifs dans votre voiture !

Une grand-mère et sa petite-fille sont seules dans un compartiment.
L'enfant n'arrête pas de bassiner grand-maman :
– Dis grand-mère, tu me montres ton petit lapin (sous entendu son sexe)... ?
Et pour inciter la grand-mère, la petite fille soulève sa jupe.
La grand-mère répond :
– Non non. Laisse-moi tranquille. Ce n'est pas des choses que montrent les grandes personnes.
Mais la petite fille insiste :

– Allez grand-mère, montre-moi ton petit lapin....
Finalement, au bout d'un moment, la grand-mère cède, lève sa jupe de paysanne et montre son sexe à la petite fille. Alors la jeunette dit :
– Pouah, il est pas beau et il est tout ridé ton petit lapin !
Et la grand-mère répond :
– On verra la tête du tien quand il aura mangé autant de carottes que le mien !

Un type dit à son meilleur copain : « Hier soir, vois-tu, j'ai sauvé une fille d'un viol !

– Toi ? Mais comment as-tu fait ?

– J'ai réussi à la convaincre de coucher avec moi ! »

Monsieur et Madame Dividendes ont une fille, comment s'appelle-t-elle ?
Aimée

Docteur ! Dès que je suis à mon travail, au bout de dix minutes, je m'endors ! Ça ne peut plus durer, Docteur !
– Tiens, tiens ! Et vous travaillez où exactement ?
– Aux abattoirs de la ville...
– Ça alors ! Et vous vous endormez en assommant les bœufs ? ! ?
– Pas des bœufs, Docteur, mais des moutons ! Et puis je ne les assomme pas... C'est moi qui les compte !

Le chef, à la secrétaire blonde :
– Mademoiselle, c'est la 4e fois de suite que vous arrivez en retard cette semaine ! Qu'en concluez-vous ?
– Ben... je sais pas moi... Qu'on est jeudi ?

Monsieur et Madame Extraimisse ont une fille, comment s'appelle-t-elle ?
Justine

A qui peut-on comparer un homme heu-reux ?
A un eunuque qu'on vient de rembourser ! (Frédéric Dard)

Pourquoi le bromure n'est-il pas en vente libre ?
Parce que c'est un produit de contrebande.

Pourquoi les vacances en Irlande

sont-elles particulièrement toniques ?
Parce qu'un peu d'Eire, ça fait Dublin !

Pourquoi les blondes lancent de l'eau dans leurs ordinateurs ?
Pour naviguer sur le Net !

Deux copains discutent au café :
– À ton avis, si on t'accroche une corde de cinquante centimètres avec un poids de trois kilos à la testicule gauche et une corde d'un mètre avec un poids de deux kilos à la testicule droite, laquelle va lâcher en premier ?
– La corde vocale !

– Avez-vous des sacs publicitaires Darty chez vous ?
– Oui !
– Alors placez-en un sur le radiateur toute la nuit, ou quelques minutes au four... Vous aurez un sac Darty chaud (d'artichauts).

Mon premier sert à voler.
Mon deuxième est la conjonction de coordination la plus utilisée.
Mon troisième est le petit de la biche.
Mon tout est un animal.

Réponse : éléphant (aile, et, faon).

Quel est le comble de la gourmandise ?
Parler le plus rapidement possible pour manger ses mots...

Quel est le comble pour un agent de police ?
Souffrir de troubles de la circulation...

À l'oral du bac, un candidat passe une épreuve de sciences naturelles. L'examinateur plonge la main dans son sac, en sort un petit oiseau dont il montre la queue au candidat.
« Quel est le nom de cet oiseau ?

– Euh... Je ne sais pas.

– Je vais vous donner une seconde chance », dit l'examinateur. Il plonge à nouveau la main dans son sac et en ressort un autre petit oiseau, dont il montre une fois encore la queue au candidat.
« Et celui-ci, quel est son nom ?

– Euh, je ne vois toujours pas.

– Désolé. Je regrette, mais je suis

obligé de vous mettre un zéro. Quel est votre nom ? »

Le candidat se lève, ouvre sa braguette et dit : « Devinez... »

Un Écossais athée était en train de pêcher sur le Loch Ness quand tout à coup son bateau est attaqué par le monstre.
D'un seul coup d'échine, la bête propulse le bateau et son passager dans les airs, puis elle ouvre sa gueule et s'apprête à engloutir le pêcheur et son embarcation... À ce moment, le pêcheur athée crie :
– DIEU, AIDE-MOI !
Et d'un coup, tout se gèle sur place : la barque et le pêcheur dans les airs et le monstre dans l'eau, la gueule grande ouverte. Alors, une voix venant de l'au-delà lui dit :
– JE PENSAIS QUE TU NE CROYAIS PAS EN MOI !
Et le pêcheur répond :
– Oh dis, lâche-moi... Il y a deux minutes, je ne croyais pas non plus au monstre du Loch Ness...

Un homme conduit sa femme à la maternité car elle est sur le point d'accoucher. Le gynécologue leur dit qu'il a développé une machine qui permet au mari de partager avec sa femme la douleur de l'accouchement. Ceci dans le but louable de montrer à l'homme qu'est-ce que c'est que « la douleur » et pour permettre que la femme ait moins mal. Le gynécologue propose donc au couple d'essayer la machine, ce qu'ils acceptent. L'accouchement commence et le médecin donne, grâce à la machine, 20 % de douleur au mari, en lui précisant que 20 %, c'est déjà plus que n'importe quelle douleur qu'il a déjà pu ressentir mais le mari est surpris car il ne sent quasiment rien. Alors le médecin monte la peine ressentie par le mari à 50 % (le mari ne bronche pas) puis à 100 %... Après que le bébé est venu au monde, le mari se lève et s'étire. La femme est très reposée, n'ayant ressenti quasiment aucune douleur et le mari pareil. Ce n'est que deux jours plus tard, en rentrant chez eux, qu'ils apprirent que le postier était mort dans d'atroces douleurs en faisant sa tournée.

En plein hiver, un couple d'amoureux qui roulait en voiture subit les affres d'une crevaison. Il fait moins 15 dehors et il y a de la neige partout. Le gars descend et se met au boulot. Mais pas de chance pour lui : il n'a pas de gants, ce qui fait qu'à peine deux des écrous de la roue dévissés, il est obligé de rentrer dans la voiture pour se réchauffer. Le voyant rentrer avec ses mains bleuies par le froid, sa copine lui dit : « Mets tes mains entre mes jambes, ça les réchauffera très vite ! » C'est ce que fait le gars... Et 10 min plus tard, il est à nouveau dehors. Mais après avoir retiré les deux derniers écrous, il rentre à nouveau pour se faire réchauffer les mains, toujours de la même façon. Ça se représente une nouvelle fois, le temps de remonter la roue de secours, puis le gars remonte en voiture, la roue étant remplacée et la voiture prête à repartir. Au moment où il met la clef de contact dans le Neiman, la copine lui dit : « T'aurais pas froid aux oreilles par hasard ? »

Quel est l'animal qui vit le plus longtemps ?
– Une belle-mère.

Quel est le comble, pour un jardinier ?
Réponse : consoler un saule pleureur.

Un mec regardant les superbes jambes d'une nana :
– Quand je vois tes deux rails, j'ai bien envie de m'attarder dans la gare…

Que dit le mari d'une blonde quand celle-ci lui dit qu'elle a réfléchi ?
« Alors, ça fait comment ? »

Qu'est-ce qui fait que les hommes sont toujours à courir après les femmes, sans aucune intention de les épouser pour autant ?
Réponse : la même raison qui fait que les chiens poursuivent les voitures, sans pour autant avoir l'intention de conduire.

– Docteur docteur, ch'ais pas c'qu'y m'arrive à c't'heure, mais j'crois ben que j'deviens sourd ! ! !
– Ahhhh, et qu'est-ce qui vous fait dire ça ?
– Ben c'est bien simple docteur, j'm'entends même plus péter !
– Tenez mon brave, une pilule le matin, une le soir.
– Oh merci docteur ! Et avec ça, vous croyez que j'entendrai mieux ?
– Certes non, mais vous péterez plus fort !

C'est deux jumeaux dans le ventre de leur mère, l'un dit à l'autre : « Je me demande si notre mère est riche », l'autre bébé décide d'aller voir par lui-même et quand il revient, il dit à son frère : « Pour répondre à ta question, notre mère est très riche. Tu aurais dû voir la fourrure que j'avais autour du cou ! »

La grande soirée en faveur de la faim dans le monde a été un bide.

Pourquoi les écossais portent des kilts ?
– Parce que le bruit des fermetures éclairs effraie les moutons…

Quelle est la différence entre une blonde et une grenouille ?
Réponse : gre.

Pourquoi dit-on Windows ?
Parce que c'est à jeter par la fenêtre !

C'est une brune, une rousse et une blonde qui se présentent pour un entretien d'embauche.
La brune passe en premier. Après quelques questions habituelles, le recruteur lui demande :
– Dans le mot « INDIANA JONES », combien y-a-t il de T ?
Elle prend quelques secondes pour réfléchir et finit par dire : « Il n'y en a aucun ».
– Très bien, merci, Madame, nous vous recontacterons.
La rousse, passe à son tour et, à nouveau après quelques questions habituelles, le recruteur lui demande :
– Dans le mot « INDIANA JONES », combien y-a-t il de T ?
Elle prend quelques secondes pour réfléchir et finit par dire : « Il n'y en a aucun ».
– Très bien, merci, Madame, nous vous recontacterons.
Arrive le tour de la blonde, et encore une fois après quelques questions le recruteur lui demande :
– Dans le mot « INDIANA JONES », combien y-a-t il de T ?
Elle prend quelques secondes pour réfléchir, parle tout bas : 2-4-6-8-10-12, prend une calculatrice, commence des comptes avec des racines carrées et finit par dire fièrement : « Il y en a 32 ».
– Ah ! Bon ! D'accord ! Mais pourriez-vous m'expliquer comment vous êtes arrivée à ce chiffre ?
« Tin tin tin tin....tin tin tin… tin tin tin tin tin » (sur l'air d'Indiana Jones).

Monsieur et Madame Zettofrais ont une fille, comment s'appelle-t-elle ?
Réponse : Mélanie.

C'est une maman dont les trois filles, en âge de se marier, travaillent dans la pub. Le hasard fait que les 3 filles trouvent un mari et décident de se marier au même moment. Par

jeu, la maman demande à ses filles de lui décrire comment se passe la lune de miel en utilisant des slogans publicitaires.
Quelques jours après le mariage, la maman reçoit une lettre de l'aînée. Sur cette lettre, un seul mot : « Petit Pimousse ». La mère se dit alors en elle-même :
« Petit Pimousse, petit mais costaud. » Et elle sourit.
Le jour suivant, c'est un message de la cadette qui lui arrive par la poste. Sur la lettre, un seul mot : « Renault Clio ». Et la mère se dit en elle-même :
« Clio, elle a tout d'une grande. » Et elle sourit.
Enfin, un jour plus tard, arrive le message de la benjamine. Sur la lettre, la seule chose écrite est :
« British Airways » La maman ne connaît pas le slogan de cette compagnie aérienne. Alors elle recherche dans des magazines et elle finit par lire :
« British Airways, 4 fois par jour, 7 jours sur 7, dans les deux sens ».

C'est l'anniversaire de mariage de René. Sa femme et lui ont 50 ans de vie commune, ils ont passé toute leur vie à la ferme et René décide de fêter leur anniversaire d'une manière un peu spéciale...
– Dis donc Simone, qu'est-ce tu dirais si je te prenais là sur la clôture ?
– Mais René enfin, tu n'y penses pas sérieusement : aujourd'hui nous ne sommes pas le dernier samedi du mois...
– Je sais, Simone, mais ça compte pas, aujourd'hui, c'est notre anniversaire.
– Oh ben non, quand même, que vont dire les vaches ?
– Et ben, elles diront que l'taureau leur manque et pis c'est tout !
– Bon, puisqu'il n'y a pas moyen de t'raisonner on y va...
Alors René entreprend la Simone et il y va gaiement, contre la barrière, comme lorsqu'ils étaient jeunes. Et au bout de 10 minutes l'affaire est faite.
Mais René demande à Simone :
– Dis donc, tu bougeais pas comme ça avant... Que se passe-t-il ?
– Et ben, je sais mais dans le temps, mon René, les barrières n'étaient point électrifiées...

Monsieur et Madame Dufoie ont six filles de même prénom, comment s'appellent-elles ?
Six Rose.

Deux fiancés se présentent à la mairie pour la publication des bans. « Voyons voir, dit l'employé, nous disons donc Sorgue Gilbert et Sorgues Marguerite... C'est curieux, vous semblez porter le même nom. Cela n'arrive pas souvent. Il y a vraiment une relation ?

– Oh, juste une fois, dit le fiancé en rougissant. On ne pouvait plus se retenir ! »

Je pose la question à un pote :
– Tu causes à ta femme après l'amour ?
– Oui, mais seulement si j'ai un téléphone sous la main !

C'est l'histoire d'un mec qui va aux toilettes dans un bar. Le premier est occupé et il entre dans le deuxième. À peine se met-il sur la cuvette qu'il entend : « Salut ! Comment ça va ? » Surpris, il se dit que c'est un drôle d'endroit pour lier d'amitié avec quelqu'un, mais bon, on ne choisit pas…
« Euh, ça va, dit-il embarrassé.
– Qu'est-ce que tu fais de beau ?
– Ben, je fais comme toi… caca… »
Et là, il entend : « Écoute, je te rappelle plus tard, il y a un con à côté qui répond à toutes mes questions ! »

Une blonde se rend dans un magasin de portables. Le vendeur lui demande :
– SFR ?
Elle répond :
– Non, mais elle va apprendre !

Une blonde entre dans une bibliothèque et s'adresse à l'accueil :
– Bonjour monsieur je voudrais un sandwich et des frites s'il vous plaît.
– Mais enfin madame vous êtes dans une bibliothèque ici.
La blonde chuchote alors :
– Oòoh ! Excusez-moi monsieur. Je voudrais un sandwich et des frites.

Quel est le comble d'un dentiste ?
Réponse : C'est d'avoir une dent contre quelqu'un.

Un garçon d'une dizaine d'années vient retrouver, tout joyeux, un de ses copains.
« Ça y est, lui annonce-t-il, mon grand frère commence à s'intéresser aux filles.

– Qu'est-ce qui te fait penser cela ?

– Regarde. Il m'a fait cadeau de son lance-pierres, de son grand sac de billes et de sa collection de France Football. »

Un boss, c'est fait pour bosser…
Une secrétaire, pour « secréter »…

Un homme rentre chez lui, accueilli par des hurlements :
« Prends les patins ! Range ton manteau dans la penderie au lieu de le laisser traîner sur le fauteuil ! Et tes cendres… à quoi servent les cendriers ?
– Ça suffit maintenant, un mot de plus et je rentre chez ma femme ! »

Deux industriels discutent de leur secrétaire.
« La mienne est idéale.

– Pourquoi ?

– Elle sait ouvrir la bouche quand j'ai envie de faire l'amour et la fermer après. »

Qu'est-ce qui est petit, mignon, rose en haut et vert en bas ?
Un petit pois torse nu !

Pourquoi les hommes éjaculent par saccade ?
Parce que les femmes avalent par gorgées.

Un papy s'est fait faire une ordonnance de Viagra par son médecin. Mais comme il connaît tout le monde dans l'unique pharmacie du pays, il a honte d'aller le chercher lui-même et il dit à son petit-fils : « Si tu vas me chercher ce médicament, je mettrai 100 francs sous ton oreiller cette nuit. Mais tu ne dis surtout pas que c'est pour moi. »
Le gosse fonce à la pharmacie et ramène le Viagra. Le lendemain matin, il regarde sous son oreiller et trouve 500 francs. Comme il est honnête, il va voir son grand-père.
» Papy, tu t'es trompé. Tu m'avais promis 100 francs et tu en as mis 500.
– Non, mon petit, je ne me suis pas trompé, je t'ai bien donné 100 francs. Les 400, c'est ta grand-mère ! »

L'intelligence, c'est le seul outil qui permet à l'homme de mesurer l'étendue de son malheur.

Une belle-mère tombe dans un puits. Son gendre arrive à toute allure avec une bouteille de whisky et la lui lance en ricanant :
– Tenez, buvez, ça vous remontera !

Comment meurt un neurone chez un homme ?
Désespérément seul.

Un homme, en train de faire son testament, dit à son notaire :
– Je souhaite léguer mon cerveau à la science.
– C'est une excellente intention, mais ne pensez-vous pas que ce serait un plus beau geste si vous prévoyiez de faire un don de 5 euros à la recherche médicale ?

Monsieur et Madame Aidubois ont une fille, comment s'appelle-t-elle ? Laure

Monsieur et Madame Dutribunal ont une fille, comment s'appelle-t-elle ? Clémence

Deux amis discutent :
– Crois-tu à la vie après la mort ?
– Non, je n'y crois pas et toi ?
– Ben… Je n'y croyais pas, mais, depuis que ma belle-mère est morte, je revis !

Un homme est en train d'uriner devant une mairie, lorsqu'un passant l'interpelle : « Vous n'avez pas le droit d'uriner à cet endroit » et l'homme répond, en désignant les trois mots inscrits sur la face de la mairie : « Lis ce qui est écrit… Liberté : je suis libre d'uriner où je veux. Égalité : si tu veux, tu peux le faire aussi. Fraternité : si tu es mon frère, secoue-la moi ! »

Quelle est la différence entre une bonne baise et une séance de shopping ?
Il n'y en a pas : dans les deux cas, on en ressort les poches vides !

Combien d'avocats sont nécessaires pour arrêter un bus lancé à pleine vitesse sur la route ?
– Jamais assez.

Dans un hôpital, un couple vient pour une fécondation artificielle. On prie le mari de passer dans une petite pièce pour donner son sperme. Comme au bout d'une heure il n'est toujours pas sorti, une infirmière va frapper et lui demande si tout va bien. Le type répond : « Non, c'est la sixième fois que je rate la soucoupe ! »

Un individu particulièrement machiavélique raconte à un ami : « Je me suis fait faire une vasectomie.

– Ah ! Et qu'en pense ta femme ?

– Elle n'en sait rien. Je me réserve de le lui annoncer le jour où, une fois de plus, elle m'accusera de l'avoir mise enceinte. »

Avant sa périlleuse expédition en Chine, l'explorateur Marco Polo rend visite au capitaine du navire qui lui dit : « Vous savez Marco, nous n'avons pas le droit aux femmes pendant le voyage. Allez-vous tenir le coup ? »
Sûr de son fait, Marco répond par l'affirmative mais au bout de quelques semaines de traversée, il confie au capitaine :
« C'est plus dur que prévu. Je ne peux plus tenir...

– J'ai bien une solution... Le petit cuisinier, il vous tente ?

– Vous êtes complètement fou. Si cela se savait, je serais déshonoré. »
Deux semaines plus tard cependant, il revient penaud voir le capitaine :
« C'est décidé. Je ne tiens plus. Mais promettez-moi que vous, moi et le cuisinier, nous serons les seuls au courant de cette histoire.
– Ah non, je ne peux pas vous le garantir. il doit y avoir au moins cinq personnes informées.
– Cinq. Mais comment ça ?
– Eh bien nous trois, c'est évident. Mais il faut prévoir l'aide de deux marins car en général, le cuisinier n'est pas d'accord ! »

Que fait une blonde dont le tupperware est cassé ?
Elle l'emmène voir un chirurgien plastique...

Comment appelle-t-on un homme avec la moitié d'un cerveau ?
Un homme surdoué.

Que dit une blonde lorsqu'elle aperçoit une pelure de banane par terre ?
Oh non, je vais encore tomber !

Deux clochards descendent le boulevard par une glaciale soirée d'hiver, ils arrivent sur une flaque de vomi pleine de spaghettis.
« Ouah, de la bouffe ! » crie un des deux clochards. Il se précipite dessus et avale tout. « Tu n'es pas fou ! l'engueule l'autre, il était sûrement malade le mec qu'a gerbé ça ! Tu vas attraper sa crève, le sida, l'infarctus... » Le premier devient vert et redégueule tout. À

ce moment, son pote se précipite dessus pour le bouffer. « Merci, je le préfère chaud ! »

Un gars discute avec sa conquête : « Tu peux me dire QUI tu vas faire jouir avec ce machin ridicule ? lui demande-t-elle.

– Ben moi ! POURQUOI ? »

Une blonde se rend au commissariat du coin et dit au commissaire :
– « Monsieur l'agent, arrêtez-moi, je suis une tueuse en série ! »
– « Ah ! Et pourquoi, mademoiselle, je vous prie ? ! », lui répond le commissaire.
– « Eh bien voilà : J'ai jeté mon canari du haut d'une falaise et j'ai noyé mon poisson rouge !

Une jeune femme blonde à son nouvel ami :
– Chéri, je voudrais être honnête avec toi...
– Oui, je t'écoute.
– Je... il y a quelque temps j'ai fait une année en prison... pour violation de domicile.
– C'est horrible, mais c'est du passé, n'en parlons plus, l'essentiel c'est que tu m'en aies parlé ! Au fait, où est-ce que c'était ?
– Au Monopoly.

Pourquoi les blondes ont-elles les initiales LSD devant sur leurs chemises ?
Réponse : Les Seins Devant.

Que fait une blonde quand elle loupe le bus numéro 6 ?
Réponse : elle prend 2 fois le numéro 3 !

Quand peut-on dire d'une fille : « C'est une vraie princesse » ?
Quand elle te laisse venir dans son palais...

Toto dit : « J'aurais aimé vivre au Moyen Âge ! »
Sa maman lui répond :
« Pourquoi ? »
Toto : « Parce que j'aurais eu moins d'Histoire à apprendre ! »

Deux enfants du cours élémentaire comparent leurs connaissances :
« Moi, dit le plus jeune, je sais comment un bébé sort du ventre de sa mère.

– Peuh ! fait l'autre, moi, en collant mon œil à la serrure de la chambre de mes parents, j'ai vu comment il y entre. »

Qu'est-ce qu'un taureau avec un string ?
Une vache folle !

À l'épicerie, un type demande :
« C'est combien la plaque de beurre ?

– C'est 5 francs, lui répond la patronne.

– Et si je vous prends la motte ? ajoute-t-il.

– Alors là, vous prenez une baffe en pleine figure ! répond-elle.

« Aujourd'hui, c'est l'anniversaire de ma femme. Je lui ai offert un diamant.
– Un diamant ? Je croyais qu'elle voulait un 4x4 Suzuki !
– Ben, oui, je sais bien... Mais tu sais, les faux 4x4 Suzuki, ça ne court pas les rues. »

Que fait une blonde avec un parachute dans un sous-marin en détresse ?
Elle cherche le bouton d'éjection.

C'est deux gars en train de parler de leur vie familiale dans un bar.
Après quelques bières, l'un des deux dit :
– Oh je ne sais pas toi, mais moi, ça ne va pas trop sexuellement avec ma femme en ce moment. On dirait vraiment qu'elle se désintéresse du truc !
C'est super frustrant...
Alors l'autre lui répond :
– Ouais, je vois ce que tu veux dire. J'ai eu le même problème à un moment, mais j'ai trouvé un super remède. À ce moment-là, j'avais caché mon pistolet d'alarme sous l'oreiller, et au moment où ma femme montrait des signes de faiblesse pendant nos ébats, je m'emparais du pistolet et je pressais la détente. Sous l'effet de la détonation et du stress, elle devenait excitée comme une furie et je peux te dire que la séance de « ça va ça vient » prenait une autre dimension après...
Alors l'autre gars dit qu'il va essayer ça lui aussi.
Le lendemain soir, les deux gars se retrouvent au même bar devant une bière.
– Alors ? comment ça a marché le coup du pistolet ?
L'autre répond :
– Ne m'en parle pas... La nuit dernière, on se faisait un petit 69.

Comme d'habitude, en cours de route, ma femme a commencé à mollir dans son action, alors je me suis emparé du pistolet et j'ai fait feu comme tu m'as dit...
– Et alors ?
– Et alors ? Eh ben, elle a failli m'arracher la bite, elle m'a chié dans la figure, et un gars est sorti de l'armoire en levant les mains en l'air !

Pourquoi les Français ont-ils choisi le coq comme emblème ?
C'est le seul animal capable de chanter les pieds dans la merde.

C'est une blonde qui retrouve une de ses copines, blonde aussi.
– Holalalalalala, j'ai encore raté le permis...
– Qu'est-ce qui s'est passé ?
– Je suis arrivé près d'un rond-point et là comme l'indique le panneau 30, j'ai fait 30 fois le tour du rond-point.
– Et tu t'es trompée de combien de tours ?

Un vieillard de 80 ans va voir son médecin. Ce dernier lui demande comment vont les choses.
« Je suis en pleine forme ! Répond le vieillard. Je sors avec une petite poule de 18 ans et je l'ai mise enceinte ! Qu'est-ce que vous pensez de ça, docteur ? »
Le docteur lui répond : « C'est formidable ! Mais laissez-moi vous raconter une histoire.
C'est une histoire vraie. J'ai un ami qui est un passionné de chasse, il n'a jamais manqué une saison. Un jour, alors qu'il s'en allait chasser et qu'il était pressé, il se trompe et au lieu de prendre son fusil, il prit son parapluie. Alors qu'il se trouvait dans la forêt, il aperçoit un grizzly qui fonçait sur lui. Il saisit son parapluie, l'épaula et appuya sur la poignée.
Savez-vous alors ce qu'il se passa ? »
« Non » , répondit le vieillard interloqué.
« Et bien le grizzly tomba raide mort à ses pieds ! »
« C'est impossible ! », s'insurgea le vieillard. « Quelqu'un a dû tirer à sa place... »
« C'est exactement où je voulais en venir... »

Tu sais ce que c'est des trous dans un trou ?
C'est un nez dans cul !

Quelle est la chose la plus légère au monde ?
Réponse : le sexe de l'homme, parce qu'une simple pensée peut le soulever.

Quelle différence y a-t-il entre un routier français et un routier anglais ?
Ils n'ont pas le même bras bronzé.

Pendant un cours de mathématiques, le professeur demande :
– Si j'ai trois pommes à diviser en sept parties égales, que dois-je faire ? ?
Toto :
– De la compote, monsieur !

C'est l'été... Par une nuit d'une douce torpeur, deux amoureux s'enlacent tendrement contre un arbre du bois de Boulogne :
– Ah chéri, comme cet endroit est romantique, tu entends les grillons ?
– Ce ne sont pas des grillons, fait le gars, ce sont des fermetures-éclair !

Deux types discutent sur un banc. Le premier est triste et se plaint : « Je suis malheureux car ma femme baise comme une chienne !

– Comme une chienne et tu oses te plaindre !
– Eh, oui comme une chienne. Deux fois par an ! »

Le comte de Mormoilneud consulte son généraliste :
– Je suis très préoccupé par des envies d'uriner nocturnes et impérieuses.
– Votre prostate sans doute, mon cher comte, veuillez vous déshabiller.
– Est-ce vraiment indispensable ?
– Certainement...
– Le caleçon aussi ?
– Oui, je vais vous faire un toucher rectal...
– Mon Dieu ! Puisqu'il le faut...
– Détendez-vous, je vous fais mal là ?
Écoutez docteur, au point où en sont arrivées nos relations, je crois que nous pouvons nous tutoyer.

Quéquette et foufoune sont en voiture et se font arrêter par les flics pour excès de vitesse. Qui paie l'amende ?
C'est quéquette, parce que foufoune est en règle !

Un passant, entouré par trois prostituées qui lui proposent leurs services, leur dit : « Mesdemoiselles, je suis un peu embarrassé pour choisir entre vous. Alors, voilà ce que je vous propose. Vous allez me bander les yeux et je vais fouiller dans vos corsages, à tour de rôle, pour tenter d'arriver à me décider en toute objectivité. »

Pourquoi les femmes aimeraient-elles que le sexe des hommes soit un os au lieu d'un muscle ?
Pour qu'elles puissent le sucer comme des chiennes.

Deux secrétaires papotent pendant une pause. La première demande à l'autre :
– Tu fumes après l'amour ?
Et l'autre de répondre :
– Je ne sais pas, j'ai jamais regardé.

Proverbe cochon :
« Soixante-neuf du midi, nettoyage des outils. »

Ça se passe au tout début d'un procès. Les deux avocats représentant chacune des parties sont en train de s'engueuler :
– T'es un hypocrite, un menteur, pire un visage à 2 faces !
– Ah oui ?!! Ben toi t'es un voleur, un fraudeur et puis un bandit.
Le juge intervient alors :
– Bon, maintenant que vous vous êtes identifiés, est-ce qu'on peut commencer le procès ?

Un gars fier de lui ouvre sa braguette et en montre le contenu à une belle nana en lui disant :
– Regarde ce beau soldat au garde-à-vous fier de lui !
– Je vois plutôt un ivrogne couché sur 2 sacs de patates, lui répond la mignonne.

Une petite fille va pour la première fois à la messe. Au retour, sa mère lui demande :
– Qu'est-ce que tu as préféré ?
Et elle répond :
– La statue de la Vierge. Je voudrais bien être vierge !
– Et pourquoi ?
– Pour avoir un enfant…

Quelle est la différence entre une saucisse et une bite ? Il n'y en a pas, elles se lèchent toutes les deux.

Si c'est les meilleurs qui partent les premiers, que penser alors des éjaculateurs précoces ?

- Maman, maman ! Raconte-moi une histoire !
- Écoute, non, je ne peux pas, je dois préparer le dîner...
- Maman, maman ! Raconte-moi une histoire !
- Bon, bon... Il était une fois...
- Maman, maman ! Est-ce que toutes les histoires commencent par « il était une fois » ?
- Non ma puce, parfois elles commencent par « Chérie, j'ai une réunion ce soir et je vais rester tard au bureau... »

Cette femme de la jet set a toujours été une grande amoureuse. Toujours un nouvel amant ou un nouveau mari à son actif, toujours les couvertures de *Voici* etc. Mais aujourd'hui, elle est morte. Eh oui, c'est triste. Lors de son enterrement, beaucoup de monde défile devant le cercueil et en particulier deux de ses anciennes « copines ». Écoutons-les cancaner une dernière fois :
- Ah enfin, ça y est ! Elle les a quand même rejoints !
- De qui parles-tu, de ses maris ou de ses amants ?
- Ni des uns ni des autres... Je parlais de ses mollets...

Un grain de maïs demande à un épi :
- T'as pas vu mon copain ?
- Si, il vient juste de se faire embarquer par les poulets !

Un homme dit à un autre :
- Si ça se trouve, dans cent ans, j'aurais encore mon écharpe.
- Dans un siècle ?
- Non, quand même pas !

Une actrice de théâtre se plaint à une collègue :
- Mon fiancé est d'une jalousie maladive. Il m'accuse de le tromper, alors que depuis six mois je n'ai eu qu'un seul amant, le pompier de service.
- Oui, réplique son amie, mais tu oublies de préciser qu'il change tous les soirs !

Un virus sans danger pour nos PC. Ce virus est prévu pour se déclencher le lundi de Pentecôte. Il doit provoquer la suppression d'un jour férié. Il transformera ensuite des heures chômées en heures travaillées... Enfin, par un processus que ni McAfee, ni Norton Antivirus, ni Microsoft, ni J.-P. Raffarin, ni même Jean-Luc Delarue ne parviennent à expliquer, il doit transformer des cotisations sociales en aide pour les personnes âgées ! Il aurait été mis au point par une équipe qui s'est fait élire en promettant aux « Français d'en bas » davantage de sécurité, alors qu'elle est pointée du doigt pour 15 000 morts en 15 jours pendant le mois d'août. Il est encore temps d'agir pour éradiquer ce virus, apparenté à un cheval de Troie. Voici la marche à suivre :

1 – Faites suivre ce mail à tout votre carnet d'adresse.

2 – Décrétez que vous ne viendrez en aucun cas travailler ce jour-là.

3 – Jurez au contraire que vous en profiterez pour rendre visite à une grand-tante esseulée.

4 – Réclamez haut et fort la création d'un jour férié en plus, qui sera consacré à organiser des festivités pour égayer le quotidien des personnes âgées.

5 – Faites remarquer au Medef, donc à Raffarin, que l'économie du pays récupérera en richesses produites tout ce qui sera dépensé au cours de ce jour de fête.

6 – Faites remarquer au Medef, donc à Raffarin, que l'impôt sur les grandes fortunes a été diminué pendant que 15000 personnes âgées n'avaient pas de quoi être accueillies dans les hôpitaux et services sociaux.

7– Faites remarquer au Medef, donc à Raffarin, que l'impôt sur les sociétés a été abaissé à 30 % pendant le même mois. Il était de 50 % il n'y a pas si longtemps.

8 – Faites remarquer au Medef, donc à Raffarin, que 103 millions d'euros de crédits pour l'amélioration des structures d'accueil des personnes âgées ont été annulés en janvier 2003.

9 – Faites remarquer au Medef, donc à Raffarin, que des millions d'heures d'aide ménagère ont été supprimées faute de crédits.

10 – Faites remarquer au Medef, donc à Raffarin, et aussi (pour l'occasion) à Lionel Jospin, que des centaines de lits d'hôpitaux ont été supprimés, des dizaines d'établissements hospitaliers supprimés.

11 – Rappelez enfin que s'il fallait travailler plus, des millions de chômeurs seraient ravis de le faire.

Attention !

Ce virus peut également prendre la forme de fichiers nommés :

– Tunousprendspourdespingouins.bat

– SEILLIERES.MEDEF ou FILLON.BUG. Avec de multiples variantes destructrices :

– CFDT.trahison

– RMA.Medef.bug

– ASS.reduc.pif

– RecalculDroitsAssedic.Ampute.scr

Ces virus génèrent tous des processus particulièrement dévastateurs :

– InsécuritéSociale.exe

– MisèreEtPauvreté.exe

– PrécarisationGénéralisée.com

– Remontéedufrontnational.ini, et le dernier, ce matin même :

– adieu les 35heures.exe

Quel est le comble du chauve ?

– C'est d'avoir un cheveu sur la langue.

Agacé par la multitude de termes anglais utilisés au golf, un débutant interrompt la leçon de son moniteur pour lui poser une question :
« Le green, je sais ce que c'est. Le putt aussi, tout comme le drive, l'air-shot, le bogey, le fer 9, le fer 7 ou le fer 5. Mais qu'est-ce que ce fer-play dont vous parlez tout le temps ?

Une femme vient de mettre au monde son bébé à la maternité. Tout de suite après qu'elle a récupéré, le gynéco vient la voir et lui dit :
– Votre bébé est en bonne santé, mais je dois cependant vous dire quelque chose d'important à son propos.
La jeune femme s'inquiète tout de suite :
– Qu'est-ce qu'il a mon bébé ? Vite docteur, dites-moi ! Qu'est-ce qui ne va pas ?
– Eh bien, il n'y vraiment rien de grave, exactement, mais votre bébé est un peu... différent. Pour tout vous dire, il est hermaphrodite.
– Hermaphrodite... Qu'est-ce que c'est que ça ?
– Eh bien, ça veut dire que votre bébé a... qu'il a euh... tout l'équipement d'un homme, mais aussi celui d'une femme.
La femme pâlit :
– Oh, mon Dieu ! Vous voulez dire qu'il a un pénis ET un cerveau ?

Un lapin aveugle rencontre un poisson. Il lui passe sa patte sur le dos : tu es froid, tu es glauque ; il passe la patte dessous : tu n'as pas de pattes, tu n'as pas non plus de couilles : tu es un énarque !

À la pharmacie, un jeune homme demande conseil à la pharmacienne concernant la taille des préservatifs. Elle l'invite dans une petite cabine pour évaluer la taille convenable et ressort, en disant :
– Pour vous, c'est des larges.
Un homme plus âgé se présente ensuite et fait la même requête. Au sortir de la cabine, la pharmacienne informe son client :
– Pour vous, il faut des extralarges !
Et puis arrive un garçonnet de 13 ans qui voudrait aussi s'acheter des préservatifs à la bonne taille. La pharmacienne s'enferme dans la cabine avec le jeune garçon, pour en ressortir tout de suite :
– Pour lui, des mouchoirs en papier !

Un gars veut acheter un perroquet. Il se rend dans une animalerie et demande au vendeur :
– Bonjour, je voudrais un perroquet.
– Nous en avons trois. Un à 150 euros, un à 300 euros, et un autre à 1 500 euros.
Le vendeur reprend :
– Celui à 150 euros parle le français et l'anglais.
– Excellent. Et celui à 300 euros ?
– Oh, celui-là, il parle le français,

l'anglais, le russe, le japonais, le souahéli et l'allemand.
– Et celui à 1 500 euros, il parle le papou, l'italien, le latin et le grec ancien en plus ?
– Non. En fait il ne parle pas du tout.
– Ah bon ! Mais pourquoi il coûte 1 500 euros alors ?
– Parce que les deux autres perroquets l'appellent patron.

Le zoo d'Anvers a acheté un singe doré.
Pendant des semaines, ils en font la promo.
« Venez voir notre nouveau singe doré, venez voir notre nouveau singe. »
Malheureusement, juste avant le grand jour, le singe doré meurt.
Le zoo recrute un étudiant pour remplacer le singe. L'étudiant remplit très bien sa mission, il se balance de liane en liane, fait des galipettes. C'est un singe très convaincant.
Mais en prenant son élan, il tombe dans la cage d'à côté.
Un superbe lion s'avance vers lui lentement. L'homme singe prend peur et hurle au public : « Je ne suis pas un singe, aidez-moi ! » Le lion s'approche de plus en plus et lui chuchote à l'oreille : « Ta gueule, nous allons perdre tous les deux notre job. »

– La bonne vient de démissionner. Il paraît que tu l'as insultée ce matin au téléphone !
– Oh merde ! Je croyais que c'était toi !

Quelle est la différence entre un sapin et toi ? Le sapin, c'est un conifère, et toi, t'es con, et on ne peut rien y faire.

C'est un homme qui a le goût de pousser un peu sa Mercedes et qui atteint 170 km/h sur l'autoroute.
C'est alors qu'il s'aperçoit qu'une auto patrouille de la Sécurité tente de le rattraper. Il se dit alors :
« Pas question que je me laisse rattraper par une BMW de la sécurité ! »
Il appuie à fond sur l'accélérateur pour atteindre cette fois 210 km/h.
Après réflexion, il décide de ralentir et de se laisser rattraper.
Le policier s'approche, prend ses papiers sans dire un mot, les examine, jette un coup d'œil à la voiture et dit :
– Écoutez, je termine mon quart et je suis fatigué. Je n'ai pas envie de rédiger une contravention. Alors, si vous me donnez une excuse que je n'ai pas encore entendue, je vous laisse aller.
L'homme hésite un moment et lui répond :
– La semaine dernière, un policier est parti avec ma femme…
– Et alors ? rétorqua le policier.
– Eh bien, je croyais que c'était lui

qui tentait de me la ramener.
– Conduisez prudemment, et bonne semaine !

Le mariage c'est comme un mirage dans le désert : palais, cocotiers, chameaux... Mais soudain tout disparaît et il ne reste que les chameaux.

Un jeune homme entre dans une pharmacie pour s'acheter des préservatifs pour la toute première fois. Il demande à un employé :
– J'aimerais me procurer une boîte de capotes, mais je ne sais pas dans quelle grandeur car ça va être la première fois.
– Va dans la salle là-bas. Il y a une planche avec des trous étudiés pour mesurer le diamètre des pénis. Sur les trous il y a des numéros de grandeur. Entre ta quéquette dans chacun des trous et reviens me donner la taille qu'il te faut.
Le jeune homme entre dans la salle. Il en ressort une heure plus tard tout essoufflé. L'employé lui demande :
– Alors, quelle grandeur il te faut ?
– Laissez tomber les préservatifs, combien vous voulez pour la planche ?

Il y a un seul cas où il est convenable d'aborder une femme laide. C'est pour lui demander si elle ne connaît pas l'adresse d'une jolie femme.

Louis Dupont, dit le curé qui s'apprête à bénir l'union de deux jeunes gens, acceptez-vous de prendre pour épouse Mademoiselle Gertrude Martin ? Non, répond énergiquement le fiancé, qui s'enfuit à toutes jambes de l'église. Aussitôt la mariée fond en larmes. Et sa mère se met à hurler, en s'adressant au curé : « Vous aviez bien besoin de lui demander cela ! Vous êtes vraiment le seul à avoir eu l'idée de lui demander son avis ! »

Un automobiliste a crevé sur une route passant près d'un asile de fous. Il met les 4 boulons dans l'enjoliveur mais, au moment de les remettre sur la roue de secours, une voiture le frôle, touche l'enjoliveur et fait valser les boulons dans la nature. Il ne sait pas quoi faire. Un fou, qui le regardait, lui dit qu'il a une idée. L'autre lui demande laquelle. Le fou lui dit de prendre un boulon sur chacune des trois autres roues et de les mettre sur la roue de secours. Mais c'est génial, s'écrie l'automobiliste. Vous n'êtes pas fou ? Le fou lui répond : Je suis fou mais pas con !

Un type drague une bombe en boîte de nuit.
– Salut, je m'appelle Albert. T'es super belle ! Tu fais quoi dans la vie ?
– Je m'appelle Roger, je suis travesti.

Un petit bonhomme fait un pari avec une femme corpulente, comme quoi il est capable de la faire jouir vingt fois par jour, à condition que ce soit dans le noir et que chaque demi-heure il sorte 2 minutes pour respirer.
La femme accepte, ils se couchent, et vers la 15e fois la femme n'en peut plus et demande d'arrêter, suite à quoi elle allume la lumière. Ce faisant, elle voit un type bien désagréable et mal rasé.
– Qui êtes-vous ? Demande la femme, affolée. Et où est le petit bonhomme avec des lunettes ?
– Celui qui vend les billets ?

Marcel se présente dans une animalerie. Le commerçant l'aborde :
– Que puis-je pour vous, monsieur ?
– Je désirerais une douzaine de souris, quelques rats, une boîte de blattes et des araignées.
– Excusez ma surprise, dit le commerçant, mais que comptez-vous en faire ?
– C'est simple, rétorque Marcel, mon propriétaire m'a demandé de remettre le logement dans l'état où il était lorsque je suis arrivé.

Trois gamins discutent dans la cour de récréation.
– Mon père, dit le premier, est tellement fort qu'il avale la fumée de sa cigarette par la bouche, et il la recrache par le nez !
– Ouah, c'est nul. Le mien, il l'avale par la bouche et il la recrache par les oreilles...
– Tu racontes des conneries, dit le troisième. Par contre, le mien, il l'avale par la bouche et il la recrache par le derrière !
Les deux autres :
– N'importe quoi ! Ce n'est pas possible !
Le troisième sort un caleçon de son père de son cartable.
– Et ça, c'est pas des traces de nicotine, peut-être ?

On ne dit pas « Le Petit Poucet » mais « l'enfant était constipé ».

Quel est le comble pour un imprimeur ?
Réponse : c'est de faire bonne impression malgré un mauvais caractère.

Que dit un tennisman à un clochard ? T'as pas deux balles ?

C'est un perroquet qui prend l'avion. Une hôtesse, d'un certain âge, passe dans l'allée avec des rafraîchissements. Le perroquet, mal élevé, lui lance :
– Eh, la vieille, donne-moi un scotch, et que ça saute ! L'hôtesse, qui ne veut pas faire de scandale, lui sert son scotch sans rien dire. Quelques minutes plus tard, rebelotte, le perroquet l'interpelle :
– Eh, vieille peau, il vient ce scotch ?! L'l'hotesse qui ne veut toujours pas faire de scandale lui sert son scotch. À ce moment-là, le passager qui est juste derrière le perroquet, et qui est déjà un peu éméché, voyant la scène, appelle l'hôtesse :
– Eh, vieille pouf, sers-moi un gin tonic, et que ça saute. Là, l'hôtesse, n'en pouvant plus, va se plaindre au commandant. Celui-ci décide de virer les deux passagers indélicats de son avion. Il fait ouvrir la porte de l'avion. On est à 12 000 mètres d'altitude. Le perroquet et le passager ivre sont prêts à être expulsés, et le perroquet se retourne vers son compagnon d'infortune et lui dit :
– Ben , dis donc, toi, je trouve que t'as vraiment une grande gueule pour parler comme ça, alors que t'as même pas d'ailes.

C'est un petit indien qui dit à son père :
– Papa pourquoi les Français ils ont des prénoms courts alors que nous on en a des longs ?
Son père lui répond :
– C'est dans nos coutumes, on donne les noms comme le fils du Grand Esprit nous l'a enseigné. Regarde, ta sœur s'appelle Soleil couchant sur la vallée parce que quand elle est née, il y avait un soleil qui se couchait sur la vallée. Tu as compris Capote trouée ?

Quel est le point commun entre une blonde et une tortue ? Elles font toutes les deux l'amour sur le dos.

Quelle est la différence entre la sodomie et un four à micro-ondes ? Avec le four à micro-ondes, la viande ne ressort pas marron.

Youpi ! La guerre est finie !
Pour arroser ça, George et Saddam mettent du vin en bouteille.
Saddam tire et George bouche.

Quelle est la différence entre Windows et un virus ?
– Le virus fonctionne !

La réussite :
« C'est un modèle d'humanité, Brassens. Quelqu'un qui est arrivé au sommet dans ce métier, si tant est qu'il y ait un sommet. Pour moi, la réussite, c'est d'arriver où on veut, ça ne se chiffre pas en nombre de fauteuils qu'on remplit au palais des Congrès. Donc, il est arrivé très haut et très bien, sans jamais se compromettre. Il a même dit, en parlant de ses chansons : 'Si le public en veut, je les sors dare-dare, s'il n'en veut pas, je les remets dans ma guitare.' »

Voila, c'est du concentré de Desproges à la sauce Desproges. (« La seule certitude que j'ai, c'est d'être dans le doute » est publié aux éditions du Seuil, dans la collection « Points ». C'est une interview effectuée par deux journalistes de ses amis.)

Quelle est la différence entre une cacahuète et un clitoris ?
Aucune. Ce sont tous les deux des amuse-gueules.

Quand une poule est constipée… Est-ce qu'elle pond des œufs durs ?

Lors d'une étude sur la maladie de la vache folle, une chercheuse se rend dans une ferme et rencontre l'homme qui prétend connaître l'origine de cette épidémie.
– Bonjour monsieur. Il paraît que vous savez pourquoi les vaches deviennent folles.
– Ben oui, ma petite demoiselle. Vous savez que l'on trait les vaches deux fois par jour ?
– Oui, bien sûr.
– Et vous savez aussi qu'on ne les présente au taureau qu'une fois par an ?
– Oui, évidemment, je suis une spécialiste.
– Eh bien, réfléchissez ! Vous ne deviendriez pas folle, vous, si on vous tripotait les seins matin et soir mais qu'on ne vous faisait l'amour qu'une fois dans l'année ?

Qu'est-ce qu'une blonde avec deux couettes ?
Un guidon à pipe !

Deux hommes âgés discutent sur un banc. Marcel annonce avec une certaine fierté :
– J'ai réussi à le faire trois fois hier soir.
L'autre, le dénommé Fernand, le

regarde avec un air surpris :
– Trois fois ? Je n'arrive même plus à le faire une seule fois.
Marcel confie :
– Mais j'ai un truc ! Je mange un maximum de pain avant. Tu devrais faire comme moi.
Le vieux Fernand se précipite à la boulangerie et demande cinq pains de campagne.
Le boulanger qui le connaît bien :
– Ça fait beaucoup de pains, Monsieur Fernand. Ça va durcir avant que vous n'ayez terminé.
Et Fernand :
– Eh bien, je vois que tout le monde connaît le truc...

Une maman, lors d'une réunion parents-professeurs, demande à la maîtresse si tout va bien pour son fils de 10 ans :
– Il est très intelligent, mais passe beaucoup trop de temps à parler avec les filles.
– Si vous trouvez un moyen de l'en dissuader, dites-le moi. J'ai le même problème avec son père.

L'ennemi se déguise parfois en géranium, mais on ne peut s'y tromper, car tandis que le géranium est à nos fenêtres, l'ennemi est à nos portes.

C'est un lapin et un ours au fond d'un bois. Ils sont côte à côte, pépères, en train de chier tout en discutant.
L'ours : « Ça te fait pas chier, toi, la merde qui se colle sous les poils ? »
Le lapin : « Non, ça va, pourquoi ? »
Alors l'ours chope le lapin par les oreilles et se torche le cul avec.

– Dis maman, un citron, ça a des pattes ?
– Quoi ! ?
– Dis maman, un citron, ça a des pattes ?
– Euh...ben non, un citron ça n'a pas de pattes.
– Ah ben c'est un poussin que j'ai pressé, alors.

Un locataire à son propriétaire.
– Il y a des souris dans mon appartement.
– C'est impossible, dit le propriétaire, cet appartement est impeccable.
– Je vous dis qu'il y a des souris. Venez, je vais vous les montrer.
Le locataire met un petit morceau de fromage par terre et une souris traverse la pièce si vite qu'ils ont du mal à la voir passer.
– Ce n'est pas concluant, dit le propriétaire, je ne l'ai pas vue passer.
– Je vais jeter une poignée de morceaux de fromage, vous verrez bien.

Le locataire jette sa poignée de fromage. Arrivent alors, une, deux, trois souris, un poisson rouge et une quatrième souris.
– Avez-vous vu maintenant ?
– Oui, j'ai vu. Mais j'ai aussi vu un poisson rouge. Qu'est-ce que ça signifie ?
– Réglons d'abord le problème des souris, ensuite nous parlerons du problème d'humidité.

On dit que seulement dix personnes au monde comprenaient Einstein. Personne ne me comprend. Suis-je un génie ?

La nouvelle version de Windows est presque terminée, il ne reste plus qu'à y incorporer les erreurs.

Chef, dit le patron d'un restaurant, à son cuisinier. Il faudrait que vous vous calmiez un peu pour le poivre de Cayenne, le paprika et les autres épices que vous répandez si généreusement dans les plats.
– Pourquoi, interroge le cuisinier ? Ça vous fait mal à l'estomac ?
– Non pas du tout, mais c'est vraiment trop aphrodisiaque pour mes clients ! C'est la sixième fois qu'ils poursuivent la serveuse en deux jours...

Saint Nicolas interroge une gamine de 6 ans :
– Et toi Martine, que veux-tu comme cadeau ?
– J'vou... J'voudrais bien la pilule.
– Ah bon ! Mais dis-moi, Martine, pourquoi voudrais-tu la pilule ?
– Parce que j'ai déjà 6 poupées et je trouve que j'en ai déjà assez comme ça !

Toute la vie est une affaire de choix. Cela commence par : « la tétine ou le téton ? » Et cela s'achève par : « Le chêne ou le sapin ? »

Combien de programmeurs (travaillant chez Microsoft) est-ce que cela prend pour changer une ampoule électrique ?
– Aucun : si l'ampoule est grillée, Microsoft déclare l'obscurité comme nouveau standard.

Quel est le comble, pour un chat ? Réponse : être fait comme un rat.

Entendu sur un répondeur

téléphonique :
« Ma femme et moi ne pouvons pas répondre pour le moment, mais si vous nous laissez vos coordonnées, nous vous rappellerons dès que nous aurons fini. »

Claude, tu as 7 ans, tu es insupportable, dit le père. Pas une seule fois tu n'as causé de plaisir à tes parents.
– Au moins une fois, papa, dit l'enfant.
– J'aimerais bien savoir quand !
– Juste 9 mois avant ma naissance.

Une petite fille raconte à sa maman :
– Les garçons, tout à l'heure, ils ont envoyé le ballon dans l'arbre et ils m'ont demandé d'aller le chercher.
– Mais quelle bande de voyous ! Ils ont fait ça pour voir ta culotte !
– Ne t'en fais pas, Maman. J'avais deviné, alors je l'ai enlevée.

Un gars dit à une autre :
– Ma femme, c'est une médium et elle me dit l'avenir...
L'autre lui répond :
– La mienne, c'est une XXL et elle me dit plus rien du tout...

Chéri, dit une Martienne à son ami, tu ne prends pas ta soucoupe aujourd'hui ? Non, je ne suis pas dans mon assiette !

L'homme est une chose qui un jour est sorti de la femme et qui passe toute sa vie à tenter d'y retourner.

La maîtresse d'école demande à un élève :
– Il y a trois oiseaux sur une branche, je prends mon fusil et j'en tire un, combien en reste-t-il ?
L'élève répond :
– Il n'y en a plus, les autres sont partis car ils ont eu peur.
La maîtresse lui dit :
– Non, tu vois, trois oiseaux moins un fait qu'il reste deux oiseaux sur la branche. Mais j'aime bien ta façon de penser.
Quelques jours plus tard, le même élève demande à sa maîtresse d'école :
– Il y a trois femmes qui marchent sur le trottoir avec un cornet de crème glacée.
Une lèche son cornet, l'autre le suce et la dernière le croque.
Laquelle est mariée ?
La maîtresse lui répond :
– Ce doit être celle qui suce.
L'élève lui répond aussitôt :
– Non, c'est celle qui a une bague au doigt. Mais j'aime bien votre façon de penser.

Un type va voir le psychiatre : Docteur, j'ai un problème. Ma femme se prend pour moi. Le médecin lui dit : Bon, alors envoyez-la-moi. Le type répond : Mais, docteur, je suis là !

« Je ne sais rien en matière de sexe car j'ai toujours été mariée. » (Zsa Zsa Gabor)

Ta mère est tellement crade qu'elle fait toujours de la sangria le premier jour de ses règles.

Dans un cabinet d'avocats, la standardiste répond au téléphone :
– Ici le cabinet d'avocats Smith et Wesson, bonjour.
– Bonjour. Pourrai-je parler à maître Wesson ?
– Ah, je suis désolée mais maître Wesson est décédé hier...
Là-dessus, la personne à l'autre bout du fil raccroche directement.
Dix secondes plus tard :
– Ici le cabinet d'avocats Smith et Wesson, bonjour.
– Bonjour. Pourrai-je parler à maître Wesson ?
– Je suis désolée mais maître Wesson est décédé hier...
Là-dessus, la personne à l'autre bout du fil raccroche aussi sec.
Dix secondes plus tard
– Cabinet d'avocats Smith et Wesson, bonjour.
– Bonjour. Pourrai-je parler à maître Wesson ? (la standardiste reconnaît la voix cette fois-ci).
– Madame, cela fait déjà deux fois que je vous dis que maître Wesson est décédé hier... Je pense que vous avez compris maintenant.
– Oh oui oui, j'ai très bien compris. Mais j'aime tellement vous entendre m'annoncer cette nouvelle.

Quel est le comble pour Jules César ?
Réponse : avoir la Gaule

Ta mère est tellement grosse que quand elle se pèse, la balance affiche : « Une seule personne à la fois ! »

Une jeune informaticienne qui paramètre la nouvelle bécane d'un utilisateur lui demanda quel mot de passe il veut utiliser pour accéder au réseau. Voulant taquiner la gamine, il lui dit d'entrer « PENIS ». Sans sourciller, elle tape le mot de passe et elle éclate de rire à la lecture du message système. Mais quel est

donc ce message ? ? ?
Vous ne trouvez pas ?
Allez, un peu d'imagination...
La réponse est :
PASSWORD REJECTED. NOT LONG ENOUGH.

Ta mère est tellement moche que quand les martiens vont débarquer, ils vont lui dire : « Tiens, déjà là ? »

Qu'est-ce qui est bleu et qui crache du brin de scie ?
– La Schtroumffette qui fait une pipe a Pinnochio.

Quand ta mère saute en l'air, les martiens se demandent quelle est cette planète en orbite autour de la terre.

Quel est le comble d'un dentiste ?
C'est d'habiter dans un palais !

Tout le monde connaît le théorème du salaire, qui établit que les ingénieurs et les scientifiques ne peuvent JAMAIS gagner autant que les hommes d'affaires et les commerciaux. Ce théorème peut enfin se démontrer par la résolution d'une équation mathématique simple : elle s'appuie sur deux postulats très connus :
Postulat n° 1 : la Connaissance, c'est la Puissance.
Postulat n° 2 : le Temps, c'est de l'Argent. Tout ingénieur sait que Puissance = Travail / Temps Puisque Connaissance = Puissance et que Temps = Argent. On a donc : Connaissance = Travail / Argent. On obtient alors facilement : Argent = Travail / Connaissance. Ainsi quand la Connaissance tend vers zéro, l'Argent tend vers l'infini quelle que soit la valeur attribuée à Travail, cette valeur peut être très faible. À l'inverse, quand la Connaissance tend vers l'infini, l'Argent tend alors vers zéro, même si la valeur Travail est élevée. D'où la conclusion évidente suivante : moins vous en connaissez, plus vous gagnez d'argent. C Q F D.
P.-S. Ceux d'entre vous qui ont eu quelques difficultés de compréhension doivent être les mieux rémunérés.

Dans l'armée, il n'y a pas que des cons mais ils y sont tous.

Pourquoi les militaires ont-ils un chromosome de plus que les chevaux ?

Pour ne pas chier pendant la parade.

Un homme arrive dans une pharmacie et demande à la vendeuse tout bas :
– Je voudrais des préservatifs...
La vendeuse lui répond parler plus fort. Alors, l'homme parle un peu plus fort et la femme lui répond :
– Il fallait me le dire que vous vouliez des pastilles à la menthe !
Quelque jours plus tard, l'homme retourne à la pharmacie et demande à la même vendeuse :
– Je voudrais des pastilles à la menthe.
Une mémé arrive et demande à la vendeuse :
– Moi aussi, je voudrais des pastilles à la menthe.
Alors la vendeuse lui répond :
– Madame, voyons, vous n'avez plus l'âge !
Et la mémé lui répond :
– Ecoutez, je n'ai peut-être plus toutes mes dents, mais je peux encore en sucer une ou deux !

Ta mère est tellement grosse que quand Dieu a créé le Monde, il a dit : « Pousse toi la grosse » et la lumière fut.

Quel est le comble du coiffeur ?

Friser le ridicule en rasant les murs...

Quelle est la différence entre un bébé et un crocodile ?
Réponse : le bébé fait une mare dans son lit et le crocodile fait son lit dans la mare.

Deux copains se rencontrent dans la rue.
– Alors, comment ça va ? demande le premier.
– Pas fort, je souffre d'incontinence. Je n'arrête pas de pisser au lit.
– Et t'as déjà été voir un médecin ?
– Ben oui, j'en viens, mais le résultat ne change pas.
– Va voir un kiné, il pourra peut-être t'aider.
– Ouais, d'accord.
Une semaine plus tard les deux copains se retrouvent.
– Et alors, ce kiné. Il a pu t'aider ? demande le premier.
– Ben non, je pisse toujours autant au lit. Une véritable inondation.
– Va voir un psy. Le problème vient peut-être de là.
– OK, je vais essayer ! répond le second.
Trois semaines plus tard les deux copains se retrouvent à nouveau.
– Et alors ce psy ? il a pu régler ton problème ? demande le premier.
– Oui !
– Ah ! Et tu pisses plus au lit, alors.
– Non je pisse toujours autant mais

maintenant je m'en fous !

Ta mère est tellement vieille que quand on lui demande une pièce d'identité, elle tend une pierre.

Sur les conseils d'un ami, un homme va consulter un psychiatre. Le psychiatre lui présente une série d'illustrations qu'il demande à son client de commenter. Le premier dessin représente un carré rouge. « Qu'est-ce que ça vous évoque ? », demande le docteur. « C'est un couple en train de faire l'amour... », répond le patient. Le psychiatre, un peu surpris, poursuit sa consultation en présentant un second dessin, un cercle bleu. « Et ceci ? » demande-t-il. « Ca, c'est un homme qui pratique la masturbation. » Le docteur, troublé, montre alors un triangle vert à son patient qui lui déclare spontanément : « Ca, ce sont deux femmes nues qui s'embrassent. » Le psychiatre conclut alors : « Monsieur, votre problème est simple... Vous êtes tout simplement un obsédé sexuel ! » Et l'homme répond : « Moi ? Mais c'est vous qui m'obligez à regarder toutes ces photos cochonnes ! »

Quand ta mère prend un bain de mer, les satellites enregistrent une nouvelle île.

Albert entre dans la chambre de sa mère. Cette dernière, assise sur le bord du lit, a le visage tout blanc, entièrement recouvert de crème...
– Maman, qu'est-ce que tu as sur le visage ?
– Ça, c'est de la crème de nuit. C'est pour rester belle.
– Ah bon.
Albert quitte la chambre et revient deux minutes plus tard. Sa mère termine son démaquillage...
– Maman, tu as enlevé ta crème. Tu abandonnes l'idée d'être belle ?

C'est un gars sur son lit de mort. Toute la famille est à son chevet : sa femme et leurs quatre enfants. Il y a 3 garçons beaux, grands, robustes, et le quatrième est tout rachitique et moche comme un pou. Le mourant se tourne vers sa femme et lui demande dans un soupir :
– Chérie, avant que je meure, jure-moi que notre quatrième fils est bien de moi. Dis-moi la vérité, je veux le savoir avant de mourir. Je te pardonnerai de toute façon, mais je veux savoir !
Sa femme lui pose l'index sur les lèvres et le rassure :
– Chhht. Bien sûr mon chéri qu'il est de toi. Je te le jure sur la tombe de ma mère !
Et l'homme s'éteint, heureux...
Alors sa femme, soulagée de ne pas

avoir menti à un mourant, murmure entre ses dents :
– Heureusement qu'il ne m'a pas demandé s'il était le père des trois autres…

Lors d'un dîner en amoureux, Jean dit à Natacha :

– Tu sais Natacha, tu es comme le « H » de « Hawaï ».
– Vraiment ? lui répond Natacha flattée.
– Oui, tu ne sers à rien !

Quelle est la différence entre un prof sympa et un bébé phoque ?
Aucune, les deux sont en voie de disparition.

C'est l'histoire d'un gars facilement influençable qui, à chaque fois qu'il croise un pote après le boulot, ne peut s'empêcher de le suivre au café et ça se termine invariablement par un retour à la maison à moitié bourré sur le coup des 2 heures du matin, avec l'engueulade de bobonne en prime.
Un beau soir, il rencontre à nouveau un pote et les retrouvailles se terminent à 3 h du matin cette fois !
Un peu inquiet, le gars fait à son pote :
– Purée cette fois ça passera pas ! Elle va me tuer !
Son pote :
– Mais tu sais pas y faire, toi ! Moi, je rentre sans faire de bruit pendant qu'elle dort, j'arrive dans le paddock en lui caressant les pieds et je remonte… Après ça j'lui fais le grand jeu !
Notre gars se dit … « Engueulade pour engueulade, tant pis, je vais essayer ».
Alors il rentre chez lui sans faire de bruit, va dans son lit… il touche les pieds de sa femme dans le noir, il sent qu'elle réagit et il lui fait l'amour comme jamais il ne le lui avait fait !
La chose terminée, il va dans sa salle de bains faire un brin de toilette. À sa grande surprise il y trouve sa femme qui lui dit :
– Chuuuuuuuut ! Ne fais pas de bruit ! Ta mère est malade, je l'ai couchée dans notre lit !

C'est l'histoire d'un petit lapin qui, sentant le besoin de se soulager les glandes, se rend au bordel champêtre du coin.
– Bonjour, madame la tenancière !
– Bonjour, tu viens te taper une petite lapine ?
– Heu, vous n'auriez pas autre chose ? Parce que chaque fois des lapines…
– On a une jeune renarde qui plaît pas mal, si tu veux…
– Ouaaah, c'est mignon ça…
Mais ça me fait un peu peur, vous comprenez, les lapins et les renards, ça ne va pas très bien ensemble.
– On a une biche qui est très douce

aussi.
– Supeeeeeer ! Ah, mais la biche c'est vachement grand. Moi chuis tout petit et je vais me casser la gueule en faisant mes affaires.
– Ha ben tiens, si tu veux, on a une nouvelle : une femelle boa.
– Génial, je vais pouvoir raconter ça à mes copains !
Notre petit lapin se rend donc à l'endroit indiqué par la maquerelle. La boa, le voyant entrer, ni une ni deux, gloup, l'avale d'un coup. Puis elle se met à réfléchir : « Houlala, je déconne là ! Si je commence à bouffer les clients, je vais me faire lourder… » Et elle le recrache.
– Halala, quelle pipe !

La scène se passe à la campagne. Deux vieilles filles regardent par la fenêtre. Un coq est en train de poursuivre une poule, qui court de son mieux, traverse la route… et se fait écraser par une voiture.
– Tu vois, dit une des vieilles filles à l'autre, elle a préféré mourir.

C'est l'histoire d'un gars célibataire (Pierre) qui décide d'aller dans une animalerie pour se défaire de sa solitude. Après avoir acheté un perroquet parlant et répondant au téléphone, il décide de lui installer une belle cage près de son téléphone. Un mois après, il reçoit sa facture de téléphone, d'un montant de 200 euros. Il se demande ce qu'il se passe. Il laisse filer un mois et reçoit sa nouvelle facture : 300 euros. Il regarde son perroquet et lui demande si c'est lui qui a fait tous ces appels longues distances. Le perroquet baisse la tête et ne répond pas. Pierre comprend alors que le perroquet est fautif et il lui dit : « La prochaine fois que tu fais ça, je t'accroche au mur et tu ne pourras plus bouger. » Un mois passe, et Pierre reçoit une facture de 600 euros. Il décide donc d'accrocher le perroquet au mur comme convenu. Le perroquet ainsi accroché au mur cherche de la compagnie. Il se tourne vers la droite et aperçoit Jésus. Il lui dit : « Hé, ça fait combien de temps que tu es là ? » Jésus répond : « 2000 ans. » Le perroquet : « Veux-tu bien me dire où est-ce que tu as appelé ? »

C'est une prostituée qui est toujours parvenue à ce que sa grand-mère n'en sache rien. Un jour, la police fait une descente anti-racolage, et la fille aboutit au poste.
Les policiers font aligner toutes les filles dans l'attente d'un relevé de leur identité, lorsque la grand-mère fait irruption dans le commissariat. La grand-mère voit sa petite-fille qui fait la queue en compagnie des autres, et elle lui demande :
– Alors ma petite-fille, qu'est-ce que tu fais ici ? Pourquoi fais-tu la queue ?
Pour garder le secret, la fille lui répond :

– C'est parce qu'on nous distribue des oranges gratuitement mamie !
Alors la grand-mère se dit qu'elle aussi va faire la queue pour avoir des oranges gratuites. Finalement, lorsque toutes les filles ont donné leur identité et sont passées devant le policier, vient le tour de la grand-mère. Le policier lui demande :
– Ben dites-donc grand-mère, vous êtes rudement vieille pour ça, comment vous faites ?
Et mémé répond :
– Oh c'est facile : j'enlève mon dentier et je les suce à fond !

Melon et Melèche sont fleuristes. Melon coupe les roses et Melèche l'épine.

Un énorme camionneur est assis dans un bar pour boire un verre, quand un petit type minable entre et demande à qui appartient le pitbull qui est dehors.
Le camionneur gueule « C'est mon chien ! T'as un problème ? »
Le petit mec répond : « Non, aucun, mais je crois que mon chien vient de tuer le vôtre ... »
Le camionneur se lève d'un coup et dit « Quoi ? ! Mais qu'avez-vous donc comme chien ? » L'autre type répond : « Un caniche nain »
« Un caniche ! » hurle le camionneur, « Putain comment un caniche peut-il tuer un pitbull ? »
« Eh bien je crois qu'il s'est étouffé avec. »

Le président George W. Bush, désirant améliorer sa cote de popularité auprès des jeunes, se rend dans une école et expose les objectifs de son gouvernement. Ensuite il demande aux enfants de lui poser des questions...
Le petit Bob prend alors la parole :
– M'sieur l'Président, j'ai trois questions :
1. Comment avez-vous réussi à gagner les élections, alors que vous aviez perdu au décompte des urnes ?
2. Pourquoi insistez-vous autant à vouloir attaquer l'Irak ?
3. Ne croyez-vous pas que la bombe d'Hiroshima fut la plus grande attaque terroriste de l'histoire ?
À ce moment même, sonna la sonnerie de la récréation, et tous les élèves sortirent de la salle. Au retour de la pause, Bush invite une fois de plus les enfants à lui poser des questions et le petit Jœy lui dit alors :
– M'sieur l'Président j'ai 5 questions :
1. Comment avez-vous réussi à gagner les élections, alors que vous aviez perdu au décompte des urnes ?
2. Pourquoi insistez-vous autant à vouloir attaquer l'Irak ?
3. Ne croyez-vous pas que la bombe d'Hiroshima fut la plus grande attaque terroriste de l'histoire ?
4. Pourquoi la récré a-t-elle sonné 20 minutes plus tôt ?

5. Où est passé Bob ?

– Docteur, qu'est-ce que je dois faire si ma température grimpe d'un point en plus ?
– Vendez !

Deux pêcheurs tranquilles sont au bord d'un lac en train de pêcher. C'est une superbe matinée, calme, avec pas un bruit, si ce n'est celui de l'eau.
Tout à coup... Un jeune homme en ski nautique passe devant eux comme un tablard, les éclabousse dans un bruit d'enfer...
Les deux pêcheurs se lèvent en hurlant... puis se rassoient...
2 minutes plus tard... rebelotte, il repasse comme un tablard, et ils se relèvent en hurlant... puis 5 minutes se passent....
Puis l'autre arrive encore une fois avec son ski nautique, passe devant les pêcheurs...tombe, coule, et ne remonte pas à la surface...
Les 2 pêcheurs se regardent, attendent 2 minutes, puis 3... puis le premier dit à l'autre... je vais plonger pour le récupérer... il plonge, ramène un corps sur la berge, puis dit à son copain :
– Il faut lui faire du bouche à bouche, sinon il va mourir...
Le gars se penche au-dessus de lui, s'approche de sa bouche et dit à son pote :
– Wwwaaa, ce qu'il pue de la gueule, c'est impossible !
Son pote lui dit :
– Pousse-toi, je vais lui faire, sinon il va crever.
Il se penche au-dessus et s'exclame :
– Wwwaaaaaa ce qu'il pue de la gueule ! !
Son copain lui répond :
– Dis-donc, je me demande si on a remonté le bon, celui-là, il a des patins à glace...

Un fermier américain vient de perdre son valeureux coq. Il se rend alors au marché pour en acheter un nouveau, mais arrive un peu tard, malheureusement. Il commence à regarder les coqs qui restent mais il n'y en a plus qu'un, maigrichon, à demi affalé sur le bord de sa cage. Il s'avance vers le propriétaire et lui demande :
– Combien vous demandez pour le coq ?
– 500 $
– 500 $! Êtes-vous malade ?
– Ho là, attention l'ami. Ce coq est l'un des plus grands spécimen de son espèce. Ce qu'il est capable de faire à vos poules, aucun coq n'est capable de le faire.
Se disant qu'il n'a rien à perdre, notre fermier paie et emporte son coq.
Rendu chez lui, il le lâche dans sa basse-cour puis va nourrir les animaux de l'étable. Soudain, il entend un vacarme épouvantable : v'la ti'pa que le coq est en train de baiser les poules à un rythme

infernal ! Après sa baise incroyable, le coq tombe par terre, yeux clos.
Le fermier, en grogne, se dit :
– Bon, je me suis encore fait avoir ! Ce coq ne vaut déjà plus rien !
Le lendemain, au réveil, le fermier entend encore un vacarme épouvantable venir de la ferme. Il regarde à la fenêtre et voit son coq en train de mettre les lapins et les dindons ! Encore une fois, après sa baise incroyable, le coq tombe par terre, yeux clos.
Le fermier, en grogne, se dit :
– Bon, cette fois c'est sûr, je me suis encore fait avoir ! Ce coq ne vaut rien !
Le surlendemain matin, même scénario. Le coq saute tout ce qui bouge dans la ferme : vache, cochon, poulet... puis s'effondre. Les vautours commencent alors à tourner autour de la ferme dans le ciel. Le fermier arrive au pas de course et se met à hurler :
– Mon pauvre coq ! Mon Dieu,...
Puis le coq ouvre un œil, pointe une aile vers le ciel puis dit tout bas au fermier :
– TSSSS ! Ta gueule ! Tu vas les effrayer !

Un vieux parisien en vacances d'hiver dans les Alpes a l'idée d'aller pêcher dans un lac gelé. Pêcher, il connaissait, il avait fait ça toute sa vie. Mais faire un trou dans un lac gelé, c'était la première fois. Il s'installe donc avec son matériel au bord du trou et commence à attendre. Au bout d'une heure, il n'avait toujours rien attrapé, c'est alors qu'arrive un gamin, qui perce un autre trou non loin de celui du vieux et qui se met à pêcher aussi. Cinq minutes plus tard, le gamin s'agite et sort un brochet de trois livres (non sans mal)....
Le vieux pense que c'est de la chance et prend son mal en patience. Mais cinq minutes après, le gamin sort une tanche de deux kilos, puis un saumon, et encore un brochet... ! N'y tenant plus, le vieux s'approche du gamin :
– Hé petit, ça fait plus d'une heure que je suis là et je n'ai rien pris, et toi en un quart d'heure, tu te prends une demi-douzaine de monstres... Comment tu fais ?
– Fo waé lé wée o ho ! répond le gamin.
– Hein ?
– Fo waé lé wée o ho !
– Ch'comprends rien, tu peux articuler ?
Alors le gamin crache un truc dans sa main, puis dit :
– Faut garder les vers au chaud !

Deux canards qui marchent dans le désert, l'un derrière l'autre. À un moment donné, celui de derrière fait un croche-patte à celui de devant, qui plante alors son bec dans le sable. Celui-ci se relève, et dit, d'une voix nasillarde : « J'mens fous, j'sais qui c'est ! »

Le lendemain d'un meeting d'aviation, en classe de CM2, l'institutrice pose des questions aux élèves.
– Alors les enfants... À quoi avez-vous pensé en voyant descendre les parachutistes ?...
Émile, un bon élève, répond :
– Je pensais à des grands champignons, mademoiselle...
– Très bien
Louis, un autre bon élève, poursuit :
– Moi, je pensais à de grands parapluies tout blancs...
– Bravo.
Puis l'institutrice s'adresse au petit Maxime qui somnole près du radiateur au fond de la classe :
– Et toi Maxime, à quoi pensais-tu en voyant descendre les parachutistes ?
– Moi ? A une fille à poil !
– Mais je ne vois pas le rapport !, fait l'institutrice
Et le petit Maxime de répondre :
– ... Moi non plus... Mais je ne pense qu'à ça...

L'institutrice demande aux élèves :
– Dans la phrase suivante : « Le malade est mort des suites de son affection », où se trouve le sujet ?
– Au cimetière, M'dame !

Melon et Melèche visitent le grenier. Melon regarde le toit et Melèche la poutre.

Ce sont deux amies qui se rencontrent après plusieurs années. L'une dit à l'autre :
– Alors, ce garçon avec qui ton père voulait te marier, que devient-il ?
– Oh, ne m'en parle pas ! Je le déteste tellement que je voudrais qu'il soit malheureux toute sa vie !
La première réplique alors :
– Tu n'as qu'à l'épouser !

Un gars sonne chez un copain. Il lui dit :
– Je te parie 100 francs que tu ne peux pas deviner pourquoi je suis venu te voir !
L'autre, il n'est pas fou, il dit :
– T'es venu me voir pour m'emprunter de l'argent.
– Eh bien, t'as perdu ! Donne-moi cent balles.

C'est une petite fourmi qui rencontre une autre fourmi, elle lui dit :
– Je suis morte de froid...
– Pourquoi ?
– Je rentre de vacances...
– Et bien la prochaine fois tu trouves les jambes d'une jeune fille tu remontes la jambe et tu vas te mettre dans sa culotte entre les poils...
L'autre la remercie... Plusieurs mois après elles se rencontrent à nouveaux :

– Tu reviens de tes vacances ?
– Oui
– Et alors ?
– Et bien au départ c'était génial j'ai trouvé la culotte et tout et tout comme tu me l'as dit et d'un seul coup je me suis retrouvée sur les moustaches d'un motard…

C'est l'histoire des trois gars qui en quête de sensations fortes décident d'aller à la chasse à l'alligator. Ils s'arrêtent à la boutique d'un vieux chasseur à la retraite afin d'acheter l'équipement nécessaire. Le vieux leur remet chacun un paquet en leur assurant qu'il y a tout ce dont ils ont besoin dedans. Ils se rendent dans les marécages et partent chacun de leur côté. Le premier ne fait pas trois pas avant de se faire bouffer en deux bouchées. Le deuxième se fait bouffer aussi. Affolé, le troisième fouille dans son sac et y découvre une paire de jumelles, des pincettes, et une boîte d'allumette vide. N'y comprenant plus rien il retourne voir le vieux chasseur : « Vous êtes fou ou quoi ? Mes deux copains se sont fait bouffer comment voulez-vous tuer un alligator avec ça ? » et il lui lance le sac. Le vieux prend un air exaspéré : « Ah, les nouveaux, toujours des problèmes. Vois-tu, tu prends les jumelles et tu regardes dans le gros bout alors l'alligator est tout petit, tu le prends avec les pincettes et tu le mets dans la boîte d'allumette. »

La baronne de Beaumont-le-Vicompte (celle qui admirait les sites autour de son balcon), excédée du « jemenfoutisme » de sa cuisinière, décide un beau jour de la renvoyer. La cuisinière, après avoir touché son dernier salaire, prend ses affaires et quitte la maison. Sur le pas de la porte, elle s'arrête, prend dix francs dans sa poche et balance la pièce au chien qui dormait sur le paillasson.
La baronne s'énerve :
« Mais qu'est-ce que c'est encore que ces gamineries ? ! »
Et la cuisinière : « Il l'a bien mérité. Depuis trois semaines, c'est lui qui nettoie les assiettes. »

Un libertaire indécrottable se promène en ville, avec son chien en laisse. Au bout d'un moment, il lui vient une petite soif, et il décide d'entrer dans un café pour prendre un godet. Le café ne tolérant pas les chiens, le gars décide d'attacher la laisse du chien à un parcmètre sur le trottoir. Une heure et quelques ballons de beaujolais plus tard, un policier fait irruption dans le café :
– À qui appartient le chien attaché sur le trottoir ?
– À moi m'sieur l'agent. Il y a un problème ?
– Oui, il y a un petit problème. Votre chienne est en chaleurs.
– Eh ben où est le problème ?
Le trottoir est à l'ombre…

– Ce n'est pas ce que je voulais dire : votre chienne a besoin d'être couverte !
– Ah ben vous alors ? Je ne comprends plus : d'abord vous me dites qu'elle a chaud, ensuite qu'il faut la couvrir ? !
Le policier, voyant que le gars se fout de sa gueule écume :
– Écoutez-moi bien monsieur. Votre chienne a besoin d'être saillie ! Elle attire tous les mâles du coin et vous risquez de provoquer un accident à cause de ça ! Alors le gars se retourne vers le bar, prend une gorgée de rouge et balance :
– Vous gênez pas, allez-y, j'ai toujours voulu un chien policier.

C'est l'histoire d'un mec qui va dans une auberge et demande une chambre, mais elles sont toutes prises. Alors le patron lui propose de dormir dans la chambre avec sa petite fille, au lieu de rester à l'extérieur. Il accepte la proposition, se déshabille dans la chambre pour dormir et dit à la fille (en montrant son pénis) : « Tu vois ça, c'est ma poupée, alors n'y touche pas, OK ? »
Le lendemain le jeune homme se réveille en ayant très mal aux couilles et interroge la fillette : « T'aurais pas touché à ma poupée par hasard ? », et elle lui répondit : « Je voulais juste essayer de lui mettre une petite robe, mais elle m'a crâché à la figure, alors je lui ai tiré les cheveux ! ! ! »

Dans une ferme, un pauvre paysan crève la faim avec toute sa famille, mais il possède un trésor ! Et ce trésor, c'est son cochon. D'après lui, ce cochon est « le cochon le plus intelligent du monde »...
Un beau jour, un journaliste du quotidien local vient à apprendre qu'un cochon plus intelligent que la moyenne vit dans une ferme du voisinage. Le journaliste prend sa voiture et va se rendre compte lui-même sur place. Lorsqu'il arrive dans la ferme, il voit les bâtiments en ruine, et se demande comment, à notre époque, On peut encore vivre comme ça... Puis le paysan sort de la baraque. Alors le journaliste lui demande :
– Bonjour ! Je suis journaliste de presse et j'ai appris que vous possédiez un cochon extraordinaire.
Le pauvre paysan lui répond :
– C'est vrai. Puis il siffle un coup entre ses dents et un cochon qui n'a plus que trois pattes sort de l'étable.
– C'est lui, dit le paysan. Le journaliste voit le cochon et demande :
– Et qu'est-ce qui vous fait dire qu'il est le cochon le plus intelligent du monde ? Le paysan répond :
– L'hiver dernier, j'étais dehors en train de réparer des clôtures et ma femme était en ville pour vendre du fromage. Notre petit bébé était à l'étage, dans la maison, en train de dormir dans son berceau... Lorsqu'un incendie a enflammé la maison (ma femme avait oublié son fer à repasser sur le linge). À ce

moment-là, le cochon a couru dans la maison, monté l'escalier, attrapé le bébé en prenant son bras dans sa mâchoire, sans lui faire mal, puis il est redescendu et a déposé le bébé sur le sol, à l'abri des flammes. Ensuite, il est parti me chercher dans le pré et j'ai pu éteindre l'incendie avant qu'il n'y ait trop de dégâts.
– Wow, dit le journaliste, c'est incroyable.
– Et ce n'est pas tout ! Un jour que je travaillais la terre dans le champ d'à côté, la herse était pleine de terre et d'herbe. Alors j'ai mis le tracteur au point mort, je suis descendu et j'ai commencé à nettoyer sous la herse. Mais la vitesse du tracteur s'est enclenchée toute seule et je me suis trouvé renverser par la herse et entraîné par l'attelage. J'ai cru que j'étais un homme mort... Mais le cochon avait dû sentir qu'il se passait quelque chose : il est allé chercher une corde, a rattrapé le tracteur et la herse, m'a laissé un bout de corde, et a tiré de toutes ses forces à l'autre bout. C'est grâce à lui si je suis encore là aujourd'hui.
– C'est vraiment extraordinaire, lui répond le journaliste. Mais, dites-moi, comment se fait-il qu'il n'ait plus que trois pattes ?
– Ben, quand on a un cochon aussi bon et intelligent, on ne peut pas le manger tout d'un coup...

Quelle est la différence entre un mille-pattes et un oiseau ?

Réponse : 998 pattes.

Un homme, complètement dégommé, se rend chez son toubib. Le docteur lui file des suppositoires et lui demande de revenir dans une semaine pour vérifier son état de santé. Une semaine après, le gars revient dans un état encore pire qu'avant.
Le docteur :
– Ma parole, je vous ai bien donné des suppositoires, non ?
– Bien sûr, docteur.
– Et alors ! Vous les avez mangés ou quoi ?
– Ben évidemment, vous croyiez que j'allais me les mettre dans le cul ?

Un bistrot en zone occupée, en 1943. Le propriétaire a un perroquet qui crie tout le temps : « À mort les Boches ! À mort, sales Boches ! » Au début, les Allemands du coin s'amusent : Ach, das ist ein lustiger Papegai ! Mais à la fin cela les énerve et le feldwebel dit au gargotier :
– Si demain le perroquet recommence à nous traiter de sales Boches, tu seras fusillé avec lui !
Le cafetier prend son perroquet et va chez le curé, qui lui propose de faire un échange avec le sien, de la même espèce. Le lendemain soir, les Allemands sont là et le perroquet reste silencieux. C'est comme cela tous les jours mais au bout de

quelques semaines les Allemands regrettent les injures du perroquet. Ils commencent à lui parler et à lui demander de parler :
– Dis-nous encore à mort les Boches ! Papegai ! Sales Boches ! Sales Boches ! Finalement, le perroquet les regarde calmement et leur crie : Que Dieu vous entende, mes fils !

Pourquoi les hommes choisissent-ils toujours des femmes qui pleurent tout le temps sans raison, et qui mettent 3 heures à s'habiller ?
Ils ne choisissent pas, il n'y en a pas d'autres.

Quel est le poids idéal d'un avocat ?
– Environ 2 kilos, y compris l'urne.

Un gars vivant seul décide un jour que sa vie serait moins monotone s'il avait une bestiole quelconque pour lui tenir compagnie. Alors il va dans un de ces magasins pour animaux et demande ce qu'il y a comme être peu commun. Après un certain temps il arrive à la conclusion que l'idéal serait un mille-pattes...
C'est vrai, une bestiole avec mille pieds, c'est vraiment peu commun...
Il emporte alors son mille-pattes dans une petite boîte blanche, qu'il a pris soin de placer dans un coin tranquille, à l'abri de la chaleur.
Il se dit alors que la meilleure chose à faire pour fêter son arrivée serait de l'emmener dans un bar se boire une mousse.
Alors il demande à son mille-pattes :
« Tu veux aller au Frank's prendre une bière ? »
Pas de réponse... ce qui l'énerve un peu !
Il attend un peu puis redemande :
« Bon, alors, tu veux aller au Frank's prendre une bière ? »
Toujours pas de réponse. Il attend encore un peu, se demandant pourquoi son petit mille-pattes ne répond pas... Déjà bien agacé, il lui relance :
« BORDEL, TU VIENS BOIRE UNE MOUSSE OU MERDE ! »
Alors une petite voix sortant de la boîte blanche, se fait entendre :
« PUTAIN, MAIS TA GUEULE, j'avais déjà compris la première fois ! Je mets mes chaussures ! »

Quelle est la différence entre une huître et une moule ?
T'as dejà essayé d'ouvrir une huître avec ta langue !

Un fou est en train de pêcher devant un sceau d'eau. Passe un infirmier :
– Qu'est-ce que tu fais ?
– Je pêche la baleine !
– Ah bon ?... Et tu en as attrapé beaucoup ?

– Non mais, ça va pas la tête !... Des baleines dans un sceau d'eau !

Un médecin se promène dans le jardin de l'asile. Il aborde un patient qui plante des petits drapeaux jaunes et noirs. Il lui demande :
– Qu'est-ce que vous faites ?
– Vous voyez bien : je plante des drapeaux jaunes et noirs.
– Mais pourquoi ?
– Pour faire fuir les girafes.
Le docteur qui en a déjà vu et entendu d'autres répond :
– Mais il n'y en a pas par ici.
Le fou répond :
– Normal, avec tous ceux que j'ai déjà plantés !

Quelle est la symphonie préférée des écureuils ?
Réponse : « Casse-noisette ».

Un escargot croise une limace :
– Oh ! Un nudiste !

– Comment êtes-vous devenu végétarien ? demande-t-on à un homme. Est-ce à cause de tout ce bruit qu'on a fait autour des vaches folles ?

– Oh ! Là ! Là ! Ça remonte bien avant cela. Il faut vous dire que je pratique le nudisme depuis mon plus jeune âge. Et, un jour où ma femme nous avait fait un pot-au-feu, je me suis renversé sur le ventre, par maladresse, mon assiette de bouillon. Eh bien, je vous jure que c'est le genre de mésaventure douloureuse qui ne risque plus de m'arriver depuis que je me suis mis au régime de la salade et des carottes râpées.

Quelle est la différence entre un curé et un ferrailleur ? Le ferrailleur a du fer à ne savoir qu'en foutre, alors que le curé a du foutre à ne savoir qu'en faire.

Un homme se présente au poste de police.
– J'aimerais signaler la disparition de ma femme.
– Depuis quand avez-vous remarqué sa disparition ?
– Euh... Ça doit faire une douzaine de jours !
– 12 jours ! ? Mais pourquoi venir le signaler seulement maintenant ?
– Eh bien, c'est que jusqu'à maintenant, c'était vivable, mais là, il ne me reste plus de linge ni de vaisselle propre !

Quel est le comble de l'haltérophile ?
Être un poids mort.

Au paradis terrestre, le serpent se fait tentateur auprès d'Ève :
– Enfin, lui dit-il, c'est toute une carrière d'actrice qui s'ouvre devant toi. Je t'explique que, pour lancer un nouveau dentifrice, je veux réaliser un court-métrage publicitaire :
Tout ce que tu as à faire, toi, c'est de montrer que tu as des dents superbes, en te plaçant devant la caméra pour croquer une pomme.

C'est un petit gars qui demande à son père de lui acheter un cheval. Son père prend le temps de réfléchir et lui dit :» Ok, mais comment vas-tu l'apeller ? »
– « Bretelle », répond-t-il.
Deux mois plus tard, le garçon veut avoir un autre cheval. Son père lui dit : « Ça coûte cher un cheval mon petit, mais c'est d'accord ».
Celui-là s'apellera Culotte. Quelque temps plus tard, le garçon veut un autre cheval. Son père lui achète sans poser aucune question, mais en lui disant bien que c'est le dernier. Le garçon apella son cheval Zizi.
Peu de temps après, il fit une course de chevaux. Lorsque le départ fut lancé, le petit garçon cria : « Bretelle tombe, culotte descend et zizi apparaît ! »

C'est un dresseur de chiens qui rentre chez lui et qui cherche sa femme. Pour dire oui son chien fait « waf » et pour dire non, « waf waf ».
Le dresseur dit :
« Elle est dans la cuisine, ma femme ? » « waf waf »
« Dans la salle de bain ? » « waf waf »
« Dans la salle à manger ? » « waf waf »
« Dehors ? » « waf waf »
« Dans la chambre ? » Là, le chien fait « waf ! » Le dresseur lui demande si elle est avec quelqu'un ; le chien fait « waf ! »
Et il demande :» Que font-ils ? » Le chien, la langue pendante, d'un ton essoufflé fait : « Aaaaaa ! »

Les chroniques racontent qu'en 1994, un Challenge d'aviron entre l'équipe de rameurs de l'E.N.A et ceux d'une université lambda de Province aurait eu lieu.
Les rameurs de l'Université brillèrent dès le départ, et arrivèrent avec une heure d'avance sur l'équipe énarque.
De retour dans les locaux de l'E. N.A, le Comité de Consulting se réunit pour analyser les raisons d'un résultat si imprévu et déconcertant.
Ses conclusions furent les suivantes :
1) L'équipe universitaire était formée d'un chef d'équipe et de 10 rameurs.
2) L'équipe de l'E.NA était, elle,

constituée d'1 rameur et de 10 chefs d'équipe.
La décision fut portée à la Haute Sphère de Planification Stratégique pour l'année suivante, avec une réforme dont les répercussions se feraient ressentir à tous les niveaux de la délégation.
En 1995, lors du départ du nouveau Challenge, l'équipe universitaire reprenait une fulgurante avance. Cette fois-là, l'équipe énarque arrivait avec 2 heures de retard.
La nouvelle analyse du Comité de Consulting rendait les constatations suivantes :
1) Dans l'équipe universitaire, il y avait 1 chef d'équipe et 10 rameurs.
2) L'équipe de l'E.N.A, suite aux réformes décidées par le Comité de Consulting et approuvées par la Haute Sphère de Planification Stratégique, comprenait :
* Un Chef d'équipe
* Deux Assistants au Chef d'équipe
* Sept Chefs de section
* Un rameur
La conclusion du Comité de Consulting fut unanime et lapidaire : « Ce rameur est un bon à rien ».
En 1996 se présentait une nouvelle opportunité pour l'équipe énarque. En effet, le Département du Haut Management de l'E.N.A, en collaboration avec le Département de Recherche sur les Ressources Humaines de cette même école, avait mis au point une stratégie novatrice qui améliorerait sans aucun doute possible le rendement et la productivité, grâce à l'introduction dans la structure de modifications substantielles.
C'était là la clef de voûte du succès, l'aboutissement ultime d'une méthodologie qui ferait pâlir d'envie les meilleurs managers au monde.
Le résultat fut catastrophique.
L'équipe universitaire arrivait cette fois avec 3 heures d'avance sur l'équipe énarque.
Les conclusions du Comité de Consulting furent effroyables :
1) Dans un but évident de déstabilisation spéculative, l'équipe universitaire avait opté pour la formation traditionnelle : 1 chef d'équipe et 10 rameurs.
2) L'équipe énarque avait introduit une formation avant-gardiste :
* Un Chef d'équipe
* Deux Consultants Qualité
* Un Auditeur en Empowerment
* Un Superviseur de Downsizing
* Un Analyste de Procédures
* Un Technologue
* Un Contrôleur
* Un Chef de section
* Un Technicien chronomètre
* Un rameur
Après plusieurs jours d'épuisantes réunions et autant de séances de brainstorming, le Comité de Consulting décidait de punir le rameur en lui supprimant ses bourses d'étude et en le radiant de l'École, dont la Grandeur et la Réputation risquaient de se voir ternies par une telle incompétence.
Lors de la réunion de clôture, le Comité de Consulting, appuyé par le Corps Enseignant, statuait :
« Pour le prochain Challenge, nous engagerons un nouveau rameur, mais par le biais d'un contrat d'Outsourcing, de manière à éviter toute friction syndicale et d'esquiver tout contrat de travail et toutes les

charges sociales qui en découlent, éléments qui, sans aucun doute, ont jusque là dégradé l'efficacité et la productivité de nos Ressources Humaines ».

Un ingénieur traversait la rue lorsqu'une grenouille l'arrêta et lui dit :
– Si tu m'embrasses, je me transformerai en une magnifique princesse.
Il se baissa, ramassa la grenouille et la mit dans sa poche.
La grenouille lui dit alors :
– Si tu m'embrasses, je me transformerai en une magnifique princesse et je resterai à tes côtés pendant une semaine.
L'ingénieur sortit la grenouille de sa poche, lui fit un sourire et la replaça dans sa poche. La grenouille se mit alors à crier :
– Si tu m'embrasses, je me transformerai en une magnifique princesse, je resterai à tes côtés pendant une semaine et je ferais TOUT ce que tu veux.
Encore une fois, l'ingénieur sortit la grenouille de sa poche, lui sourit et la remit dans sa poche. La grenouille lui demanda alors :
– Quoi, qu'est-ce qu'il y a ? Je te dis que je suis une magnifique princesse, que je resterai à tes côtés pendant une semaine et que je ferais tout ce que tu veux ! Alors pourquoi tu ne m'embrasses pas ?
L'ingénieur répondit :
– Regarde-moi, je suis un ingénieur. Je n'ai pas le temps d'avoir une petite amie. Par contre, une grenouille qui parle, ça, c'est cool.

Si quand tu marches dans la forêt tu vois un point noir avec du blanc, ne marches surtout pas dessus !
Toi, on ne te fait pas chier quand t'as un plâtre alors respecte les fourmis handicapées !

La pratique, c'est quand ça marche mais que l'on ne comprend pas.
La théorie, c'est quand on comprend mais que ça ne marche pas.
Souvent théorie et pratique se rejoignent : rien ne marche et on n'y comprend rien.

Le professeur donne un cours sur les hommes des cavernes.
– Vous savez que les premières lettres ont été écrites sur des roches.
– Wow ! dit Michel à son copain. Les facteurs devaient être fatigués à la fin de leur journée !

Quelles sont les différences entre un léopard, une laitue et une belle-mère ?
– Le léopard est tacheté dans le dos,

la laitue est achetée au marché et la belle-mère est à jeter par la fenêtre.

René et Raimonde sont deux septuagénaires.
Au moment du petit déjeuner, Raimonde prend la main de René et lui adresse ces quelques petits mots doux :
– Oh mon René ! Je suis toute bouleversée, je me sens comme au premier jour, ça me fait chaud au cœur de te toucher.
Et René lui rétorque très gentillement :
– Non ma Raimonde ! C'est ton sein gauche qui trempe dans le café.

Un vieil homme se promène sur le trottoir quand il voit un petit enfant pleurer.
– Mais qu'est-ce que tu as, petit ?
Et le gosse de répondre :
– J'ai envie de pipi !
– Ben, fais contre l'arbre…
– J'ne peux pas ; faut qu'on me chante une chanson pour que je fasse pipi !
– Ok, ok, fais ton besoin, je vais chanter.
Et l'homme qui commence à chanter « Il est venu le temps des cathédrales… »
– Mais pourquoi est-ce que tu pleures encore.
Le garçon se retourne et crie :
– Parce que cette chanson-là me fait chier ! !

Un client de Dell a téléphoné au support technique parce qu'il ne parvenait pas à envoyer ses fax depuis son PC. Après une grosse demi-heure d'explications, le technicien finit par comprendre que le propriétaire du PC essayait de faxer la page en la tenant devant son écran et en appuyant simultanément sur le bouton « Envoyer ».

Quelle est la différence entre un homme intelligent et un extra-terrestre ?
Il n'y en a pas : on en a tous entendu parler mais on n'en a jamais vu !

Un petit dit à son papa :
– Moi, je voudrais mourir comme mon grand-père. Il est mort pendant son sommeil, il n'a rien senti. Ça, c'est une belle mort ! Je ne voudrais surtout pas mourir en paniquant, en gesticulant et en criant comme tous les autres qui sont morts dans sa voiture…

Toto se balade avec son pépé dans le jardin public. Ils sont sur le banc en train de manger une glace, lorsque deux chiens viennent

forniquer sous leurs yeux.
– Qu'est-ce qu'ils font, Papi ?
Le papi, jamais pris au dépourvu répond :
– Eh bien, le chien du dessus s'est fait mal à la patte, et celui du dessous l'emmène probablement chez le vétérinaire...
Toto réfléchit et dit :
– Hmmm, c'est exactement comme pour nous, les humains, hein Papi... ?
– Qu'est-ce que tu veux dire Toto ?
– Ben... Tu offres gentiment ton aide à quelqu'un et à chaque fois il te baise par derrière !

Ta mère est tellement conne quelle monte sur une chaise quand on lui demande de hausser la voix.

– Papa ? Dis-moi comment je suis né.
– Très bien, mon fils, il fallait bien que l'on en parle un jour ! Papa et maman se sont copier/coller dans un Chat sur MSN. Papa a fixé un rancard via e-mail à maman et se sont retrouvés dans les toilettes d'un cybercafé. Après, maman a fait quelques downloads du memory stick de papa. Lorsque papa fut prêt pour l'upload, nous avons découvert que nous n'avions pas mis de firewall. Comme il était trop tard pour faire delete, neuf mois plus tard le satané virus apparaissait...

On ne dit pas « police » mais « épiderme hydraté »

On ne dit pas « tequila » mais « Qui va là ? »

Quel est le comble pour un boxeur ? De recevoir une pêche en pleine poire et de tomber dans les pommes pour qu'il ne ramène plus sa fraise.

Deux ballons parlent :
– Viens, on va s'éclater en boîte !
L'autre lui répond :
– T'es gonflé !

On ne dit pas « un homme ravi » mais « un croisement entre un homme et un rat est en liberté ».

– Écoute, dit la maman à sa petite fille,si tu es sage, tu iras au ciel, et si tu n'es pas sage, tu iras en enfer.
– Et qu'est-ce que je dois faire pour aller au cirque ?

On ne dit pas « elle est en orbite » mais « son pénis a une couleur dorée ».

Pour une dissertation à la maison, un élève ne sachant pas de quoi parler va chercher les anciennes copies dans la bibliothèque. Il recopie le texte en entier d'une copie ayant une note moyenne et il se dit qu'il aura au moins quelques points pour avoir écrit quelque chose. Le prof lui rend sa copie et l'élève n'en croit pas ses yeux, il a eu la meileure note. En haut de la feuille, un petit commentaire est écrit : « Mon professeur n'avait pas aimé mon travail, mais j'ai toujours pensé que ça valait plus ! »

Quel est le comble de l'électricien ? Ne pas être au courant.

LE BON CHOIX. Cheval ou mari :
Avantages des chevaux :
1) S'ils ne vont pas bien vous pouvez les vendre.
2) Ils n'arrivent pas avec une belle-famille.
3) Vous n'avez pas besoin d'avoir peur que vos enfants leur ressemblent.
4) Si vous devenez trop grosse pour votre cheval, vous pouvez en acheter un plus grand.
5) Vous n'avez pas besoin de repasser leur chabraque.
6) Ils sentent bon quand ils transpirent.
7) On peut les empêcher de sauter la barrière.
8) On peut réparer leur costume avec de la toile isolante.
9) Vous pouvez les forcer à rester en forme, avec un fouet si nécessaire.
10) Ils n'ont pas besoin de l'ordinateur familial.
11) Ils blanchissent avec l'âge, mais ils ne deviennent pas chauves.
12) Ils supportent de rester attachés.
13) Ils se moquent de savoir si vous êtes maquillée, pour autant que vous apportiez une pomme ou une carotte.
Avantages des maris :
1) Les maris sont moins chers à ferrer que les chevaux.
2) Nourrir un mari est moins pénible que de manier des bottes de foin.
3) Un mari qui boite peut encore travailler.
4) On n'a pas besoin de faire marcher un mari qui a mal au ventre.
5) Les maris n'essaient pas de se gratter la tête sur votre dos.
6) Les maris comprennent les jeux de mots.
7) Les maris s'attrapent facilement, même s'ils disent qu'ils ne veulent pas rentrer.
8) Les maris se souviennent de leur nom.
9) Les maris payent leurs factures.
10) Les maris s'excusent quand ils vous ont marché sur un pied.

11) Il n'y a pas de problème pour ajuster la selle.
12) Les maris se chargent facilement.
13) Ils ne paniquent pas si on les laisse tout seuls.
14) Il est facile de trouver quelqu'un pour les tondre.
15) Ils ne se mettent pas à adorer la voisine juste parce qu'elle leur a donné trois pommes et une carotte.
Alors ! Que choisissez-vous ?
Un cheval ou un mari ?

Un homme est sur un terrain de golf. Il en est au 17e trou. En arrivant près de sa balle, il aperçoit une grenouille et soudain, la grenouille lui parle ! Elle lui dit :
– Prend un fer numéro 2 pour ce trou.
– Un fer numéro 2 ! Jamais je ne pourrai faire ce trou avec un fer 2.
– Crois-moi
Alors l'homme prend son fer numéro 2, il swingue... et la balle vient s'arrêter à quelques centimètres du trou. L'homme n'a plus qu'à putter pour conclure le 17e trou en deux coups alors que c'était un par 4. Du coup, l'homme s'en va chercher sa grenouille qui parle (une grenouille qui parle, c'est trop cool), et il l'emmène au 18ème trou. La grenouille lui dit alors :
– Prends un fer numéro 7
Le gars trouve ça un peu débile, mais il s'exécute : Et paf ! Il fait un birdy au 18e trou !
Après le golf, le gars ne dit rien à personne, il embarque sa grenouille et va au casino. Il se poste à la roulette, et là la grenouille lui dit :
– Mets tout ce que tu as sur le 17.
Il met 1 000 euros sur le 17 et le 17 sort ! A ce moment là, il se dit qu'il ne veut plus avoir d'émotions pour cette journée et il décide de rentrer à l'hôtel (naturellement en emmenant sa grenouille). Dans la chambre, il place la grenouille sur le lit et dit :
– Je vais appeler le room service et demander des mouches pour toi. Quel genre de mouches veux-tu ? Je veux exaucer tous tes désirs
– Dans ce cas, avant de me commander des mouches, il faut que tu me donnes un baiser
– Un baiser ? ! Bon d'accord, c'est bien le moins que je puisse faire pour toi !
Alors le gars se lève et embrasse la grenouille... et d'un seul coup, la grenouille se transforme en une magnifique jeune fille d'à peine 15 ans !
– Votre honneur, je jure que c'est de cette façon que cette fille a atterri dans ma chambre d'hôtel !

Ca se passe dans l'Ouest américain au siècle dernier. Dans un bar, il y a une affiche qui annonce : Repas et boisson à volonté pour celui qui fait rire mon cheval pendant un mois. Un cow-boy entre dans le bar, voit l'affiche et déclare que c'est très facile. Le barman l'informe que l'annonce est là depuis un an et que personne n'a jamais réussi. Et il l'emmène à la grange. Le cow-boy entre et ressort cinq minutes plus tard après avoir chuchoté quelque chose au cheval. Le cheval se roule par terre tellement il rigole. Deux mois plus tard, le cow-boy revient et le cheval est toujours hilare. Le barman, désespéré, lui dit qu'il est prêt à lui donner deux mille dollars s'il parvient à empêcher son cheval de rire, car il ne peut même plus le monter. « C'est très facile », lui répond le cow-boy. Et ils vont tous les deux à la grange. Le cow-boy entre tout seul et il ressort cinq minutes plus tard. Le cheval est en larmes. Le barman lui demande comment il a fait. Le cow-boy lui répond : « La première fois, j'ai dit au cheval que j'en avais une plus grosse que lui, et la deuxième fois, je lui ai montré ! ! »

Dans une sous-préfecture, le procureur de la République appelle son premier témoin à la barre. Il s'agit d'une très vieille femme…
– Madame Claire Azil, me connaissez-vous ?
– Oui bien sûr que je vous connais Monsieur Martin : je vous ai connu alors que vous étiez tout bébé.
Et franchement, vous m'avez déçu.
Vous mentez, vous trompez votre femme, vous manipulez les gens, vous médisez et répandez des fausses rumeurs.
Vous vous croyez influent et respecté alors que vous n'êtes qu'un sous-fifre.
Ha, oui, ça, on peut dire que je vous connais bien !
L'avocat de la partie civile est estomaqué : la déposition de la vieille Claire Azil vient de le mettre KO debout…
Ne sachant plus quoi faire, il pointe du doigt l'avocat de la défense et demande :
– Et l'avocat de la défense, Monsieur Durand, est-ce que vous le connaissez ? Alors la vieille répond illico :
– Oui bien sûr, lui aussi je le connais depuis qu'il est tout petit.
Je faisais la baby-sitter pour ses parents quand il était bébé, et lui aussi m'a beaucoup déçu.
Il est fainéant, puritain, bigot même, alcoolique dit-on aussi.
Il n'a aucun ami et il est réputé pour rater quasiment tous ses procès !
À ce stade de la déposition, le juge appelle les deux avocats auprès de lui.
Il se penche et leur dit à l'oreille :
– Si jamais l'un d'entre vous demande à cette femme si elle me connaît, je le fais mettre en prison illico pour outrage à magistrat !

C'est l'histoire de deux bébés qui sont dans une couveuse. L'un dit à l'autre :
– Comment savoir si je suis un garçon ou une fille ?
La fille dit :
– C'est facile, écoute-moi. Baisse ta couverture… Encore plus bas… Plus bas… Encore.
La petite fille dit alors :
– Tu es un garçon parce que tu as des petits chaussons bleus.

Savez-vous que les pompiers de ma ville viennent d'être dotés de nouveaux camions d'intervention ? Cependant, ils gardent les anciens pour les fausses alertes.

On ne dit pas « et pis » mais « 3.14116 »

Une mère dit à son garçon :
– N'oublie pas que nous sommes sur terre pour travailler.
– Bon, alors moi, plus tard, je serai marin !

C'est un couple qui fête ses 50 ans de mariage.
L'homme dit à sa femme :
– Après autant de temps passé ensemble, tu peux m'avouer si tu m'as trompé...
Sa femme hésitante lui dit :
– Tu te souviens que le prêt pour la maison nous avait été refusé et que, deux jours après, le banquier a sonné pour dire qu'il était accepté ? ! Ben...
– Ah, tu ne m'as trompé qu'une seule fois ?
– Ben non... La fois où tu as failli perdre ton job... la semaine d'après, ton chef t'a dit qu'il te gardait et tu n'as plus jamais été inquiété par la suite... Ben...
– Bah, deux fois et en plus pour de bonnes causes, je te pardonne... C'est tout ?
– Ben non. Tu te souviens lorsque tu t'es mis sur les listes électorales ?
– Oui, et alors ? ? ?
– Ben, il te manquait 2500 voix...

Quel est le comble de l'obèse ?
De faire un bide

Un homme rentre à la maison et trouve sa femme au lit avec un autre et se met à crier :
– Mais enfin, qu'est-ce que vous faites ?
Et la femme chuchote à l'oreille de son amant :
– Tu vois, je t'avais bien dit qu'il était débile !

On ne dit pas « Calcutta » mais « quelle chance tu as ».

On ne dit pas « barbecue » mais « poils aux fesses »...

Un type rentre chez lui et trouve sa femme au lit avec un autre homme. Pris de colère, le mari trompé attrape celui qui le fait cocu et l'emmène dans son atelier de bricolage. Là, il saisit le sexe de l'amant et l'enserre dans un énorme étau fixé à l'établi. Et il s'empare d'une scie. L'amant supplie :
– S'il vous plaît, vous n'allez pas me la couper !
– Moi non, mais vous oui, vu que je vais mettre le feu à la maison !

Deux gamins sont assis dans la salle d'attente d'un dispensaire médical. L'un des deux pleure comme une madeleine.
– Pourquoi pleures-tu ? Lui demande son pote Raoul.
– Je viens pour une analyse de sang, répond le premier.
– Eh alors ! C'est ça qui te fait peur ?
– Oui. Pendant l'examen ils te coupent le bout du doigt. C'est mon frère qui me l'a dit !
À son tour Raoul commence à sangloter. Le premier gamin hoquette de surprise. Son pote Raoul le téméraire qui pleure ?
– Pourquoi tu pleures, toi ?
– Parce que moi, je viens pour une analyse d'urine !

Quelle est la différence entre une usine et une femme ?
– L'usine débite des caisses et la femme encaisse des bites.

Un employé de bureau qui s'est violemment pincé le doigt en manœuvrant la photocopieuse a été autorisé par son chef de service à regagner son domicile en plein milieu de l'après-midi. Voulant en faire la surprise à sa femme, il tourne doucement la clé dans la serrure et traverse à pas de loup l'appartement désert. Enfin, il arrive à la chambre à coucher. Il ouvre la porte et voit son épouse faisant une partie de jambes en l'air avec son propre directeur.
– Mais alors, patron, balbutie-t-il, épanoui, est-ce que cela signifie que vous avez décidé de répondre favorablement à ma demande d'augmentation ?

On ne dit pas « échafaud » mais « Hé ! ! ! ch'est pas vrai ».

Un jeune garçon, assis sur une planche à roulettes se fait traîner par son chien qu'il tient par la queue. Une dame qui le rencontre l'arrête et lui demande d'un ton maternel :
– Tu ne pourrais pas le tenir d'une autre façon ?
Et le jeune lui répond d'un ton fier :

– Mais oui, je peux le tenir par les roubignoles, mais j'essaie de garder mon turbo pour les dépassements...

Un homme marié depuis plus de dix ans éprouve le besoin de consulter un avocat spécialisé dans les affaires de couples.
– Lorsque je me suis marié, lui dit-il, j'étais très heureux. Je rentrais à la maison après une bonne journée de travail, j'étais accueilli par mon petit chien qui tournait autour de moi en aboyant et par ma femme qui m'apportait mes pantoufles. Mais maintenant, tout a changé : quand je rentre à la maison, c'est mon chien qui m'apporte mes pantoufles et ma femme qui m'aboie dessus.
– Eh bien, lui répond l'avocat, je ne vois pas de quoi vous vous plaignez : vous avez toujours le même service, non ?

Trois beaux-frères discutent entre eux.
Le premier lance :
– Qu'est-ce que vous avez offert à la belle-mère pour son anniversaire ?
L'un dit :
– Moi, je lui ai offert un collier en or, il est joli mais vous savez, je gagne pas des cents et des milles alors. Je lui ai aussi offert une écharpe comme ça si elle aime pas le collier elle pourra le cacher.
Le deuxième raconte la même histoire avec une montre et des gants pour la cacher.
Et le troisième dit :
– Moi, je lui ai offert des boucles d'oreilles et un préservatif.
– Pourquoi ? s'exclament les deux autres.
– Parce que si elle est pas contente, elle ira se faire enculer ! !

à l'approche de Noël, une femme demande à son mari :
– Chéri, que penses-tu d'un appareil électrique, comme cadeau pour ma mère, cette année ?
– Bonne idée... Que dirais-tu d'une chaise ?

On ne dit pas « faire des vendanges » mais « péter comme un dieu »...

Un homme entre dans un bistrot et commande un double whisky.
– Ça me remontera le moral : je viens de trouver ma femme au lit avec mon meilleur ami.
– Ho, le salaud ! Mais il fallait lui casser la gueule !
– C'est fait. Je lui ai mis un coup de laisse et je l'ai privé de Canigou pendant 3 jours...

Un type se perd dans la forêt. Heureusement, il se fait héberger par un paysan qui lui offre le gîte et le couvert.
Le lendemain, le type, qui voudrait remercier le paysan, constate qu'il n'a pas un rond en poche. Mais comme il est ventriloque, il décide de lui faire un petit tour en guise de remerciement. Le type va vers une poule et lui dit :
– Salut Madame la poule ! Comment ça va ?
La Poule :
– Bonjour Monsieur, ça va bien. Il y a juste le paysan qui me pique mes œufs, mais autrement ça va...
Le paysan, estomaqué :
– Dedieu ! ! ! Vous faites parler les poules ?
Le type :
– Oh, pas que les poules, regardez !
Il va vers la vache :
– Salut la Vache, comment ça va ?
La Vache :
– Bonjour Monsieur, ça va. Il y a juste le paysan qui me tire mon lait tous les matins, mais sinon ça va...
Le Paysan :
-CrévinDieu ! ! ! Les vaches aussi ?
Le type :
– Oh, tous les animaux. Regardez celle-ci !
Il va vers la chèvre et fait :
– Bonjour Madame la Chèvre !
Alors le paysan tout affolé dit au type :
– L'écoutez pas ! C'est une menteuse ! ! !

Un éleveur de vaches va chez son banquier pour obtenir un prêt afin d'acheter un taureau. Quelques jours plus tard, le banquier rencontre l'éleveur dans la rue et lui demande : « Alors, comment va notre taureau ? »
L'éleveur répond : « Ben, pas terrible ! Je l'ai mis dans le pré avec toutes les génisses à saillir, et il n'a rien voulu leur faire. »
Le banquier lui répond : « Vous feriez mieux d'appeler le vétérinaire. »
Quelques jours plus tard, le banquier rencontre l'éleveur à nouveau :
« Et comment va notre taureau maintenant ? »
L'éleveur répond : « Impeccable. Il a sailli toutes mes génisses, ensuite il est passé au-dessus de la barrière, et maintenant il s'occupe des vaches du voisin. »
Le banquier : « Hé hé ! Et qu'est-ce que le véto lui a donné ? »
L'éleveur répond : « Il lui a donné des comprimés. »
Le banquier : « Quelle sorte de comprimés ? »
L'éleveur : « Je ne sais pas, mais ils ont goût de fraise. »

Que faire pour visiter le pays de l'ours ?
1. Toujours porter une clochette autour de votre cou. Quand les ours entendront la clochette à une certaine distance, ils ne viendront pas et vous laisseront tranquille.
2. Ayez une bouteille d'aérosol de poivre de Cayenne à la portée de la main au cas où un ours vous attaquerait.

3. Vous devriez apprendre aussi à distinguer les crottes d'ours noir de celles du grizzly : dans les crottes d'ours noir, vous verrez des petits morceaux de baies et de noix ; dans les crottes de grizzly, vous remarquerez de petites clochettes avec un fort parfum de poivre.

Le directeur d'un asile de fous fait visiter à un journaliste le bâtiment :
-Dans le premier étage, c'est ceux qui sont un peu fous, dans le deuxième c'est ceux qui ne sont pas très fous, au troisième, ceux qui sont moyennement fous, au quatrième, ceux qui sont assez fous, au cinquième c'est ceux qui sont très fous, au sixième, c'est les fous dangereux, et au septième, c'est mon bureau !

Guy et Denis sont des malades mentaux qui résident dans un hôpital psychiatrique.
Un bon jour où ils passaient près de la piscine de l'hôpital, Guy plonge soudainement à l'eau et coule à pic. Denis saute à son tour et va chercher Guy au fond pour le ramener à la surface.
Quand le directeur de l'hôpital a appris l'acte héroïque de Denis, il a immédiatement ordonné de le laisser sortir de l'hôpital parce qu'il le jugeait être mentalement stable à cause de cet acte de bravoure. Le Directeur va rencontrer Denis pour lui apprendre la nouvelle, il lui dit :
" Denis, j'ai une bonne et une mauvaise nouvelle à t'apprendre !
La bonne, c'est que nous te laissons sortir de l'hôpital parce que tu as été capable d'accomplir un acte de bravoure en sauvant la vie d'une autre personne. Je crois que tu as retrouvé ton équilibre mental.
La mauvaise, c'est que Guy, s'est pendu, dans la salle de bain, avec la ceinture de sa robe de chambre. !"
Denis de répondre au Directeur :
" Il ne s'est pas pendu, c'est moi qui l'ai accroché là pour qu'il sèche..."

Un père voit sa fille de 15 ans rentrer de l'école, qui lui annonce :
– Papa, je suis enceinte !
– C'est pas possible ! répond le papa. Dis-moi que ce n'est pas vrai ! Et puis d'abord, qui est le père ?
– Allons papa, répond la fille, quand tu manges une boîte de fayots, est-ce que tu sais lequel t'as fait péter ?

Un bédouin demande à son copain :
– Pourquoi ton chameau est-il couvert de sparadrap ?
– C'est ma femme qui apprend à conduire !

– Maman, maman !
– Quoi ?
– Pourquoi elle apprend à nager, ma

sœur ?
– Pour faire le trottoir à Venise.

On ne dit pas « Le ton monte » mais « La fille moche prend l'ascenseur ».

Un militant de Chasse, Pêche, Nature et Tradition est très excité car il s'en va à la chasse à l'ours. Il aperçoit un petit ours brun sur lequel il tire.
Il reçoit une tape sur l'épaule et se retourne pour voir qui est derrière lui. Un gros ours noir le regarde et lui dit :
– Tu as le choix, soit je te bats à mort, soit je te sodomise.
Le chasseur choisit la vie.
Après deux semaines de récupération, il veut sa revanche. Il va en forêt, traque et tue enfin l'ours noir.
On lui tape encore sur l'épaule… Un énorme grizzly lui dit : Je pense que tu as fait une erreur.
Il lui propose deux options : ou il le bat à mort, ou bien ils ont ensemble une séance de sexe brutal.
Le chasseur choisit encore la vie…
Après 3 mois de convalescence, il veut sa revanche sur le grizzly.
Rendu dans le bois, il trouve enfin l'ours, qu'il tue. Il est satisfait quand quelqu'un lui tape encore sur l'épaule…
Cette fois, c'est un ours polaire géant, qui lui dit :
– Admets-le, tu ne viens pas vraiment ici pour la chasse…

C'est l'histoire de Bernard qui demande à Roger, un copain de travail, de passer chez lui le soir pour boire un verre. Lorsqu'ils rentrent à la maison, Bernard embrasse sa femme et lui dit :
– Comme tu es belle aujourd'hui, et comme tu m'as manqué au travail !
Puis il présente Roger, et les deux hommes s'installent pour prendre l'apéro pendant que madame prépare le dîner. Alors que la discussion s'installe, Roger s'étonne de voir que son pote est réellement attentionné envers sa femme, sans cesse en train de la complimenter et de lui faire des bisous, comme s'ils étaient de jeunes mariés, alors qu'ils en sont à quinze ans de mariage.
Alors Bernard lui dit en aparté :
– J'ai commencé à agir comme ça il y a six mois. À ce moment-là, plus rien n'allait entre nous. Et dès que j'ai montré à ma femme qu'elle était au centre de mes préoccupations, ma vie de couple est devenue merveilleuse. Tu devrais essayer ça, toi aussi, avec Jeannine.
Le soir-même, Roger rentre chez lui : il embrasse sa femme goulûment, il lui dit :
– Je t'aime, tu es très belle tu sais.
Et sa femme tombe en larmes !
Roger ne comprend pas et il lui demande ce qui ne va pas. Jeannine lui répond :
– C'est le pire jour de ma vie : ce matin il y a Toto qui est tombé de vélo et qui s'est cassé la jambe,

ensuite le lave-linge a débordé et tout le sous-sol est inondé. Et maintenant, il y a toi qui rentre à la maison, bourré !

Un homme rentre chez lui et trouve sa femme nue dans la chambre, il regarde partout et il finit par trouver l'amant. Il s'énerve :
– Peux-tu me dire ce que fait ce type sous le lit ?
– Sous le lit, je ne sais pas trop, mais sur le lit, des merveilles !

Une femme entre dans un magasin de lingerie et demande au vendeur s'il lui serait possible de faire broder un texte sur ses culottes et soutien-gorge...
– Pas de problème, répond le vendeur, quel est le texte ?
– « SI VOUS POUVEZ LIRE CECI, C'EST QUE VOUS ÊTES TROP PRÈS »
– Hum, oui, et... en cursives ou capitales ?
– Ni l'un ni l'autre... En braille !

Melon et Melèche font un gâteau. Melon incorpore le chocolat et Melèche les noix.

Une blonde s'endort nue au milieu d'un champ. Un premier oiseau amateur de poitrines se pose sur le sein droit, un deuxième oiseau arrive et se pose sur le sein gauche. Passe alors un hérisson qui leur demande :
– Que faites-vous là ?
Et ils répondent :
– Nous nichons.

Pourquoi Dieu a-t-il crée l'homme ? Parce qu'un vibromasseur ne sait pas tondre le gazon.

Dans le quartier chic de la ville, un clochard s'avance vers une femme distinguée qui fait du lèche-vitrines, et lui dit d'un air implorant :
-Je n'ai pas mangé depuis quatre jours !
-Mon Dieu ! Si seulement j'avais votre volonté.

Courte définition d'un homme : un vibromasseur avec un portefeuille.

Une toute petite fille demande à sa maman :
– Maman, pourquoi la nuit n'a-t-elle qu'un œil ?
– Qu'est-ce que tu racontes ?

– Ben oui, Papa a dit qu'il n'avait pas fermé l'œil de la nuit !

Maman, qu'est-ce que c'est un orgasme ?
– Je ne sais pas... demande à ton père.

C'est un p'tit vieux qui se berce dans le salon.
Il voit un élanl dehors et il le dit à sa vieille qui est dans la salle de bain :
– Eh, la mère, regarde dehors, il y a un élan !
– Ce n'est pas un élan épais, c'est une vache.
– Je ne t'ai pas dit de regarder dans le miroir, je t'ai dit de regarder par la fenêtre !

Un type dit à un de ses copains :
– C'est trop maintenant !
Les médecins sont de plus en plus spécialisés. L'autre jour, j'avais mal à la couille gauche. Je prends rendez-vous chez un médecin, mais je me suis trompé d'étage....Tu sais ce que m'a dit l'autre ?
– Non !
– Il m'a dit que je faisais erreur, que lui, il était docteur en droit !

C'est un petit garçon qui rentre chez lui, et qui va voir son père :
– J'ai parlé de toi dans ma rédac', papa...
– Ah bon, quel en était le sujet ?
– Ben, on nous demandait qui était notre héros, notre modèle dans la vie quoi...
– Bien, j'en suis fier, et qu'as-tu dis mon petit ?
– Ben que tu es fort, beau, intelligent, gentil...
Le père est vraiment très fier de lui :
– Vraiment, je ne savais pas que je comptais à ce point-là pour toi...
– Euh, c'est juste que je ne savais pas écrire Arnold Charzaniger, heu, Shiarzenegaer...

Melon et Melèche ne sont plus tous jeunes.
Melon titube et Melèche s'affaisse.

Un homme et son épouse, tous deux amateurs de tennis, avaient été invités à jouer dans un club exclusif que ne fréquentaient que des millionnaires. Le court était bordé par de superbes villas. L'homme fit ses dernières recommandations à sa femme :
– Applique-toi bien et fais attention de ne pas envoyer la balle trop fort car tu risquerais de casser un carreau. Je n'ose même pas penser à ce que cela nous coûterait.
Malgré cette remarque, dès le premier échange, l'épouse renvoya

maladroitement la balle, qui alla casser un carreau... Le mari, furieux mais honnête homme, se présenta donc chez le propriétaire de la villa endommagée. Il fut reçu par un petit homme qui lui dit :
– C'est vous qui avez cassé le carreau ?
– Oui, j'en suis absolument désolé...
– Ne le soyez pas, en cassant le carreau, vous m'avez libéré. Je suis un génie et je veux vous accorder un vœu !
L'homme, heureux, regarda sa femme et dit :
– Je voudrais un milliard de francs pour être à l'abri du besoin jusqu'à la fin de mes jours.
– C'est comme si c'était fait ! rétorqua le petit homme. En échange, je vais vous demander une faveur. Cela fait plus d'un siècle que je suis seul. M'autoriseriez-vous à profiter des charmes de votre femme ? Sans même prendre le temps de réfléchir, l'homme répondit :
– Et bien, au vu des circonstances et si elle est d'accord, je n'y vois pas d'objection. Un milliard de francs, ça n'est pas tous les jours.
Et le petit homme, emmenant la femme par la main, s'éclipsa à l'étage pendant deux bonnes heures. Lorsqu'ils eurent terminé, le petit homme demanda à la femme :
– Il a quel âge, votre mari ?
– Il a 35 ans, pourquoi ? répondit-elle.
– Et il croit encore aux histoires de génie ? C'est complètement dément !

Un bègue parle avec un boiteux :
– P...puisque t..tt.tu as as une jambe plus c..cc.courte que l'autre, tu pourrais marcher avvvvec une jambe sur le trotttt..trottoir, et l'autre dans le caniveau...
– Pas con. Moi aussi j'ai une recette pour que tu ne sois plus bègue : tu fermes ta gueule !

Ne soyez pas méchants avec les femmes. La nature s'en charge au fur et à mesure que le temps passe.

À la fin de l'année scolaire, une dame vient voir la maîtresse :
– Vous n'avez pas donné de prix à mon fils.
– Écoutez, il s'est entêté à ne rien faire.
– Et alors ? Vous auriez pu lui donner le prix de l'entêtement !

Provenant de The Actual Calls to Internet Technical Support Home Page.
Ceci est donné pour étant vraiment arrivé (comme d'habitude) :
Technicien : – Ici le support technique pour Internet. Puis-je avoir votre nom d'utilisateur ?

La cliente : – Je voudrais parler au responsable immédiatement !
Technicien : – Allez-y, je vous écoute. Que puis-je pour vous ?
La cliente : – Je vous appelle pour me plaindre à propos des signets pornographiques que vous avez placé dans mon navigateur Internet !
Technicien : – Madame, nous ne plaçons aucun signet pornographique dans nos kits d'installation.
La cliente : – Oh mais si, vous le faites ! Je suis en train de les regarder là, en ce moment !
À ce moment, le technicien se rappelle la liste de l'Historique des pages consultées de Netscape et ayant tout compris, il se sourit à lui-même.
Technicien : –Madame, pouvez-vous me dire exactement où sont localisés ces signets ?
La cliente : – Ben, dans Netscape !
Technicien : – Et où exactement dans Netscape ?
La cliente : – Dans la liste qui apparaît quand on clique sur la petite flèche qui pointe vers le bas !
Technicien : – Celle qui se trouve sur le bouton Back ?
La cliente : – Oui, c'est ça !
Technicien : – Madame, cette liste est ce qu'on appelle l'Historique de votre navigateur Internet. Netscape garde en mémoire l'adresse des dix derniers sites fréquentés à cet endroit. LA seule façon qu'une adresse Internet apparaisse à cet endroit, c'est que quelqu'un s'est assis devant votre ordinateur et a été sur les sites Internet concernés.
La cliente : – Eh bien ce n'est certainement pas moi qui ai tapé l'adresse de ces sites pornographiques !
Technicien : – Hmmm... Peut-être que quelqu'un d'autre l'a fait dans ce cas. Qui d'autre que vous a accès à votre ordinateur et se connecte à Internet ?
La cliente : – Il n'y a que mon mari !
Plusieurs secondes de silence passent...
La cliente : – Oh............... OOOH ! ...... Merci.
Et rapidement, elle raccroche.

Un fou demande à un autre :
– Peux-tu me dire l'heure ?
L'autre lui répond :
– Il est 125 kilos.
– Ah bon ? ! J'avance. Moi, j'ai 35 litres.

Un jour, une femme décide d'acheter un perroquet à ses filles. Elle se rend donc à l'animalerie la plus proche, où elle voit une aubaine pas croyable : 200 euros pour un magnifique perroquet parlant. Etonnée, elle va voir le vendeur.
– Monsieur, pourquoi un perroquet d'une aussi grande valeur est si peu cher ?
– Et bien, c'est qu'il vient d'un bordel et son langage n'est pas correct du tout.
– Mais mon bon monsieur, ce n'est pas grave, cela se corrige, je vous le prends.
Le vendeur lui offre une cage et lui

vend le perroquet. Arrivée chez elle, elle installe la cage dans le salon. Le perroquet dit alors :
– Nouvelle maison, nouveau bordel.
La femme se dit que ce n'est pas grave.
Les deux petites filles arrivent au salon, et le perroquet de dire :
– Deux nouvelles p'tites putes, deux nouvelles p'tites putes.
La mère toute confuse explique à ses filles que le perroquet vient d'un bordel et que son langage va se corriger au jour le jour. Sur ce, Robert, le mari et l'homme de la maison, arrive. Et le perroquet d'ajouter :
– Nouveau bordel, nouvelles p'tites putes, mais toujours ce bon vieux Robert !

Une femme va chez le chirurgien esthétique :
– Docteur, j'aimerais avoir de plus gros seins. Combien ça coûterait ?
Le docteur :
– 5 000 euros.
La femme :
– Je ne peux pas me le permettre… N'y a-t-il pas une alternative à la chirurgie ?
– Vous pouvez essayer de vous frotter les seins avec du papier toilette ! !
– Du papier toilette ? Vous vous moquez de moi Docteur ?
Le docteur :
– Regardez ce que cela a réussi à faire à votre cul.

Un type est convoqué au centre des impôts pour répondre à des questions concernant sa situation fiscale.
Sa femme lui conseille de porter des vêtements troués et des chaussures usées.
– Laisse-leur penser que tu es pauvre !
Fort de ce conseil, il demande ensuite à son avocat comment il doit se vêtir :
– Ne vous laissez pas intimider ! Portez votre meilleur costume et votre plus élégante cravate.
Notre homme est bien embarrassé. Avec tous ces conseils, il ne sait toujours pas comment s'habiller. En désespoir de cause, il va voir son rabbin. Il lui expose son cas, les 2 avis contradictoires et lui demande ce qu'il doit faire.
Le rabbin lui répond :
– Une femme, sur le point de se marier, demande à sa mère ce qu'elle doit porter pour sa nuit de noces.
« Porte une longue chemise de nuit de flanelle qui ferme jusqu'au cou », lui répond-elle.
Mais lorsque la future mariée pose la même question à sa meilleure amie, celle-ci lui répond :
« Porte ta nuisette la plus sexy, celle avec un décolleté jusqu'au nombril ».
L'homme interrompt le rabbin :
– Qu'est-ce que tout ça a à voir avec les impôts ?
Le rabbin hoche la tête :
– Quels que soient les vêtements

qu'elle porte, elle se fait baiser...

On ne dit pas « je pars en Grèce » mais « je grossis ».

La hiérarchie d'une entreprise, c'est comme un arbre plein de singes, tous sur des branches différentes à des niveaux différents.
Certains des singes montent, d'autres descendent.
Les singes d'en haut regardent les singes d'en bas et voient un arbre avec plein de visages souriants.
Les singes d'en bas regardent en haut et ne voient rien d'autre que des trous du cul.

Melon et Melèche s'évadent de prison.
Melon force la porte et Melèche le barreau.

Quel est le comble pour un prof de musique ?
Donner une mauvaise note à ces éléves...

On ne dit pas « Un poète » mais « Un klaxon ».

– Je vais vous faire un rabais, dit le directeur de la galerie de peinture.
– Je vous laisse ce tableau que vous admirez, à moitié prix du catalogue.
– D'accord, dit le client, mais combien vaut votre catalogue ?

La vérité enfin rétablie !
Un jour, au jardin d'Eden, Ève s'adresse à Dieu :
« Seigneur, j'ai un problème ! »
« Quel est le problème Ève ? »
« Seigneur, je sais que vous m'avez créée et m'avez donné ce magnifique jardin et tous ces merveilleux animaux et cette andouille de serpent, mais c'est juste que je ne suis pas heureuse. »
« Pourquoi, Ève ? », demande la voix d'en haut
« Seigneur, je suis seule et j'en ai ras le bol des pommes. »
« Bon, Ève, dans ce cas, j'ai une solution. Je vais créer un homme pour toi. »
« Qu'est-ce qu'un homme, Seigneur ? »
« Cet homme sera une créature imparfaite, avec plusieurs défauts. Il mentira, trichera, sera vaniteux et s'auréolera de gloire. En fait, il t'en fera voir de toutes les couleurs, mais il sera plus grand, plus fort, plus rapide et il aimera chasser et tuer. Il aura l'air ridicule quand il

sera excité, mais puisque tu t'es plainte, je le créerai de telle façon qu'il satisfera tes besoins physiques. Il sera stupide et s'amusera à des choses inutiles comme se battre et jouer au ballon. Il ne sera pas trop brillant, aussi aura-t-il besoin de tes conseils pour bien orienter sa pensée. »
« Superbe ! » dit Ève, avec un haussement de sourcils ironique.
« Où est le piège, Seigneur ? »
« Bien, tu peux l'avoir à une condition »
« Quelle est-elle, Seigneur ? »
« Comme je te l'ai dit, il sera fier, arrogant et vaniteux. Alors, tu devras lui laisser croire que je l'ai crée en premier. Mais rappelle-toi, c'est notre petit secret, de femme à femme… »

La maman d'Émilie n'est pas contente :
– Regarde, le lait a débordé. Je t'avais pourtant demandé de surveiller ta montre.
– Mais je l'ai fait, il était exactement 8 h 10 quand le lait a débordé !

Quelle est la différence entre ma femme et ma poubelle ? Aucune, je les bourre toute la semaine et je les sors le week-end.

Charlotte va voir sa maman et demande :
– Est-ce que je pourrais avoir du chocolat ?
– On dit comment ? S'il… s'il ?
– S'il en reste encore ?

« Cela fait une semaine que je vous soigne pour une jaunisse, dit le médecin à son client, et c'est maintenant que vous me dites que vous êtes chinois ! »

Ce patient était en train de serrer chaleureusement la main de son médecin ; et voulant lui témoigner toute sa gratitude il ajoute :
– Puisque maintenant nous sommes devenus de bons amis, et puisque vous m'avez tiré d'un bien mauvais pas, je ne vous offenserai pas en vous payant cette visite… mais je veux que vous sachiez que je vous ai couché sur mon testament !
Le médecin répond :
– C'est très gentil à vous. Euh, pendant que j'y pense, pouvez-vous me montrer à nouveau l'ordonnance que je vous ai faite, j'aimerais y faire un petit changement.

Ça se passe dans le frigo, dans le bac à œufs. 10 œufs sont à l'intérieur. Le premier œuf, celui qui se trouve le plus à gauche regarde

l'œuf placé le plus à droite et dit à son voisin :
– Dis donc, regarde l'œuf au bout là-bas, t'as vu la gueule qu'il tire ? Il est vraiment trop moche. Le deuxième œuf regarde et s'étonne à son tour :
– Oh la vache ! T'as raison...
Et le deuxième œuf se retourne vers le troisième et lui dit :
– Dis, t'as vu la gueule de l'autre au bout ?
– Oh purée... ce n'est pas possible... Et il se retourne vers le quatrième œuf et lui dit :
– Eh ! Regarde l'œuf du bout, il tire une de ces gueules...
– Tu m'étonnes, il est vraiment trop laid...
Et ainsi de suite jusqu'au huitième œuf qui dit à son voisin :
– Dis, tu as vu ton voisin, il n'est pas bien... Alors le neuvième œuf se retourne discrètement, regarde avec attention son voisin, puis il se retourne vers le huitième œuf et lui dit :
– T'es con ou quoi ? C'est un kiwi.

Comment devenir riche avec un Français ? Réponse : on l'achète au prix qu'il vaut et on le revend au prix qu'il s'estime.

Une petite mandarine, rentrant tard le soir, s'adresse à sa maman orange :
– Je suis sortie avec un joli citron. Comme j'étais pressée, il a eu un zeste déplacé et maintenant j'ai peur d'avoir des pépins.

La nouvelle bonne du grand avocat s'est allongée, toute nue, sur le lit.
– Pourquoi, maître, s'étonne-t-elle, avant de me rejoindre, pour faire l'amour revêtez-vous votre robe ?
– Afin d'être plus à l'aise, répond-il, pour plaider ma cause au cas où ma femme rentrerait à l'improviste.

C'est un mec qui travaille sur son PC, quand tout à coup de la fumée sort de l'unité centrale. Affolé, notre gars file chez son vendeur.
– De la fumée s'est mise à sortir du PC que vous m'avez vendu.
– Il faut changer la carte mère, monsieur.
– Non, non, je ne veux pas changer la carte mère. Je veux un logiciel anti-fumée !
– Mais monsieur, ça n'existe pas.
– Si, si, je veux un logiciel anti-fumée.
– Mais, ça n'existe pas !
– Je vous dis que si !
Notre gars repart de chez son vendeur, mécontent. Une semaine après, il y retourne.
– Bonjour, je voudrais acheter une carte mère.
– Ah, vous voyez bien que ça n'existe pas un logiciel anti-fumée.
– Si ça existe. J'ai écrit à Microsoft et ils me l'ont envoyé. Mais il n'est

pas compatible avec ma carte mère !

Un homme décide de profiter d'un samedi après-midi où sa femme est sortie pour repeindre entièrement les toilettes de son appartement. Malheureusement, sa femme rentre plus tôt que prévu et voulant satisfaire un besoin pressant, se rue dans les toilettes et reste malencontreusement collée sur le siège fraîchement repeint. Rien à faire pour l'en détacher...
L'homme dévisse donc le siège et en désespoir de cause, emmène sa femme chez le docteur de famille. Elle porte un très large imperméable qui dissimule l'objet incongru collé à son derrière.
Lorsqu'ils arrivent dans le cabinet de consultation, le mari s'empresse de soulever l'imperméable et dit au spécialiste :
– Docteur, je suis sûr que vous n'avez jamais vu une chose pareille !
Le docteur rétorque :
– Oh si, j'en ai vu plein mais c'est la première fois que j'en vois un encadré.

Polo va à l'hôpital voir son copain Julien, plein de bandages et lui demande : – Que t'est-il arrivé ?
Julien répond : – J'ai été renversé par un vélo !
– Pas possible ! Comment as-tu fait ?
– Ce n'est pas tout ! J'ai été écrasé par une moto, puis par une décapotable, ensuite par un avion, et pour finir, par une soucoupe volante !
– Je ne te crois pas !
– Je t'assure ! Mais heureusement, après la soucoupe volante, le patron du manège a coupé le courant !

Quelle est la différence entre une cravate et la queue d'une vache ?
– La queue de la vache cache, elle, cache TOUT le trou-du-cul !

Mamie Thérèse appelle le vétérinaire pour qu'il consulte la petite chatte de la maison qui a l'air tout bizarre. Le Docteur arrive, examine la minette et dit à Mamie Thérèse.
– Eh bien madame, je crois que votre chatte va avoir des chatons !
– C'est impossible ; elle ne sort jamais de la maison, répond la mamie.
À ce moment-là, un gros matou vient se frotter aux pieds du véto.
– Et ce chat-là, c'est bien un mâle, lui dit le véto
– Mais enfin Docteur, vous n'y pensez pas... c'est son frère.

Deux garçons jouaient au football au parc Borelly, à Marseille, quand l'un d'eux fut attaqué par un pitbull.

L'autre eut le réflexe d'arracher une planche de la clôture proche et de l'abattre sur le chien, lui brisant la nuque.
Un journaliste qui passait par là se précipita pour interviewer le garçon.
Il commença par noter : « Un jeune supporter de l'OM sauve son ami d'une mort sanglante. »
Le garçon remarqua :
– Mais, je ne suis pas un supporter de l'OM…
– Mais tu es pour quelle équipe alors ? demanda le reporter surpris.
– Je suis pour le PSG ! répondit le garçon.
Le reporter barra la ligne déjà écrite et recommença son article : « Un jeune voyou assassine froidement le compagnon à quatre pattes d'une honnête famille marseillaise. »

On ne dit pas « C'est l'Amazone » mais « C'est là que j'habite ».

Savez-vous draguer ?

L'homme : – Je ne vous ai pas déjà vue quelque part ?
La fille : – Oui, c'est pour ça que je n'y vais plus.

L'homme : – On va chez toi ou on va chez moi ?
La fille : – Les deux. Tu vas chez toi, et moi je vais chez moi.

L'homme : – Alors, qu'est-ce que tu fais dans la vie ?
La fille : – Je suis travesti.

L'homme : – Tu es née sous quel signe ?
La fille : – Entrée interdite.

L'homme : – Comment tu préfères tes œufs le matin au petit déjeuner ?
La fille : – Non fécondés !

L'homme : – Je suis là pour combler tous tes fantasmes !
La fille : – Tu veux dire que tu possèdes un âne et un dogue allemand ?

L'homme : – Je veux me donner à toi.
La fille : – Désolé, je n'accepte pas les cadeaux de pacotille.

L'homme : – Si je pouvais te voir toute nue, je mourrais heureux.
La fille : – Peut-être, mais si je te voyais tout nu, je mourrais de rire.

L'homme : – Je connais tous les trucs pour satisfaire une femme.
La fille : – Alors fais-moi plaisir, casse-toi !

L'homme : – Tu es belle comme une sirène…
La fille : – Ah oui ?
L'homme : – Oui, moitié femme, moitié thon.

L'homme : – Excusez-moi, mademoiselle, vous avez du poil sur la poitrine, ou votre décolleté est vraiment profond ?

Pourquoi les femmes vivent-elles plus longtemps que les hommes ? Parce que la peinture et le vernis, ça conserve !

Un gars se réveille à la maison avec une énorme gueule de bois. Il se force d'ouvrir ses yeux et la première chose qu'il voit est un tube d'aspirines et un verre d'eau sur la table de nuit. Il s'assied sur le bord du lit et voit ses vêtements devant lui, bien propres et bien pliés. Son regard fait ensuite le tour de la chambre et il voit que tout est dans un ordre parfait, impeccablement propre.

Le gars prend une aspirine et remarque alors un Post-it sur la table :

« Chéri, le petit-déjeuner t'attend à la cuisine. Je t'aime. »

Perplexe, il va à la cuisine et voit qu'effectivement, son petit-déjeuner est préparé et le journal du matin est posé à côté de son bol. Son fils aussi est à table, en train de prendre son petit déjeuner.

Le père : « Dis-moi fiston, qu'est-ce qui s'est passé hier ? »

Le fils : « Oh, comme d'habitude. Tu es rentré à la maison fin saoul sur le coup des 3 heures du mat'. Tu as cassé quelques meubles, tu as vomi dans le couloir d'entrée et collé un œil au beurre noir à maman... »

Le père : « Mais alors, pourquoi est-ce que mes vêtements et la maison sont si propres et si bien rangés, et pourquoi est-ce que mon déjeuner est prêt sur la table ? »

Le fils : « Eh bien, quand maman t'a traîné jusqu'à la chambre à coucher et qu'elle a essayé de te défaire ton pantalon, tu lui as dit : » Laisse-moi tranquille, espèce de s..... ! Je suis marié ! «

Quel est le comble pour une chauve-souris ?

– De se peigner tous les matins.

Un homme est tranquillement assis et regarde la télévision. Tout à coup, sa femme arrive par-derrière et lui donne un coup sur la tête avec une casserole.

– Pourquoi tu me frappes, demande-t-il...

– En lavant tes pantalons tout à l'heure, j'ai trouvé un bout de papier avec écrit dessus Marilou...

– Oh ! C'est parce que la semaine dernière je suis allé aux courses de chevaux et le cheval, sur lequel j'ai gagné, s'appelait Marilou... Je voulais me souvenir du nom...

La femme semble satisfaite et s'excuse.

Trois jours plus tard, l'homme regarde la télévision et sa femme le frappe encore sur la tête par-derrière à l'aide d'une casserole.

– Mais qu'est-ce qui te prend ?

– Ton cheval a téléphoné !

Qui fabrique les soutiens-gorge pour les brunes ?
Réponse : Petit Bateau.

Pourquoi les Chrétiens bouchent-ils leurs oreilles en entrant dans une église ?
Parce que Jésus crie !

M. Oscar appelle la serveuse qui vient de lui apporter son dîner et lui dit :
- Dites, mademoiselle, saviez-vous que cette viande n'est pas du tout cuite ?
- Mais monsieur, de répliquer la serveuse, vous m'avez dit que vous aviez une faim de loup.

Trois femmes d'âge mûr prennent le thé et en viennent à parler de leurs époux.
– Mon mari, dit la première, est impuissant à 80 pour cent !
– De quoi vous plaigniez-vous, rétorque la deuxième, le mien l'est à 100 pour cent !
– Le mien, déclare la troisième, est impuissant à 200 pour cent !
– Mais c'est impossible voyons !
– Mais si, hier soir il s'est coupé la langue !

C'est une jeune fille qui vient prendre place dans le confessionnal. Elle se penche contre la grille du parloir et commence :
– Pardonnez-moi mon père, parce que j'ai pêché.
– Allez-y mon enfant, parlez, quel péché avez-vous commis ?
– Mon père, j'ai commis le péché de vanité. Deux fois par jour, je me contemple devant le miroir en me disant que je suis magnifique.
À ce moment-là, le curé se penche à la grille et observe longuement la jeune fille, puis il lui dit :
– Mon enfant, j'ai une bonne nouvelle pour vous, ce n'est pas un péché, c'est simplement une erreur…

Tous les samedis après-midi, c'est la même chose : Patrick va jouer au golf avec son ami Robert, et tous les samedis, il rentre en retard à la maison.
Cette fois-ci, avant qu'il ne parte, sa femme lui lance un ultimatum :
– Je te préviens : si tu rentres encore en retard, je t'interdirai le golf à l'avenir.
Le soir, Patrick rentre en retard, comme d'habitude… Sa femme lui demande :
– J'espère que tu as une bonne excuse ? !
Et Patrick répond :

– Oh pour ça oui : en quittant la maison, j'ai crevé un pneu. Un peu plus loin, je suis tombé en panne d'essence et j'ai dû marcher avec mon bidon jusqu'à la station. Ensuite je suis passé prendre Robert pour qu'on aille faire notre partie de golf. Tout allait bien jusqu'au troisième trou. Là, Robert a eu une attaque cardiaque. Alors tu penses, ça m'a vraiment retardé pour les 15 autres trous : j'ai dû frapper la balle, tirer Robert jusqu'au trou suivant, frapper la balle, tirer Robert, frapper la balle...

Un type entre dans un bar et commande une bière.
– Voilà, dit le garçon, ça fera 10 centimes.
– 10 CENTIMES ! Ce n'est pas cher chez vous !
– Et oui !
Le type regarde la carte :
– Et pour une côte de bœuf frites, ça ferait combien ?
– 20 centimes.
– 20 centimes ! Mais à qui est ce resto, pour faire des prix si bas ?
– Il est au type qui est en haut avec ma femme.

Quel est le comble du pyromane ?
– Brûler sa vie par les deux bouts avant de se faire incinérer ;

Quelle est la différence entre un milliardaire et un clochard ?
Le milliardaire change de Ferrari tous les jours, et le clodo change de porche tous les jours.

Qu'est-ce que les femmes et les préservatifs ont en commun ?
Réponse : ils passent tous les deux trop de temps dans votre portefeuille.

Où est situé l'organe sexuel de l'éléphant ?
Dans ses pieds, parce que s'il te marche dessus, t'es baisé.

Si vous voulez casser un homme, remplacer « homme X » par le nom de l'homme que vous voulez énerver (Thierry) :

C'est l'histoire d'un homme qui se promène dans le parc et il croise trois petits nains assis sur un banc. Ils sont tous en train de pleurer. Alors l'homme se dirige dans leur direction et demande au premier nain : « Bah, pourquoi tu pleures ? » Premier nain : « J'ai des toutes petites mains... ! »

L'homme : « Mais c'est pas grave. Envoie une lettre au Guiness des records et dit que tu as les plus petites mains du monde ! »
Premier nain : « Oh ouais, merci monsieur. » Et il part tout content.
L'homme dit au deuxième nain : « Et toi alors pourquoi tu pleures ? »
Deuxième nain : « J'ai des tout petits pieds… ! »
L'homme : « Mais c'est pas grave. Envoie une lettre au Guiness des records et dit que tu as les plus petits pieds du monde ! »
Deuxième nain : « Ah ouais, merci monsieur. » Et il part tout content.
L'homme dit au troisième nain : « Et toi pourquoi tu pleures ? »
Troisième nain : « j'ai une toute petite quéquette…. ! »
L'homme : « Mais c'est pas grave. Envoie une lettre au Guiness des records et tu dis que tu as la petite quéquette du monde ! »
Troisième nain : « Ah ouais, merci monsieur. » Et il part tout content.
Deux semaines plus tard, le même homme revoit de nouveau les trois nains. Deux rient et un pleure. Il se dirige vers eux.
L'homme : « Alors comment ça s'est passé pour tes mains ? »
Premier nain : « Bah j'ai les plus petites mains du monde et j'ai gagné 300 000 $! ! »
L'homme : « Waooh et toi avec tes pieds ?»
Deuxième nain : « Bah j'ai les plus petits pieds du monde et j'ai gagné 400 000$! ! »
L'homme : « Waooh. Bah pourquoi tu pleures, tu n'as pas la plus petite quéquette du monde ? »
Troisième nain en pleurant : « C'est un dénommé Thierry ! ! ! (homme X) »

Quelle est la durée de vie d'un cookie ?
Le temps que l'on se rappelle qu'il y en a un sur la machine.

Une jeune femme et son bébé sont prisonniers au 6e étage d'un immeuble en flammes. En bas, les pompiers, avec une bâche :
– Vous pouvez laisser tomber le petit, madame. On le rattrape.
– Non, non, non, dit la femme. Vous pourriez le manquer.
– Si, allez-y, sinon vous ne vous en tirerez jamais !
– Noooon ! Je veux le gardien de l'équipe de foot pour rattraper le bébé.
– Mais on ne peut pas…
– Si, je veux le gardien de l'équipe de foot.
Un passant signale aux pompiers qu'il l'a vu dans le coin et court le chercher. Cinq minutes plus tard, le gardien de l'équipe de foot est là.
– Madame, je suis là.
– Vous êtes le gardien de l'équipe de foot ?
– Oui, c'est moi. Vous pouvez laisser tomber le bébé.
– Ok !
Elle s'exécute. Le gardien fait un saut horizontal époustouflant, attrape le bébé d'une main et rabat sa deuxième main afin de le protéger

dans sa chute. Ensuite, il se relève, court cinq mètres, et dégage.

C'est le petit garçon qui demande à sa mère :
– Maman, est-ce qu'une ampoule électrique ça se mange ?
– Mais non, de rétorquer la mère !
– Alors, pourquoi papa a dit à la bonne hier soir : « Ferme la lumière que je la mange » ?

Deux chenilles discutent sur une feuille.
La première dit à la seconde :
« Tu vois ce papillon ? il est philosophe ! »
L'autre dit : « Comment le sais-tu ? »
Et la première répond :
« Les fleurs sur lesquelles il butine sont des pensées ! »

Quel est le comble pour une hôtesse de l'air ?
Réponse : se déshabiller devant l'avion pour lui faire lever la queue.

Deux personnes parlent de la sortie future de Windows 7
– Savez-vous que Windows 7 sera livré avec l'ABS de série ?
– Non, répond l'autre, mais qu'est-ce que l'ABS ?
– C'est l'Auto Bug Système, encore plus de bugs et de plus en plus difficiles à réparer !

Le gruyère dit à un camembert :
– Que fais-tu ?
– J'apprends à nager pour ne pas couler !

Quel est le comble pour le charpentier ?
Réponse : c'est d'avoir la gueule de bois !

Proverbe cochon :
« Sodomie du soir, détente des mâchoires. »

Une dame se présente au bureau de son assureur.
– Mon mari est mort. Je viens toucher le capital-décès !
– Mais Madame, votre mari ne s'était assuré que contre l'incendie !
– Justement, c'est pour cela que je l'ai fait incinérer...

Cher Père Noël, ça fait trois ans que je te commande un camion de pompier, peux-tu m'en trouver un cette année ? Merci.

Luis

Cher Luis, pour me faire pardonner de ne pas t'avoir offert un camion de pompier, je vais brûler ta maison pendant que tu dors et tu vas avoir tous les camions de pompiers que tu veux. Bon dodo.

Père Noël

Deux copains discutent au café.
– Si je couchais avec ta femme, on resterait copains ?
– Non.
– On serait ennemis ?
– Non plus.
– On serait quoi alors ?
– On serait quitte.

Comment congèle-t-on la morue ?
En tirant toutes les couvertures vers soi.

Quel président est chargé de boucher les trous ?
Le président américain, George Bush (George bouche).

3 types sur une île déserte. Ils s'ennuient.
Le premier :
– On va jouer au golf. Je fais la balle.
Le deuxième :
– Ouais d'accord. Super, moi je fais le club.
Le troisième :
– Oh ! Moi, je n'ai pas envie de jouer...

Quand un jeune marié a l'air heureux, on sait pourquoi.
Quand un homme marié depuis 10 ans a l'air heureux, on se demande pourquoi.

Quelle différence y a-t-il entre un homme qui VA faire l'amour et un homme qui A fait l'amour ?
Un homme qui VA faire l'amour a le sang qui bout... Un homme qui A fait l'amour a le bout qui sent...

Le psychanalyste : Qu'est-ce qui ne va pas avec votre frère ?
La sœur : Il pense qu'il est un poulet.
Le psychanalyste : Et il se comporte comme un poulet depuis quand ?
La sœur : Trois ans maintenant. On

serait bien venus plus tôt, mais on avait besoin de ses œufs.

❧

Client : Je suis en train de m'inscrire sur votre site, mais je ne comprends pas tout...
Hotline : D'accord, on va voir ça ensemble.
Client : On me demande de saisir les coordonnées de l'endroit d'où j'appelle, un numéro de téléphone... Je mets quoi ?
Hotline (pédagogue) : Vous mettez le numéro de téléphone de l'endroit d'où vous vous connectez... De chez vous quoi...
Client : D'accord... Voilà... Ensuite, on me demande une ville...
Hotline : Vous mettez les coordonnées de l'endroit d'où vous appelez.
Client : Donc, je mets ma ville...
Hotline : Oui...
Client : Voila... Et maintenant on me demande un code postal...
Hotline : ...
Client : Allô ? Je mets quoi ?
Hotline (agacé) : Votre code postal !
Client (sincèrement désolé) : Excusez-moi si je vous embête, mais je ne connais pas grand-chose à l'informatique, vous savez...

❧

Le bureau d'un agent des impôts est littéralement envahi par les rats. Il fait venir le service de dératisation qui lui laisse un chat. MIRACLE : au bout de quelques jours, plus un seul rat dans le bureau !
Le fonctionnaire, très heureux, demande à l'employé de la société de dératisation s'il peut garder l'animal et l'adopter. AFFAIRE CONCLUE ! ! !
Mais quelques semaines plus tard, les souris font leur réapparition...
L'agent des impôts fait revenir le service de dératisation pour lui demander une explication.
Et l'employé répond :
Oh vous savez ! le chat, maintenant qu'il est titularisé ! ! ! ! ! ! ! !

❧

Une petite fille faisant ses devoirs demande à son père :
– Papa, où sont les Rocheuses ?
– Je ne sais pas. Demande à ta mère, c'est elle qui range tout !

❧

Un couple se marie et parlant du problème de l'infidélité, ils décident d'avoir chacun une boîte en fer dans laquelle ils mettront un grain de riz chaque fois qu'il ou elle aura trompé l'autre. Ils se promettent de ne jamais ouvrir la boite de l'autre. Ils vivent heureux et atteignent ensemble l'âge de 85 ans.
Le mari propose alors à sa femme que chacun montre à l'autre le contenu de sa boîte de riz, étant entendu qu'ils ne feront ni reproches ni réflexions. Le mari ouvre sa boîte et dedans il y a cinq grains de riz :
– Et oui, ma chérie, cela m'est arrivé cinq fois. Et toi ?

La femme ouvre sa boîte et il n'y a aucun grain de riz. Le mari plein d'émotion dit :
– Mais c'est merveilleux, ma chérie, quelle fidélité !
Et sa femme lui répond :
– Dis-moi, espèce de grand imbécile, avec quel riz je t'ai nourri pendant toute la guerre ?

Un paysan âgé et son fils sont en train de visiter un centre commercial. Leur attention est frappée par une porte qui s'ouvre et se ferme toute seule.
– Qu'est-ce que c'est cette chose, papa ? demande le garçon..
Le père, qui n'a jamais vu d'ascenseur, lui répond qu'il ne sait pas non plus. À ce moment-là une petite vieille se rapproche de cette porte, elle presse un bouton et, quand celle-ci s'ouvre, elle franchit la porte. Il se passe moins d'une minute, la porte se rouvre et il en sort une splendide fille blonde et provocante. Le vieux, stupéfait, s'adresse au fils en lui disant :
– Cours vite à la maison et fais venir ici ta mère !

Aux abords d'une autoroute, un type s'approche d'une prostituée et lui demande son tarif. Elle répond :
– Cinq cents euros, avec la main.
– Mais comment est-ce possible ?
– Je fais les meilleures manipulations de la ville. Tu vois, la grosse voiture de sport là-bas ? C'est avec ce don manuel, que j'ai pu me la payer.
L'homme accepte, paie et se fait masturber comme jamais !
Le lendemain, il revient la voir et lui demande son tarif pour une fellation. Elle répond :
– Trois mille euros.
– Dis donc, c'est cher !
– Je fais les meilleures fellations de la région, certains font des kilomètres pour venir me voir. Tu vois l'immeuble là-bas, de l'autre côté de l'autoroute ? C'est grâce à mes talents buccaux que j'ai pu me l'acheter.
L'homme paie et OUAOUH ! On ne lui a jamais fait ça !
Le lendemain, il revient voir la prostituée et lui demande son tarif pour l'amour avec pénétration. Elle le prend par la main et l'emmène un peu plus loin. Ils montent sur un pont au-dessus de l'autoroute, au loin, on voit la ville, ses églises, ses monuments joliment éclairés la nuit. L'homme dit alors :
– Ne me dis pas que c'est à toi.
– Hé non, mais toi aussi tu penses que si j'avais l'équipement, cette ville serait à moi ?

– Maman, maman, j'ai mal à l'œil, il faut que tu m'emmènes chez le zieutiste !
– Mais mon petit chéri, ce n'est pas le zieutiste, c'est l'oculiste !
– Mais maman, ce n'est pas là que j'ai mal…

Microsoft n'est pas la réponse, Microsoft c'est la question, NON c'est la réponse.

Nicolas demande à sa maman :
– Elle faisait quoi, comme métier, la Sainte Vierge ?
– Elle était mère au foyer.
– Alors, pourquoi elle a mis le petit Jésus à la crèche ?

La culture, c'est comme la confiture : moins on en a, plus on l'étale. (Serge Mirjean)

John demanda à sa femme ce qu'elle aimerait pour célébrer leurs 40 ans d'anniversaire.
– Veux-tu une nouvelle fourrure ?
– Non, répondit-elle.
– Alors que penses-tu d'une nouvelle Mercedes, coupée Sport ? dit John.
– Non, répondit-elle.
– Que penses-tu de belles vacances sur une île ?
Elle rejeta encore l'offre.
– Mais que veux-tu pour nos 40 ans d'anniversaire de mariage ? demanda John.
– John, j'aimerai divorcer, répondit Mary.
– Oups, je n'avais pas planifié de dépenser autant ! dit John.

Dans une classe de terminale, un prof de sciences naturelles est en train de donner un cours sur la circulation du sang. Voulant donner un exemple pratique, il dit aux élèves :
– Vous voyez, si je fais le trépied ou si je marche sur les mains pendant un certain temps, le sang va s'accumuler dans ma tête, et j'aurai le visage tout rouge. Vous êtes d'accord ?
– Oui (en chœur).
– Maintenant, pouvez-vous m'expliquer pourquoi, lorsque je suis en position debout, le sang ne s'accumule pas pour autant dans mes pieds ?
Un des élèves répond :
– C'est parce que vos pieds ne sont pas vides...

Deux chasseurs parlent ensemble :
– Tiens, tu as fait un nœud aux oreilles de ton chien ?
– Oui, c'est pour penser à acheter du gibier en rentrant...

Florian discute avec son pote Brice dans une rue de Grenoble.
– Alors Florian, mon pote, quoi de

neuf ?
– Franchement tu sais, ça va mal. Je suis sûr que ma femme me trompe !
– Comment ça, t'en es sûr ? Qu'est-ce qui peux te faire dire ça ?
– Eh bien, on habitait Paris, on a déménagé à Grenoble et on a toujours le même facteur...

Quand une femme se tait, c'est qu'elle va dire quelque chose.

À la maison, déclare ce mari, c'est moi qui commande. Ainsi hier, j'ai dit à ma femme : Chérie, donne-moi de l'eau chaude ! Et elle t'en a donné tout de suite ? Oui, tout de suite, car moi, pour rien au monde je ne ferais la vaisselle à l'eau froide !

Un petit garçon à son père :
– Papa, quelle est la différence entre potentiellement et actuellement.
Le père :
– Vas voir ta mère et demande lui si elle est d'accord pour baiser avec Chirac. Si elle te dit non, demande-lui si elle accepterait pour 10 000 euros.
Le garçon s'en va et revient 5 minutes plus tard.
– Elle est pas d'accord pour baiser avec Chirac mais pour 10 000 euros elle dirait oui.
Le père :
– Va voir ta sœur et pose-lui la même question avec Jospin.
– Pour Jospin c'est non mais pour 10 000 euros, pas de probléme.
– Eh bien, tu vois mon fils : potentiellement, on a 20 000 euros, actuellement on a 2 salopes à la maison.

C'est un enfant qui arrive en retard à l'école. La maîtresse lui demande :
– Pourquoi es-tu en retard ce matin, Louis ?
– Ben, je rêvais que je regardais un match de foot à la télévision, et il y a eu des prolongations. Alors je suis resté !

Melon et Melèche commandent un couscous.
Melon prend le morceau de poulet, Melèche la merguez.

À l'homme qui se plaint d'être hanté chaque nuit par d'affreux cauchemars, le médecin remet une mystérieuse petite boîte.
– Désormais, dit-il, vous n'aurez qu'à fixer votre choix avant de vous mettre au lit. Une pilule verte vous fera rêver de Claudia Schiffer, une pilule rouge de Sharon Stone et une pilule bleue de Naomi Campbell.
– Ce soir, j'en prendrai une de

chaque, dit le patient. Mais, pourriez-vous me rajouter quelques pilules revigorantes ?
– Pourquoi cela ?
– Pour assommer le premier qui aura l'idée de venir me réveiller.

Melon et Melèche s'en prennent à un policier.
Melon lui vole son pistolet et Melèche la trique.

OBSERVATIONS SUR LES HOMMES ET LES FEMMES

– Un homme paiera 100 euros pour quelque chose qui en vaut 50 et qu'il veut. Une femme paiera 50 euros quelque chose qui vaut 100 mais qu'elle ne veut pas.
– Une femme s'inquiète de son avenir jusqu'à ce qu'elle trouve un mari. Un homme ne se soucie pas de son avenir jusqu'à ce qu'il trouve une femme.
– Un homme qui a réussi est un homme qui arrive à gagner plus d'argent que sa femme n'en dépense. Une femme qui a réussi est une femme qui est arrivée à trouver un tel mari.
– Pour être heureux avec une femme, il faut l'aimer beaucoup et ne pas essayer de la comprendre du tout.
– Les hommes mariés vivent plus longtemps que les célibataires, mais ils ont beaucoup plus de pulsions suicidaires.
– Tout homme marié devrait oublier les erreurs de sa femme : il ne sert à rien que deux personnes se souviennent de la même chose.
– Les hommes présentent souvent leur meilleur aspect au réveil. Chez les femmes, l'état a plutôt tendance à se détériorer pendant la nuit.
– Les femmes épousent les hommes en espérant qu'ils changeront, mais ça n'arrive pas. Les hommes épousent une femme en espérant qu'elle ne changera pas et c'est pourtant ce qu'elles font.
– Une femme a toujours le dernier mot dans une dispute. Tout ce qu'un homme pourra dire après sera le début d'une nouvelle dispute.

Une femme, enceinte attend son premier enfant. Elle va donc chez son obstétricien. Après l'examen, elle lui dit timidement :
– Mon mari veut que je vous demande…
Le docteur s'exclame alors :
– Je sais, je sais, plaçant une main rassurante sur son épaule. Je dois répondre à cette question, de nombreuses fois. Le sexe c'est très bien jusque tard durant la grossesse.
Elle : – Non, ce n'est pas de ça qu'il est question, répond la femme.
Il veut savoir si je peux encore déblayer l'entrée de la maison !

Famous minds

GEORGE BUSH :... absolutly no mind
GALILEO :.......... great mind
EINSTEIN :......... genius mind
NEWTON :........... extraordinary mind
BILL GATES :....... brilliant mind
YOU :.............. Never mind.
But as long as we're friends... I don't mind !

Quelle est la différence entre le PSG et une prostituée ?
La prostituée arrive à aligner au moins trois passes en une soirée.

Un homme va se confesser :
– Mon père, j'ai fauté avec une femme ?
– Mon fils ? Était-ce contre son gré ?
– Non, non, contre un mur.

Un enfant assiste à un mariage. Après la cérémonie, il dit à son petit copain : -Tu as vu ? – Quoi ? – La mariée a dû changer d'avis dans l'église. – Mais pourquoi ? – Parce que, je l'ai vue entrer au bras d'un vieux monsieur et elle est ressortie au bras d'un jeune !

On ne dit pas un « suspect » mais un « lèche prout » !

On ne dit pas « une calabraise », mais « une femme qui a le feu aux fesses. »

Les 4 derniers présidents des États-Unis, qui se trouvaient à bord d'Air Force One, disparaissent au cours d'une tempête et réapparaissent au Pays Imaginaire du Magicien d'Oz. Les présidents aboutissent à la Cité d'Émeraude et rencontrent le Magicien d'Oz.
« QU'EST-CE QUI VOUS AMÈNE DEVANT LE GRAND MAGICIEN D'OZ ? »
Jimmy Carter fait timidement un pas en avant : « J'aimerais obtenir plus de courage. »
« PAS DE PROBLÈME ! répond le magicien. QUI EST LE SUIVANT ? »
Ronald Reagan s'avance : « Eh bien ... Heu... J'ai oublié... Ah si... J'aimerais avoir une cervelle. »
« CONSIDÈRE QUE C'EST FAIT, répond le magicien. QUELLE EST LA PERSONNE SUIVANTE À SE PRÉSENTER DEVANT LE GRAND MAGICIEN D'OZ ? »
George W. Bush s'avance alors : « Tout le monde dit de moi que je suis insensible. J'aimerais avoir un cœur. »
« VOILÀ QUI NE SERA PAS DIFFICILE À RÉALISER ! dit le Magicien. TU SERAS À PRÉSENT

CAPABLE DE RESSENTIR DES ÉMOTIONS ! »
Il reste un président qui ne s'est pas encore manifesté. Bill Clinton est là, qui cherche visiblement quelqu'un. Finalement, le Magicien d'Oz s'impatiente : « ET TOI, QU'EST-CE QUE TU VEUX ? »
« Est-ce que Dorothée est ici ? »

C'est l'histoire de cette vieille dame un peu pingre qui veut s'acheter un perroquet. Alors, elle va dans une animalerie et s'achète un ara que le vendeur lui garantit 100 % parleur. Elle ramène l'animal chez elle, où par souci d'économie le chauffage ne fonctionne pas encore, alors qu'il fait -5 degrés dehors. Et elle installe Jacquot sur son perchoir.
À peine est-il posé qu'il crie :
« Putain, qu'est-ce qu'il caille ici ! »
La vieille, un peu surprise, se dit qu'elle montera le chauffage. Mais le lendemain matin, alors qu'elle descend prendre son petit déjeuner et que la température est un peu plus chaude, le perroquet lui crie en guise d'accueil : « Putain, qu'est-ce qu'il caille ici ! »
Et ça dure comme ça plusieurs jours, jusqu'à ce que la maison soit correctement chauffée. Finalement, la vieille dame retourne à l'animalerie et demande au vendeur ce qu'elle doit faire pour calmer son perroquet. Le vendeur lui conseille le stress. Il lui dit :
– Dès qu'il vous sort ses gros mots, empoignez-le par les pattes et faites-le tournoyer plusieurs fois à bout de bras.
Dès le lendemain, le perroquet l'accueille avec son traditionnel « Putain, qu'est-ce qu'il caille ici ! » Bien décidée à en finir, la vieille l'empoigne par les pattes, lui fait faire trois tours de manivelle puis le repose sur le perchoir. À ce moment, le perroquet ajoute « Et nom de dieu, quel vent ! »

Un homme entre dans un bar, se met au milieu du comptoir et commande un café. Le garçon le sert et lui demande de lui régler 3 F. Le type sort alors 3 pièces de 1 F, en met une en face de lui, et jette les deux autres à droite et à gauche du zinc. Le barman, assez surpris, ne bronche pas, prend la pièce en face de lui et va de part et d'autre du comptoir pour récupérer les deux autres pièces. Le type boit son café et s'en va. Le lendemain, il revient et recommande un café qu'il repaye au même garçon avec 3 pièces de 1 F dispersées le long du comptoir. Ce cirque dure pendant 3 jours et énerve de plus en plus le barman, lorsqu'un matin le type paye son café avec une pièce de 5 F. Le garçon esquisse un sourire car il voit arriver l'heure de la revanche : il prend la pièce de 5 F (qui est en face de lui) et prend dans sa poche 2 pièces de 1 F pour rendre la monnaie qu'il lance à gauche et à droite sur le zinc du comptoir. Le type regarde les 2 pièces de 1 F qui sont à 5 m l'une de l'autre. Il sort alors une pièce de 1 F de sa poche qu'il pose en face de lui en disant : « Un autre café, SVP ».

Quelle est la différence entre une blonde et un ascenseur ?
Il n'y en a pas, dans les deux cas tu mets ton doigt ou ta bite.

Au cours de la Seconde Guerre mondiale, les Allemands ont pris comme cible de leur bombardement un petit village. Des tonnes de bombes s'abattent sur la cité et une bonne partie des maisons est détruite. Après le bombardement, les secours s'organisent pour fouiller les décombres à la recherche d'éventuels survivants. Et, alors que tout espoir est perdu, on trouve sous les gravats un petit vieux qui est assis sur une cuvette de W-C avec un petit morceau de bois dans une main et qui se tord de rire. Les secours lui demandent : « Ça vous fait rigoler toute cette désolation ? » Et le papi de répondre : « Et bien figurez-vous que c'est la première fois que, quand je tire la chasse, toute la maison vient avec ».

Un type arrive en enfer. Il voit une magnifique tablée avec de belles femmes et de bonnes bouteilles.
Il s'assied et demande : « Quelle belle fête, c'est comme cela tous les jours ? » Son voisin lui répond : « Oui, tous les jours. Mais le problème c'est que les bouteilles ont un trou et que les femmes n'en ont pas ! »

Une petite fille à sa mère :
– Maman, qu'est-ce qu'il arrive aux voitures quand elles sont trop vieilles et trop rouillées pour rouler ?
– Eh bien, il y a toujours quelqu'un qui arrive à les vendre à ton père !

Un type rentre dans une pharmacie et demande les préservatifs les plus grands disponibles. Il revient une demi-heure plus tard, avec la douzaine de préservatifs explosés dans un petit sac. Il les montre au pharmacien :
– Vous avez vu ça ? Je vous avais pourtant demandé les plus gros et les plus résistants !
– Mais enfin, monsieur, qu'avez-vous fait avec ?
– Je les enfile comme ça.
Et il essaie de glisser un préservatif sur son crâne, descend sur le visage, mais arrivé au nez et aux oreilles, la capote explose.
– Je ne comprends pas, s'étonne le pharmacien.
– Je me déguise en tête de nœud !

Taisez-vous en Bas !

Un homme va voir son docteur pour lui demander conseil :
– Doc, ma femme ne veut plus faire l'amour depuis plus de 7 mois !
– Je vois, demandez-lui de venir me voir.
La femme rencontre le docteur et ce dernier lui demande pourquoi elle ne veut plus faire l'amour avec son mari. La femme :
– Depuis 7 mois, je prends le taxi chaque matin pour aller au travail. Je ne fais pas beaucoup d'argent, alors le chauffeur de taxi me demande toujours : Alors, vous allez me payer aujourd'hui ou quoi ? Et comme je n'ai pas assez d'argent, je lui donne toujours le « ou quoi », vous voyez ce que je veux dire… Ce petit jeu me fait arriver en retard au travail, alors mon patron me demande : Voulez-vous que je coupe votre salaire ou quoi ? Et oui, je donne encore un « ou quoi »… Lorsque je reviens du travail, je prends encore un taxi et le chauffeur me demande : Allez-vous me payer cette fois-ci ou quoi ? Encore un « ou quoi ». Vous voyez, alors quand j'arrive à la maison je suis tellement épuisée que je ne veux plus de sexe de mon mari…
Le docteur :
– Je comprends. Maintenant allons-nous le dire à votre mari ou quoi ?

Après 20 années, trois copains se retrouvent. Le premier dit : ma femme a une taille de guêpe et tous les soirs, je la pique, je la pique… Le deuxième : moi, ma femme a une taille de sauterelle, et tous les soirs, je la saute, je la saute… Le troisième : moi, ma femme a une taille d'éléphant, et tous les soirs, je la trompe, je la trompe.

– Veux-tu manger, Pierrot ?
– Je n'ai pas faim, je viens juste de manger tous les raisins qui étaient sur le papier à mouches !

Un étudiant raconte à une de ses camarades de classe :
– La nuit dernière, j'ai rêvé que j'embrassais la plus belle fille du monde !
– Ah ! Et est-ce que je te giflais ?

Un couple en train de faire l'amour :
– Chéri, ton alliance me fait mal.
– Ce n'est pas mon alliance, c'est ma montre.

Deux gars dans un bar :
– J'ai réécrit mon testament.
– Ah oui ?
– Je lègue tout à ma femme. Tout. Absolument tout, mais à une condition.

– Laquelle ?
– Qu'elle se remarie !
– Voyons !
– Oui, je veux qu'il y ait au moins un gars sur la terre qui regrette mon départ.

Deux amis discutent ensemble...
– Tu sais, j'ai l'impression que tout ce par quoi mon avocat est intéressé, par rapport à ma cause, c'est de faire de l'argent sur mon dos.
– Ah oui ? Et qu'est-ce qui te fait croire ça ?
– Bien... Sur son dernier compte d'honoraires, il y avait entre autres ceci : « Pour m'être réveillé en pleine nuit et avoir pensé à votre dossier : 25 . Pour avoir marché sur le trottoir et, ayant cru que c'était vous de l'autre côté, avoir traversé la rue pour vous parler de votre cause : 50 »

Un jeune homme invite sa toute dernière conquête à son appartement. Dès qu'elle entre dans le salon, la fille remarque :
– Quel superbe canapé...
– Oui, c'est Jocelyne, mon ex-petite amie qui me l'a offert. C'était pour mon anniversaire il y a trois ans.
Pour être aimable, elle lance :
– Tu collectionnes les tableaux ?
– Non, rétorque-t-il, c'est Isabelle, une ex qui était peintre. Lorsque nous nous sommes séparés, elle m'a laissé ses peintures.
Les deux jeunes gens passent à la cuisine et la fille remarque :
– Le design est très sympa aussi. Il réplique en souriant :
– Ca, c'est Anne-Marie, ma première copine. Elle était dans la déco !
L'hôte invite alors la jeune femme à visiter la chambre à coucher. La fille demande :
– Je parie que ça aussi, c'est une ancienne qui te l'a offerte... Il rétorque :
– Ben oui, tu as deviné, C'est Géraldine qui a acheté le lit et l'armoire !
Et la, c'en est trop. La jeune femme se retourne brusquement et lui administre une grande baffe en pleine figure. Elle quitte l'appartement et juste avant de claquer la porte, elle lui crie :
– Je n'ai rien à faire avec un castor.
Il en reste sans voix. Et après s'être remis de cette fin de soirée brutale, il se demande ce qu'elle voulait bien dire en parlant de castor. Il réfléchit vainement pendant un bon quart d'heure. Finalement, il ouvre son dictionnaire : « Voyons... Castor : nom masculin, animal qui bâtit son habitat avec sa queue. »

C'est un homme d'affaires qui est en vacances en Afrique. Il voit un pêcheur qui revient avec un poisson. Il admire sa prise et lui dit :
– C'est le bonheur. Tu retournes en chercher ? Je vais avec toi. Il faut que tu m'expliques comment tu pêches.

– Retourner en chercher ! Mais pour quoi faire ?
– Parce que tu en auras plus.
– Mais pour quoi faire ?
– Mais, parce que, quand tu en auras plus, tu en revendras.
– Mais pour quoi faire ?
– Parce que, quand tu l'auras vendu, tu auras de l'argent.
– Mais pour quoi faire ?
– Comme ça, tu pourras t'acheter un petit bateau.
– Mais pour quoi faire ?
– Ben, avec ton petit bateau, tu auras plus de poissons.
– Mais pour quoi faire ?
– Eh bien, tu pourras prendre des ouvriers.
– Mais pour quoi faire ?
– Ben, ils travailleront avec toi.
– Mais pour quoi faire ?
– Comme ça tu deviendras riche.
– Mais pour quoi faire ?
– Comme ça tu pourras te reposer.
– Mais… c'est ce que je vais faire tout de suite…

Un petit garçon demande à son père : « Papa, combien coûte un mariage ? » Le père répond : « Je ne sais pas fils, je paie encore. »

On ne dit pas « le gospel » mais « l'enfant a un coup de soleil ».

Cinq garçons arrivent chez le dentiste. L'un d'eux annonce :
– Bonjour, m'sieur ! J'ai rendez-vous pour me faire arracher ma dent.
– Et tes petits camarades, que viennent-ils faire ?
– Eux ? Ils sont venus pour m'entendre crier.

Ginette est allée à un bal costumé.
– Alors, c'était bien cette soirée ?
– Oh, c'était super ! J'ai dansé avec un mec génial qui était déguisé en Adam !
– En Adam ? et alors ?
– Eh bien, maintenant, je sais ce que ça veut dire « être dur de la feuille » !

Une famille d'éléphants se promène près d'un camp de naturistes. L'éléphanteau demande à sa maman éléphant :
– Maman, qui c'est ?
– Ce sont des hommes.
– Mais comment font-ils pour boire avec une aussi petite trompe ?

Au bureau, le téléphone du patron sonne pile juste au moment où il est sur le point de faire l'amour avec sa secrétaire. Elle décroche ;
– Allô ? Non, madame, votre mari n'est pas encore rentré. Oh, ça y est, je vous le passe.

Vincent, le comptable, achète un téléphone cellulaire en cachette de sa femme. Comme il est d'un naturel farceur, il décide d'entrer dans la demeure familiale par la fenêtre de la salle de bains. Une fois à l'intérieur Vincent compose le numéro de la maison.
« Dring, dring, dring »
La femme
– OUI, ALLÔ !
Vincent à voix basse :
– Allô chérie.
La femme :
– J'peux pas te parler, mon mari vient de rentrer dans la salle de bains.

On ne dit pas du salami mais du mauvais copain.

Un colonel américain demande à son ordinateur sous Windows :
– Faut-il avancer ou reculer ?
L'ordinateur réfléchit et répond :
– Yes !
Le colonel :
– « Yes » quoi ?
L'ordinateur réfléchit encore quelques minutes et dit :
– Yes, sir !

L'autre jour, en plein centre-ville, je vois un attroupement. Au milieu, un homme gesticule, les bras levés vers le ciel et crie :
– Miracle ! Miracle ! Je marche !
Je m'approche de lui et je lui demande :
– Vous étiez paralytique ?
– Non, me répond-il, on vient de me voler ma voiture.

Un enfant arrive à l'école en larmes. La maîtresse s'approche de lui :
– Qu'est ce qu'il y a mon petit ?
– OUIIN ! Ce matin, Maman est allée noyer les 6 petits chats qui viennent de naître !
– Oui bien sûr, c'est triste, mais ce n'est pas une raison pour pleurer.
– Mais si, maman m'avait promis que c'est moi qui irais les noyer !

Deux amis sirotaient tranquillement un café lorsque la sirène des pompiers se mit à retentir. Brusquement l'un deux se leva et dit :
– Excuse-moi, le devoir m'appelle...
– Mais tu n'es pas pompier volontaire.
– Moi non, mais le mari de Sylvie oui !

Deux gamins discutent dans la cour de récréation :

– T'as demandé quoi pour Noël ?
– Une Console de jeux vidéos, et toi ?
– Un Tampax.
– C'est quoi ça ?
– Je sais pas, mais avec tu peux faire du cheval, de la gym, du vélo…

Dans un bar, un gars se confie à ses copains :
– Je suis vraiment un homme heureux. Je n'avais jamais réalisé comment ma femme m'aimait jusqu'à l'autre jour où j'ai été cloué au lit par une bonne grippe.
– Et alors, qu'est-ce qui s'est passé ? demandent les autres.
– Elle était tellement contente que je sois à la maison, répond le gars, qu'à chaque fois que quelqu'un sonnait à la porte, comme le facteur ou l'agent EDF, elle criait : « Mon mari est à la maison ! Mon mari est à la maison ! »

Quelle est la différence entre une BMW et une Lada ?
Dans la BM t'as l'airbag et dans la Lada t'as l'air con

Une femme, responsable d'entreprise se lève tous les matins à 6 heures. Ce matin-là, elle décide d'aller faire une partie de golf. Elle charge ses clubs dans son 4X4 et part. Elle arrive devant le green, mais il pleut des grêlons comme des balles de ping-pong ! Alors, elle décide de rentrer chez elle regarder la météo à la TV, se disant qu'en fonction des prévisions, elle reviendra ou se recouchera aux côtés de son mari resté au lit. Elle arrive donc chez elle, allume le téléviseur, et constate que le mauvais temps devrait durer toute la journée. Elle rejoint donc sa chambre, se déshabille sans bruit et se glisse au lit en restant la plus discrète possible. Son mari dort encore.
Alors, d'une voix suave, elle lui chuchote :
– Il pleut comme vache qui pisse, là, dehors.
Et celui-ci répond d'une voix endormie :
– Quand je pense que l'autre connasse est partie faire un golf…

– Julien, 3 et 3, ça fait combien ? demande l'instituteur.
– Match nul, monsieur.

Le père d'une famille de 5 enfants a gagné un jouet dans une fête foraine. Il regroupe ses enfants pour dire lequel d'entre eux aura le cadeau.
– Qui est le plus obéissant ? demande-t-il. Qui n'a jamais été insolent avec sa mère. Qui fait tout ce que maman lui demande ?

Les 5 petites voix répondent à l'unisson :
– Ok papa, tu peux garder le jouet.

Scène classique de la femme adultère au lit avec son amant et de la porte de la chambre qui s'ouvre sur un « mari-qui-rentre-plus-tôt-que-d'habitude » :
– Ciel, mon mari ! Mon chéri il va falloir que tu prouves que tu es un homme !
L'amant :
– Ohhh non... À lui aussi ?

Deux petits garçons à la récré :
– Tu crois qu'il y a du monde sur la lune ?
– Ben oui, c'est toujours allumé !

Un jour, après ne pas avoir vu un élève pendant une semaine, un professeur d'anglais lui demande : « Where were you this last week ? » (En français : Où étais-tu la semaine dernière ?)
Pour prouver qu'il savait toujours parler anglais, l'élève répondit :
« I had a bronchite ! » (Brown shit)

Le secret de la fortune, explique un multimillionnaire, tient en un seul mot : Patience ! Avec de la patience, on peut tout faire.
– Tout ? Ricane un de ses auditeurs.
– Absolument !
– Vous pourriez, par exemple, transporter de l'eau dans une passoire ?
– Certainement ! En ayant la patience d'attendre qu'il gèle...

C'est un caca qui se balade, il rencontre un autre caca :
– Hé salut caca, qu'est-ce que tu fais ?
– Je pars à la guerre !
– Chouette, je peux venir avec toi ?
– Allez viens !
Les deux cacas se baladent, puis ils rencontrent un autre caca :
– Salut les cacas ! Qu'est-ce que vous faites ?
– On part à la guerre !
– Super ! Je peux venir avec vous ?
– Allez viens !
Les trois cacas se baladent, puis ils rencontrent une merde coulante :
– Salut les cacas, qu'est-ce que vous faites ?
– On part à la guerre !
– Chouette, je peux venir avec vous ?
– NON, LA GUERRE C'EST POUR LES DURS ! ! !

Quelle ressemblance y a-t-il entre des poils pubiens et du persil ?
– On les repousse tous les deux sur

le côté avant de bouffer.

La maman de Charlotte demande :
– Monsieur l'instituteur, pourquoi ma fille a-t-elle toujours des zéros ?
– Mais madame, c'est parce qu'il n'y a pas de note plus basse !

LES SOUHAITS DE CENDRILLON…
Cendrillon a maintenant 75 ans. Après une vie heureuse avec son mari le prince, aujourd'hui décédé, elle passe ses journées sur son perron, dans une chaise berceuse, à observer le monde avec son chat Pong sur les genoux. Elle est heureuse.
Par un bel après-midi, dans un nuage, apparaît soudain sa marraine, la bonne fée.
Cendrillon lui demande : « Chère marraine, après toutes ces années, que fais-tu ici ? »
Sa marraine lui réplique :
« Cendrillon, depuis la dernière fois que je t'ai vue, tu as vécu une vie exemplaire. Y a-t-il quelque chose que je puisse faire pour toi ? Je t'accorde trois souhaits. Que veux-tu ?
Cendrillon est surprise, joyeuse et rouge de confusion. Après y avoir réfléchi, elle murmure :
» J'aimerais être immensément riche. «
À l'instant même, sa chaise berceuse se change en or massif. Cendrillon est abasourdie. Pong, son chat fidèle, sursaute et se réfugie au bord du perron en tremblant de peur.
Cendrillon s'écrie : » Oh ! Marraine ! Merci ! «
Sa marraine lui répond : » C'est la moindre des choses. Que veux-tu réaliser comme deuxième souhait ? «
Cendrillon baisse la tête et examine son pauvre corps décharné et dit : » J'aimerais être belle et jeune à nouveau « .
Presque instantanément, elle retrouve sa beauté d'antan.
Cendrillon ressent en elle des sentiments qu'elle n'a pas ressentis depuis longtemps, des élans oubliés, des ardeurs…
Sa marraine lui dit alors : » Je t'exauce un dernier souhait. Que désires-tu ? «
Cendrillon regarde son pauvre chat apeuré et répond : » Je veux que tu transformes mon chat Pong en un beau et gentil jeune homme. «
Comme par magie, Pong est transformé en un magnifique spécimen mâle, si beau que les oiseaux même ne peuvent s'empêcher d'arrêter de voler et de tomber à ses pieds.
La bonne fée dit : » Félicitations Cendrillon. Amuse-toi bien dans ta nouvelle vie. «
Et en un éclair, elle disparaît.
Pendant quelques instants magiques, Pong et Cendrillon se regardent tendrement. Cendrillon est comme hypnotisée à la vue du plus bel homme qu'elle ait jamais regardé.
Puis, Pong s'avance langoureusement vers elle, la prend dans ses bras musclés, lui souffle

dans l'oreille un souffle tout chaud et lui murmure :
» C'est quand même con que tu m'aies fait castrer, non ? «

C'est un agriculteur qui est marié depuis 4 ans avec une ravissante jeune femme, et qui n'arrive pas à avoir d'enfant.
Il décide alors d'aller rendre visite à son voisin du dessus, qui est médecin et qui, lui, a 4 enfants.
– Bonjour docteur, j'ai besoin d'aide.
– Que puis-je faire pour vous ?
– Voilà, j'aimerais savoir comment vous faites pour avoir des enfants, car je n'y arrive pas depuis 4 ans.
– Ben, dis le docteur, je fais comme tout le monde...
– Oui, mais moi cela ne marche pas. S'il vous plaît, donnez-moi un truc pour avoir des bébés.
– Bon, dit le Docteur, je vais vous aider. Il vous faut 3 choses pour y arriver : un savon, du parfum, un balai.
L'agriculteur prend note et demande :
– Bon, alors, le savon c'est pour quoi faire ?
– Quand vous voudrez faire un bébé, vous donnerez un bon bain à votre épouse avec le savon.
L'agriculteur note et demande :
– Et avec le parfum ?
– Quand elle est bien lavée et séchée, vous la portez sur votre lit et vous la parfumez...
– Ah bon, dit l'agriculteur qui note toujours. Et avec le balai, je fais quoi avec le balai ?
– Bon, dis le docteur, quand elle est bien lavée, parfumée et prête sur le lit, vous tapez 3 fois au plafond avec le balai, et j'arrive tout de suite...

Le juge de la Chambre de la famille dit au défenseur dans une cause de pension alimentaire :
– Monsieur Tremblay, j'ai analysé toutes les données de cette affaire très attentivement. En conséquence, j'ai décidé d'accorder à votre ex-épouse 775 par semaine.
Sur ce, le défendeur lui réplique :
– Comme c'est généreux de votre part, votre Honneur ! J'ai justement décidé de lui envoyer moi-même de l'argent, de temps à autre.

Un gars assis à un bar demande au barman :
– As-tu vu la femme là-bas ? Je lui paie un verre.
Le barman dit :
– Oublie-ça, ça ne sert à rien. Cette femme-là est lesbienne !
– Voyons donc ! Ce n'est pas grave ! Ça ne me dérange pas, qu'est ce que ça peut faire ?
Le barman va porter un verre à la demoiselle de la part du gentil monsieur. La dame remercie gentiment le monsieur de la main. Puis le gars lui paie un deuxième verre, puis trois. Il décide alors d'aller la voir. Il s'assied à côté d'elle. Ils se présentent, discutent un peu et finalement, le gars embêté

demande à la fille.
– Dis-donc : c'est vers où la Lesbie ?

On ne dit pas « la maîtresse d'école », mais « l'institutrice prend son pied ».

Quand je suis entré au lycée, tout ce que je voulais, c'était une nana avec des gros seins.
Pendant les années de lycée, je suis sorti avec une fille aux gros seins, mais notre liaison manquait de passion. Alors j'ai décidé qu'il me fallait trouver une fille passionnée.
Une fois à l'université, je me suis trouvé une fille passionnée, mais elle était trop émotive : tout était toujours urgent ou catastrophique. Elle pleurait pour un rien... Alors j'ai décidé qu'il me fallait une fille qui était un peu plus stable.
Et j'ai trouvé une fille plus stable. Mais elle était ennuyeuse. Rien ne l'enthousiasmait jamais. Alors j'ai pensé que je devais me trouver une fille plus excitante.
J'ai trouvé cette fille excitante, mais je n'ai jamais pu rester en phase avec elle : elle passait toujours d'une chose à une autre à la vitesse de l'éclair. On n'avait jamais le temps de rien. Elle n'avait aucun but, aucune stabilité. C'est là que je me suis dit : il te faut une fille qui a de l'ambition.
Après la fac, j'ai trouvé cette fille et je me suis marié avec elle. Elle était ambitieuse, elle a demandé le divorce et elle m'a pris tout ce que je possédais... Maintenant, tout ce que je recherche, c'est une fille avec des gros seins.

Quand une voiture roule, l'air à l'intérieur des pneus tourne-t-il ?

Si vous voyagez prochainement, soyez attentifs. Le gouvernement vient de décider qu'au 1er janvier prochain, sur tout le territoire, les automobiles devront rouler à gauche et non plus à droite. Si l'expérience est concluante, à partir du 1er février la mesure sera adoptée pour les camions.

– Dis papa, pourquoi quand je marche, je tourne en rond ?
– Tais-toi, où je te cloue l'autre pied.

Le jour de la confession :
– Voilà, mon Père. Hier, j'ai fait l'amour 19 fois avec ma femme !
– Mais, mon fils, avec votre femme, ce n'est pas un péché !
– Oui, mon père, mais 19 fois, merde ! Fallait bien que je le dise à

quelqu'un !

La scène se passe à Marseille :
« – Oh Toine, hier soir je me suis fait une gonzesse, cong, elle avait un clitoris comme un cornichon !
– Ah oui, aussi gros !
– Mais non, couillon, aussi aigre ! »

Dans la jungle, un singe obsédé sexuel cherche une nouvelle conquête pour assouvir ses fantasmes et, dans une clairière, trouve une lionne endormie. Il profite du sommeil de la reine de la jungle pour se satisfaire mais la lionne finit quand même par se rendre compte de la situation. Le singe prend alors ses jambes à son cou pour éviter de se faire dévorer. Une course-poursuite s'engage dans la forêt et le singe finit par se cacher derrière un journal qu'il trouve, posé par terre.
– Dis-donc, toi, derrière le journal, tu n'aurais pas vu un singe ?
– Celui qui s'est tapé une lionne ?
– Comment ça, c'est déjà dans le journal ?

Un homme assis dans le train, qui a une petite faim, s'ouvre une barquette de crevettes. Une fois terminée, il se lève et la jette par la fenêtre du train. Au moment où il se rassied, une femme se lève et crie :
-Au secours, cet homme vient de me violer !
Le contrôleur, affolé arrive :
-Que se passe-t-il ?
La femme :
-Sentez-y les mains !
L'homme :
-Elle était consentante, sentez mon haleine !

– Connaissez-vous l'histoire de la cigarette ?
– Non.
– Pourtant elle fait un tabac.

Un monsieur est à l'hôpital, avec la tête enveloppée d'un solide pansement. Son infirmière lui dit :
– Mon pauvre monsieur, votre femme doit vous manquer !
Ce dernier répond :
– D'habitude oui, mais cette fois-là, elle m'a eu !

Deux copains fous se croisent :
– J'ai trouvé un bon moyen d'éviter les contraventions !
– Ah oui ? ! Qu'est-ce que c'est ? !
– J'ai enlevé mes essuie-glaces !

Deux gamins sont assis sur le trottoir, derrière un chariot en bois attaché à leur chien. Un gardien de la paix qui passait par là vient vers eux et leur dit :
– Dites donc jeunes gens, vous savez que vous ne pouvez pas attacher votre chien à ce chariot, c'est de la cruauté.
Puis le policier regarde le chien d'un peu plus près et remarque qu'un morceau de ficelle a été attaché autour des testicules du chien, et que l'autre bout de la ficelle est tenu par un des deux jeunes garçons.
– Mais ce n'est pas vrai ! Vous ne pouvez pas attacher les testicules de votre chien à de la ficelle, ce n'est pas humain !
Alors un des deux garçons dit à l'autre :
– C'est quoi des testicules ?
Et l'autre répond : – Je ne sais pas. Je pense qu'il parle du levier de vitesse !

C'est un microbe qui rencontre un autre microbe qui grelotte et claque des dents, malgré une écharpe en laine :
– Qu'est-ce qui t'arrive ?
– J'ai attrapé une aspirine !

Le petit chaperon rouge va voir sa grand-mère quand, tout à coup, elle aperçoit le grand méchant loup tapi derrière un buisson.
– Oh ! Comme vous avez de grands yeux, lui dit-elle.
Et le loup s'enfuit sans demander son reste...
Un peu plus loin sur son chemin, le petit chaperon rouge voit le même loup caché derrière un arbre :
– Oh ! Comme vous avez de grandes oreilles, lui dit-elle.
Et le loup de s'enfuir à nouveau.
Un peu intrigué par ce comportement, le petit chaperon rouge poursuit néanmoins son chemin.
Au bout de 2 km, elle revoit le loup, caché cette fois derrière une borne kilométrique.
– Oh ! Comme vous avez de grandes dents, lui dit-elle.
Alors le loup se met à hurler :
– Mais tu vas me laisser chier tranquille, oui ? !

REVANCHE D'UN PAYSAN ENVERS LA MAISON « MERCEDES-BENZ » :
Un paysan ayant acheté une mercedes, s'énerva en voyant le nombre d'options ainsi que leur prix. Quelque temps plus tard, un membre du conseil d'administration de la maison « Mercedes » lui commande une vache pour sa résidence secondaire. Le paysan lui livra la vache accompagnée d'une facture...

PRIX DE BASE, vache modèle standard Frs 4'990.--

PLUS-VALUES :
Vache en deux couleurs (blanche et noire) Frs 300.--

Recouverte de cuir naturel Frs 450.--
Réservoir à lait, modèle été-hiver Frs 150.--
4 becs verseurs à fermeture automatique – Frs 25.-/pce Frs 100.--
2 pare-chocs avant en corne – Frs 50.--/pce Frs 100.--
Chasse-mouches semi-automatique Frs 75.--
Production d'engrais biologique et écologique Frs 125.--
Équipement tout temps, été-hiver Frs 225.--
Double système de freinage, pattes avant et arrière Frs 800.--
Klaxon à plusieurs tonalités Frs 175.--
Yeux halogènes à fermeture automatique Frs 200.--
Moteur fonctionnant à différents carburants Frs 2'300.--

TOTAL DES OPTIONS Frs 5'000.--
PRIX DE LA VACHE SELON VOTRE COMMANDE Frs 9'990.--
TVA Frs 749.25

TOTAL NET Frs 10'739,25

Une vielle dame, pour rompre sa solitude, a adopté un chat. Tout serait parfait si le chat n'était pas un mâle avec les problèmes que l'on connaît (odeur, bataille avec les autres matous...). La vieille dame voudrait faire castrer son chat mais les vétérinaires coûtent cher. Un jour, on lui parle d'un type qui fait ça pour son plaisir, gratuitement. La vieille dame y conduit son chat.
– Comment faites-vous Monsieur pour castrer un matou ? – Oh, c'est simple, je prends deux bonnes grosses pierres bien plates, une à chaque main et paf, je les tape fort l'une contre l'autre avec les couilles du chat entre et paf, elles éclatent ah ah ah ! ! ! – Mais Monsieur, ça doit faire très mal ! – Non Madame, vous pensez, hein, j'ai l'habitude, je fais toujours bien attention de ne pas me prendre les doigts entre les deux pierres.

– Papa, comment fonctionne notre cœur ?
– Je ne sais pas.
– Et nos poumons, à quoi ils servent ?
– Je ne sais pas.
– Papa, comment ça se fait qu'on a deux reins ?
– Je ne sais pas.
– Papa, est-ce que je t'embête avec mes questions ?
– Non, pas du tout ! Continue à poser des questions, c'est comme ça que tu vas t'instruire.

Trois femmes s'épanchent sur leurs adultères respectifs dans le compartiment d'un train :
La première : – Non, je ne peux lui cacher toute cette vérité, je raconterais tout à mon mari.
La deuxième : – Quel courage !
La troisième : – Quelle mémoire !

Il était une fois un homme très avare qui avait travaillé toute sa vie et épargné son argent. Il aimait l'argent plus que tout et juste avant de mourir, il dit à sa femme :
– Lorsque je mourrai, je veux que tu mettes tout mon argent dans le cercueil avec moi, ce sera pour ma vie après la mort.
Bien à contrecœur, sa femme lui fit le serment de mettre tout son argent dans le cercueil avec lui. Peu de temps après, il mourut. Au cimetière, il était étendu dans son cercueil, entouré de quelques amis, membres de sa famille et de son épouse toute de noir vêtue. Comme la cérémonie se terminait et juste avant que le cercueil soit refermé et porté en terre, l'épouse dit :
– Attendez une minute !
Elle prit alors une boîte qu'elle déposa dans le cercueil avec son époux. Les préposés firent alors descendre le cercueil dans la fosse.
Un ami lui dit alors :
– Écoute bien, j'espère que tu as été assez intelligente pour ne pas mettre tout son argent dans le cercueil avec lui comme il te l'a demandé ?
– Bien sûr, je suis une bonne chrétienne et je ne puis revenir sur la parole faite à un mourant de mettre son argent avec lui dans le cercueil.
Et elle ajouta :
– Je lui ai fait un CHÈQUE…
Moralité : Ne jamais sous-estimer l'intelligence et le pragmatisme d'une femme…

Le président du tribunal :
– Madame, voudriez-vous nous dire votre âge ?
La gentille vieille dame :
– Bien sûr. J'ai 91 ans.
Le président du tribunal :
– Voulez-vous nous dire, sans vous contrarier, ce qui vous est arrivé ?
La gentille vieille dame :
– J'étais assise devant chez moi, sous la tonnelle. C'était un soir de printemps, il faisait bon. Un jeune homme s'est approché furtivement, et il est venu s'asseoir auprès de moi.
Le président du tribunal :
– Le connaissiez-vous ?
La gentille vieille dame :
– Non, mais je l'ai trouvé très sympathique tout de suite.
Le président du tribunal :
– Qu'est-il arrivé ensuite ?
La gentille vieille dame :
– Il a commencé à me caresser la cuisse.
Le président du tribunal :
– Et vous ne l'avez pas interrompu ?
La gentille vieille dame :
– Non, monsieur le juge.
Le président du tribunal :
– Et pourquoi donc ?
La gentille vieille dame :
– Ben, c'était agréable. Personne ne m'avait fait ça depuis la mort de mon Grégoire, il y a trente ans de cela.
Le président du tribunal :
– Et ensuite ?
La gentille vieille dame :
– Il a commencé à me caresser les seins.

Le président du tribunal :
– Vous lui avez dit d'arrêter ?
La gentille vieille dame :
– Non, pas du tout.
Le président du tribunal :
– Pourquoi, çà ?
La gentille vieille dame :
– Ben, Monsieur le juge. ses caresses m'ont fait revivre. J'étais excitée.
Je ne m'étais pas sentie aussi bien depuis des lustres.
Le président du tribunal :
– Et ensuite ?
La gentille vieille dame :
– Bon, je me sentais tellement sexy que j'ai écarté mes vieilles jambes et que je lui ai dit : « Prenez-moi, jeune homme, prenez-moi ! »
Le président du tribunal :
– Qu'a-t-il fait alors ? il vous a prise ?
La gentille vieille dame :
– Nom de Dieu, que non ! Il s'est mis à gueuler : « Poisson d'avril ! » en ricanant comme un con. Et c'est là que je l'ai descendu, ce petit enfoiré…

C'est un médecin dont la sonnette de porte ne marche plus. Il appelle un électricien, qui promet de venir dans une heure. Le lendemain, le médecin téléphone à l'électricien et lui demande pourquoi il n'est pas venu comme promis. L'électricien lui répond : Mais je suis venu chez vous, j'ai sonné et comme vous n'avez pas ouvert, je suis reparti !

Ta mère, elle pète à l'église.

Ce sont 2 ampoules qui font un cache-cache et il y en a une qui dit à l'autre : « Je t'ai grillé ! »

La petite Élodie, 4 ans, ouvre la porte.
– Bonjour mademoiselle, je suis Maurice Durand, représentant des aspirateurs Malinex. Je pourrais voir ta maman ?
– Non, Maman fait le tapin en ce moment.
– Et par hasard peut-être ta grand-mère habite ici et je pourrais la voir ?
– Ben non, elle fait le tapin aussi.
– Est-ce que tu as une grande sœur que je pourrais voir ?
– Oui, Ingrid, elle a 12 ans. Mais elle fait le tapin avec maman et mamie.
– Bon, et ton papa, je peux le voir ?
– Mais non, il est avec maman, mamie et Ingrid. Il fait le tapin avec elles.
– Eh bien ça alors, j'ai jamais vu ça. Drôle de famille… Et où ils font le tapin ?
– Ben dans le talon ! C'est dans le talon qu'on fait le tapin de Noël !

On ne dit pas « un instant » mais « un homme de petite taille fait des étirements ».

❧

– Dis papa, une olive, ça a des pattes ?
– Quoi ! ?
– Dis papa, une olive, ça a des pattes ?
– Ben non, pourquoi ?
– Ben alors c'est un cafard que je viens de manger !

❧

Un papa et son jeune garçon vont au zoo. Ils sont devant la cage du gorille, et le petit garçon lui jette alors une cacahuète. Le gorille l'attrape, se la met dans le trou du cul, puis la retire, et enfin, il la mange. Voyant ce spectacle, le petit garçon et le père laissent échapper un « Pouah » de dégoût. Malgré tout, et pour être sûr de ne pas avoir rêvé, ils relancent une cacahuète au gorille… et celui-ci refait la même chose que précédemment. A ce moment passe le gardien du zoo. Le père lui raconte la scène : « Ce gorille est vraiment débile : on lui balance une cacahuète, et il ne trouve rien de mieux que de se la fourrer dans le cul avant de la manger ! »
Le gardien de zoo lui répond : « Détrompez-vous, il est très intelligent : La semaine dernière, on lui a balancé une pêche, et il n'a pas pu chier le noyau… alors maintenant, il vérifie à chaque fois… »

❧

Quelle a été la première réaction de Clinton le jour où il a vu celle qui allait devenir sa femme ?
Il a ri (Hillary).

❧

– Maman, maman, grand-mère m'a mordue !
– C'est bien fait. Je t'avais bien dit de ne pas t'approcher de la cage.

❧

Jean-Édouard va consulter son médecin pour un gros problème :
– Mon fils a couché avec une fille de mauvaise fréquentation, et il a attrapé une maladie honteuse.
– Ce n'est peut-être pas grave, envoyez-le moi, répond le médecin.
– Oui, mais ce garnement l'a refilé à la bonne.
– C'est ennuyeux.
– Et je l'ai attrapé aussi.
– Dites donc, c'est très contagieux !
– Du coup, je l'ai transmis à ma femme aussi…
– Nom de nom ! Alors, nous voilà tous malades !

❧

C'est un mariage entre deux familles

pas très recommandables en Irlande. Naturellement, au cours de la soirée, la bière et le whisky aidant, une bagarre éclate entre les deux familles. La police intervient pour faire cesser le pugilat et la semaine suivante, les membres des deux familles se retrouvent au tribunal devant le juge. La bagarre ne va pas tarder pas à reprendre, jusqu'à ce que le juge lance la session.
Le juge appelle le témoin du marié. Celui-ci explique :
– Monsieur le juge, je peux vous expliquer ce qui s'est passé !
Et le juge lui demande de poursuivre :
– Monsieur le juge, chez nous, lors des mariages, il est d'usage que le témoin du marié obtienne la première danse avec la mariée. Donc, au mariage de la semaine dernière, j'ai invité la mariée pour la première danse. Puis, comme la musique ne s'est pas arrêtée, j'ai continué à danser avec elle pour la deuxième. Puis, comme il n'y avait toujours pas d'interruption de la musique, j'ai entamé la troisième danse avec la mariée ! Et tout à coup, le frère de la mariée s'est levé, a couru vers nous et a donné à la mariée, sa sœur, un gros coup de pied dans la fente !
Le juge répond alors :
– Ouille ! Ouille ! Ouille ! Qu'est-ce que ça doit faire mal !
– C'est rien de le dire, il m'a cassé trois doigts !

On ne dit pas « j'alphabétise » mais « j'ai fait une connerie »...

Une femme et un homme, qui n'est pas son époux, font l'amour dans la chambre conjugale lorsqu'ils entendent le mari rentrer ! La femme pousse son amant hors du lit et lui conseille de se cacher dans la salle de bains. Le mari entre dans la pièce et dit :
– Chérie, je suis rentré ! Que fais-tu toute nue ?
– Je t'attendais, mon amour, répond-elle.
– OK ! J'arrive ! Je vais prendre une douche et je suis tout à toi, ma tigresse !
Le mari ouvre alors la porte de la salle de bains et trouve l'amant, nu comme un ver.
– Qui êtes-vous ? Que faites-vous là ?
– Je suis l'employé d'une société de désinsectisation, votre secteur est semble-t-il attaqué par les mites.
– Mais pourquoi êtes-vous nu ?
– Qu'est-ce que je disais ! Ah, les petites garces !

Une bouteille, jetée à la mer par un naufragé, a été recueillie par un marin et transmise à son destinataire, un célèbre restaurateur.
– Maître, dit le message, perdu sur un îlot du Pacifique, j'écoute, chaque matin, votre excellente émission, sur le transistor que j'ai sauvé du naufrage. Votre recette

de rognon de veau émincé en fines lamelles m'a mis l'eau à la bouche. Pensez-vous que je puisse la réaliser en remplaçant le rognon de veau par un soulier de cuir, pointure 44 ?

Deux chaussures discutent, quand une autre s'immisce dans la conversation. Alors l'une dit à sa copine :
– Mais de quoi elle se mêle ? (Semelle)

Un collégien raconte à ses parents :
– On a fait un essai, en classe, sur le thème : « Le métier de mon père ». Ça m'inspirait et je me suis dit que mon texte serait sûrement le meilleur et que la prof le lirait à haute voix devant toute la classe.
– Alors, dit la mère, tu as raconté comment ton père, un des plus grands chirurgiens de ce monde, a déjà réussi plus de vingt greffes du cœur ?
– Heu… non. Pour impressionner les copains, j'ai raconté qu'il conduisait une voiture de pompiers.

Un ours court après un lapin.
L'ours : Je vais t'attraper, petit salopard de lapin.
Le lapin : Va te faire voir, sale ours.
Ils courent dans un champ, où tout d'un coup apparaît une grenouille magique.
La grenouille : Arrêtez-vous tous les deux ! Je suis une grenouille magique et je peux exaucer trois vœux pour chacun… Qui commence ?
L'ours : Moi, je suis le plus gros.
La grenouille : Vas-y l'ours… Ton premier vœu.
L'ours : Je veux que tous les ours de la forêt soient des femelles.
La grenouille : Pas de problème, ton vœu est exaucé… À toi le lapin.
Le lapin : Moi, je veux un casque de moto.
La grenouille : Pas de problème, ton vœu est exaucé. Voilà ton casque. À toi l'ours pour ton deuxième vœu.
L'ours : Je veux que tous les ours des forêts voisines soient des femelles.
La grenouille : Ok, pas de problème… À toi le lapin.
Le lapin : Moi, je veux une moto à ma taille et ultra puissante.
La grenouille : Pas de problème, la voilà.
L'ours en regardant le lapin : T'as vraiment que des vœux débiles toi !
La grenouille : Bon, et pour votre dernier vœu…
L'ours : Moi je veux que tous les autres ours de cette planète soient des femelles.
La grenouille : Ok, c'est fait. Et toi le lapin, ton dernier vœu.
Le lapin met son casque, monte sur sa moto et la démarre. Il dit, en regardant l'ours : Je veux que l'ours soit homo.

Ça se passe dans les plaines du Far West, au cours d'une expédition de convoi de bétail.
Trois cow-boys de trois générations différentes (le grand-père, le père et le fils) profitent d'une étape dans une grande ville pour reprendre contact avec la civilisation.
Ils passent naturellement par le saloon, puis décident d'aller se vider les génitoires dans la maison de tolérance la plus proche.
Au moment d'entrer dans la maison, ils lisent ce qui est écrit sur l'enseigne :
« Madame Pamela fait bander et débander rien qu'en sifflant ! »
Le père dit aussitôt :
– Faut que j'essaie ça !
Et il rentre.
Quelques minutes plus tard, il ressort enchanté :
– C'est fabuleux, elle siffle et Hop ! voilà Popaul raide comme un piquet télégraphique ! Elle ressiffle, et pffffuit, c'est fini !
Le fils est goguenard :
– Ben moi, ça m'étonnerait qu'elle arrive à me faire débander, je vais essayer.
Il entre et c'est le même topo que le père.
Alors le grand-père veut essayer aussi. Il rentre et ressort presque aussitôt, un pistolet dans chaque main en hurlant :
– Le premier qui siffle, j'le descend ! !

Un éleveur de vaches va chez son banquier pour obtenir un prêt afin d'acheter un taureau.
Quelques jours plus tard, le banquier rencontre l'éleveur dans la rue et lui demande : « Alors, comment va notre taureau ? »
L'éleveur répond : « Ben, pas terrible ! Je l'ai mis dans le pré avec toutes les génisses à saillir, et il n'a rien voulu leur faire. »
Le banquier lui répond : « Vous devriez appeler le vétérinaire. »
Encore quelques jours plus tard, le banquier rencontre à nouveau l'éleveur : « Et comment va notre taureau, maintenant ? »
L'éleveur répond : « Impeccable. Il a sailli toutes mes génisses. Ensuite il est passé au-dessus de la barrière, et maintenant il s'occupe des vaches du voisin. »
Le banquier : « Hé hé ! Et qu'est-ce que le véto lui a donné ? »
L'éleveur répond : « Il lui a donné des comprimés. »
Le banquier : « Quelle sorte de comprimés ? »
L'éleveur répond : « Je ne sais pas, mais ils ont un goût de fraise. »

Un alpiniste, dont la corde vient de céder, se rattrape in extremis à une paroi verglacée. Sentant ses doigts glisser, il demande :
– Il y a quelqu'un ?
Une voix profonde lui répond :
– C'est moi, Dieu ! Si tu crois en moi, lâche tes deux mains, un ange te rattrapera.
L'alpiniste réfléchit longuement, puis demande :
– Il n'y aurait pas quelqu'un

d'autre ?

Du haut de leur pommier, deux pommes observent le monde. Regarde-moi tous ces gens, dit l'une, ils se battent, ils manifestent, personne n'a l'air de vouloir s'entendre avec son voisin. Un de ces jours, c'est nous, les pommes, qui dirigerons la Terre ! Qui ça, nous ? Répond l'autre. Les rouges ou les vertes ?

Pourquoi les femmes ont deux paires de lèvres ?
Une pour dire des conneries, l'autre pour se faire pardonner.

LES 10 COMMANDEMENTS DE L'ÉCOLE :

1- Ne sèche pas un cours : sèche toute la journée.
2- N'embrasse jamais dans les couloirs : les coins sont plus confortables.
3- Ne pousse pas dans les couloirs : dans les escaliers, ça fait plus mal.
4- N'emprunte pas à tes amis : vole-les.
5- Ne copie jamais : décalque.
6- Ne fais pas de jambettes aux autres : attends les profs.
7- Ne déchire pas tes livres : brûle-les.
8- Ne parle pas en classe : crie, tu obtiendras plus d'attention.
9- Ne dépasse jamais une ou deux personnes dans la file à la cafétéria : dépasse toute la file, c'est mieux.
10- Si un prof se tue à t'expliquer : sois patient, laisse-le mourir.

Quelle est la différence entre un homme, une cravate et une ceinture ?
La cravate serre le cou ;
La ceinture serre la taille ;
L'homme sert à rien ! ! !

On ne dit pas « Javelliser » mais « J'ai lu ».

Deux chaussures discutent, quand une autre s'immisce dans la conversation. Alors, l'une dit à sa copine :
– Mais de quoi elle se mêle ? (semelle)

Une jeune femme se plaint à une amie qu'à chaque fois qu'elle met son linge à sécher dehors, il pleut et

le linge ne sèche pas bien. L'amie lui répond qu'elle a un bon truc pour ça :
– Lorsque je me réveille le matin je regarde la bite de mon homme : si elle pend à gauche, c'est qu'il va faire beau et je peux sans crainte étendre ma lessive dehors. Par contre, si elle pend à droite c'est que le mauvais temps s'annonce et qu'il ne faut pas étendre la lessive à l'extérieur. C'est infaillible.
– Super, et si elle pointe en l'air ?
– Ben, ces jours-là, je fais pas la lessive ! ! !

C'est quatre types mariés sur un terrain de golf, un dimanche matin. On est au troisième trou et ils papotent. Le premier dit :
– Les gars, vous ne pouvez pas savoir comme ça a été dur pour que je puisse venir ici ce dimanche avec vous. J'ai même dû promettre à ma femme que le week-end prochain, je referais la tapisserie du salon !
Le deuxième dit :
– Ha, c'est rien ! Moi j'ai dû promettre à ma femme que je lui referais tout le carrelage de sa cuisine !
À son tour, le troisième enchaîne :
– C'était encore plus dur pour moi ! J'ai dû lui promettre de décaper toutes les boiseries avant de les repeindre !
Alors ils se tournent vers le quatrième, qui n'a encore rien dit, et lui demandent :
– Et toi ? Ça n'a pas été trop dur pour nous accompagner ce week-end ?
Et il répond :
– Bah non. Ça a été facile comme tout. Ce matin, j'ai fait sonner mon réveil à 5 heures 30.
Quand il a sonné, j'ai donné un coup de coude à ma femme dans le lit et je lui ai dit : « Sport en chambre ou Sport sur le green ? » Elle m'a répondu : « N'oublie pas de mettre un pull ! »

Trois hommes doivent se réincarner et Saint Pierre leur demande ce qu'ils souhaitent. Le premier dit : « Moi je voudrais être un chat pour être caressé et câliné souvent. » Le deuxième dit : « Je voudrais être une poêle pour qu'une femme me prenne souvent la queue dans la main, avoir le cul au chaud et le ventre rempli de bonnes choses. » Et le troisième demande à être un crustacé pour pouvoir être sucé !

Comment appelle-t-on une femme qui parvient à sucer le jus d'une orange avec une paille ?
Réponse : chérie...

Melon et Melèche vont à la montagne.
Melon apporte les skis et Melèche le bâton.

Un homme très craintif va chez le dentiste pour se faire arracher une dent. Il s'installe dans le fauteuil, mais au dernier moment, il se redresse en se mettant à crier :
– Allons, dit le dentiste, ne vous raidissez pas ainsi. Tenez, buvez un peu de whisky.
L'homme boit une bonne gorgée, s'installe à nouveau, mais recommence à crier quand le dentiste s'approche de lui.
– Allez, buvez encore une gorgée de ce whisky !
Dix fois de suite, le même manège se produit. Enfin, il semble apaisé.
– Alors cette fois, vous n'avez plus peur ?
– Plus du tout ! Ce whisky m'a gonflé à bloc et j'aime autant vous dire que le premier qui voudra s'attaquer à ma dent, passera un très mauvais moment !

Une dame rentre à la maison après être allée chez le gynéco. Son mari lui demande ce que le docteur lui a dit sur sa santé. La femme répond :
– Il a dit que j'avais les seins d'une jeune fille de 18 ans !
– Ah ah ah ! répond le mari goguenard.
Et il ajoute :
– Et qu'est-ce qu'il a dit à propos de ton gros trou du cul ?
– Oh chéri, nous n'avons pas parlé de toi !

Un programmeur raconte a ses copains programmeurs :
– Hier, j'ai fait la connaissance d'une superbe nana dans une boîte de nuit...
Les copains programmeurs :
– Aaaah !
– Je l'invite chez moi, on boit un coup, je commence à l'embrasser.
Les copains programmeurs :
– Aaaaaaah !
– Elle répond « déshabille-moi ! »
Les copains programmeurs :
– Aaaaaaaaaaaaaaaah !
– Alors j'enlève sa culotte, je la soulève et je l'assieds sur le clavier de mon PC...
Les copains programmeurs :
– Ouaaahhhh, t'as un PC à la maison ? C'est quoi comme processeur ?
...
...
...
Une blonde raconte à ses copines blondes :
– Hier, j'ai fait la connaissance d'un superbe programmeur dans une boîte de nuit...
Les copines blondes :
– Aaaah !
– Je l'invite chez moi, on boit un coup, je commence à l'embrasser.
Les copines blondes :
– Aaaaaah !
– Là, je lui dis : « déshabille-moi ! »
Les copines blondes :
– Aaaaaaaaaaaaaaaah !
– Alors, il m'enlève ma culotte.
Les copines blondes :
– Aaaaaaaaaaaaaaah ! T'as une

culotte ?

Quelle est la différence entre l'écureuil et une bicyclette ?
Tu les mets au pied de l'arbre, le premier qui grimpe, c'est l'écureuil.

La vraie punition pour la bigamie c'est d'avoir deux belles-mères.

Quel est le comble de la propreté ?
– Laver les assiettes jetables avant de les jeter.

Qu'est-ce que la femme idéale ?
Une jolie blonde idiote, sourde, muette et nymphomane, qui a perdu sa mère, et dont le papa possède un bar.

Une dame entre dans une animalerie quand tout à coup elle aperçoit un perroquet avec un ruban bleu accroché sur une patte et un ruban rouge accroché à l'autre. Elle demande :
– Pourquoi ce perroquet a des rubans accrochés aux pattes ?
– Parce que quand on tire sur le ruban bleu, il parle français, et quand on tire sur le ruban rouge, il parle anglais.
– Et quand on tire sur les deux ? demande la dame.
– Je me casse la gueule, répond le perroquet !

La difficulté pour les célibataires c'est de déshabiller les femmes. Pour les maris c'est de les habiller.

Combien d'avocats faut-il pour arrêter un bus lancé à pleine vitesse sur la route ?
– Jamais assez.

Trois chinois Bu, Chu et Fu décident de partir s'installer aux États-Unis. Afin d'obtenir un visa facilement, ils cherchent à modifier leurs prénoms. Le premier s'appelle alors Buck. Le deuxième se choisit Chuck comme prénom et le troisième finit par rester en Chine.

Une bonne femme entre dans une épicerie. Elle se sent la tête qui lui tourne et elle s'assied sur une caisse d'œufs.

Elle se passe la main sur le front et elle dit :
– Ca ne va pas bien du tout ! Je dois couver quelque chose !

C'est trois hommes qui sont en Amazonie et doivent traverser une rivière infestée de crocodiles.
Le premier essaie mais en vain, il se fait bouffer dès le premier pas.
Le deuxième tente la traversée mais se fait bouffer par un crocodile.
Le troisième, quant à lui, enlève son tee-shirt et écrit dessus : « Marseille champion de France ! » et il traverse sans problème. Pourquoi ? Parce que Marseille champion de France même un crocodile ne peut pas avaler ça !

On frappe à la porte :
– Bonjour monsieur, voulez-vous donner quelque chose pour les maisons de retraite ?
– (voix à l'intérieur) Mammie, mets ton manteau, je prépare ta valise.

Les hommes, c'est comme les grenouilles : ça pense juste à sauter.

Quel est le lien entre l'ancien nom de la France et le nouveau nom de la France ?
Ce sont 2 mots de 5 lettres qui commencent par G et se terminent par E :
GAULE et GRÈVE.
Avant, on disait : on est en Gaule.
Maintenant, on dit : on est en grève.

C'est un monsieur qui se rend chez le coiffeur. La coiffeuse lui demande :
– Je vous fais un shampooing aux œufs ?
– Non, sur la tête.

Un type appelle chez lui.
– Allô ? Demande la bonne.
– Bonjour Maria, passez-moi madame.
– Yé souis décholé, mais la madamch' elle est au lit.
– Et bien réveillez-la !
– Ah, mais elle dort pas, elle est avec son señor...
– Quoi ? ? ? Écoutez, prenez le pistolet dans mon bureau, et tuez-les tous les deux ! Je vous payerai une belle maison avec une piscine chez vous.
La bonne hésite, puis accepte.
– Voilà señor. Yé fait quoi mainténant ?
– Jetez les corps dans la piscine !
– Qué piscine, il n'y a pas de piscine ici !
– Ah bon, je ne suis pas au 40-42-91-00 ?

Aimer c'est être bête ensemble.

Les dix commandements du programmeur : ou Comment Programmer sans stress.

1 : Des bugs tu ne t'inquiéteras pas. Les bugs dans votre logiciel sont actuellement des fonctionnalités particulières.
2 : Corriger le problème tu ne feras pas. Vos utilisateurs auront plus de chance de gagner au loto que de tomber encore sur ce bug.
3 : Le traitement des erreurs tu ne géreras pas. La gestion des erreurs ne signifie quelque chose que pour les gens enclins aux erreurs. Ni vous-même ni vos utilisateurs ne sont enclins à faire des erreurs.
4 : Des restrictions, tu n'imposeras pas. Laisser l'utilisateur entrer n'importe quoi comme donnée, n'importe ou, n'importe quand. C'est ce que l'on appelle être TRÈS convivial.
5 : Tu n'optimiseras pas. Les utilisateurs seront reconnaissants d'obtenir une information quelle qu'elle soit. Ils ne s'inquiètent ni de la vitesse, ni de l'efficacité.
6 : Tu n'aideras pas. Si un utilisateur n'est pas capable d'utiliser seul votre programme, il est trop abruti pour mériter votre programme de toute façon.
7 : Tu ne documenteras pas. La documentation ne sert qu'à annoncer de futures modifications. Comme votre programme est parfait dès la première version, il n'aura jamais besoin d'être modifié.
8 : Tu ne te presseras pas. Seuls les patrons ou les très mignonnes utilisatrices ont besoin d'un programme dans les temps.
9 : Tu ne réviseras pas. Votre interprétation des spécifications est toujours correcte. Vous connaissez les besoins des utilisateurs mieux qu'eux.
10 : Tu ne partageras pas. Si des programmeurs ont besoin d'une partie de votre code, ils n'auront qu'a l'écrire eux-mêmes.

Croyant sucer un bonbon menthe-réglisse, un dompteur s'étouffe avec un pingouin !

Un technicien de Dell avait reçu un appel enragé d'un client qui se plaignait de la « grossièreté caractérisée » de son nouveau PC. Après quelques explications, le technicien en question confirma que le message « Invalide » qui apparaissait sur l'écran n'était pas une insulte à prendre au premier degré.

Le chef cannibale soulève le couvercle de la marmite de temps

en temps, et avec une énorme fourche, il pique le mec qui est en train de cuire !
– Mais enfin ! lui dit un autre cannibale ! Foutez-lui au moins la paix !
On le fout déjà au court-bouillon, alors si en plus on le torture...
– Quoi ! ? Mais tu ne vois pas qu'il en train d'bouffer tout le riz !

Quel est le comble d'un fleuriste ? ?
De se faire envoyer sur les roses.

Quel point commun y a-t-il entre marcher sur fil tendu à 80 mètres de hauteur et avoir une fellation pratiquée par une femme édentée de 80 ans ?
Réponse : dans les deux cas, il ne faut pas regarder en bas !

Quelle est la différence entre un préservatif et un copyright ?
Réponse : aucune, les deux interdisent la reproduction.

Débarquant dans le bureau de son avocat comme un fou, un magnat du pétrole texan, demande qu'une procédure de divorce entre lui et sa toute jeune femme soit mise en route dès que possible.
– Quel est le problème ? demande l'avocat.
– Cette femme m'a trompé. Je veux la poursuivre pour rupture du contrat !
– Je ne sais pas si ça va marcher, dit l'avocat, je veux dire par là que votre femme n'est pas votre propriété : ce n'est pas un bien vous appartenant comme les terrains sur lesquels vous avez vos puits de pétrole !
– C'est ma foi vrai, répond le magnat du pétrole. Pourtant, en l'épousant, j'espérais bien avoir l'exclusivité des droits de forage !

– J'ai un oncle à Marseille qui a essayé de construire un nouveau genre de voiture. Il a pris la caisse d'une Porsche 911, le moteur d'un spider BMW, la transmission d'une Mercedes 600 et les pneus d'une Ferrari.
– Vraiment ? Et qu'est-ce qu'il a obtenu ?
– Cinq ans fermes.

Un mari jaloux rentre furieux chez lui et crie sur sa femme :
– Tu me trompes, je le sais !
Combien d'amants as-tu eu ?
Depuis quand te moques-tu de moi ? Je suis ridiculisé !
Il donne un grand coup de poing à la porte, la referme derrière lui et s'en va boire un verre. La colère passée,

il revient auprès de sa femme et il la trouve, pensive, assise sur le canapé. Il s'excuse :
– Je me suis laissé emporter, chérie, ne fais pas la tête !
– Je ne fais pas la tête, je compte !

Pour que votre voyage de noces soit un succès total sur le plan touristique, sentimental et sexuel, la première chose à faire est de partir seul.

Un homme n'a plus de famille. La preuve, il enterre sa belle-mère aujourd'hui. Les croque-morts descendent un escalier avec le cercueil, ils loupent la marche. Le cercueil s'ouvre et la belle-mère, qui n'était pas tout à fait morte, se relève et marche.
Un mois après, elle meurt pour de bon, et le gendre va voir les croque-morts :
Cette fois-ci, ne loupez pas la marche !

Quelle est la différence entre une femme et les chiottes ?
Les chiottes, une fois que l'on s'est vidé dedans, on n'est pas obligé de leur dire : « JE T'AIME »

Nicolas demande à Charlotte :
– Qu'est-ce que tu détestes le plus à l'école ?
– Les maths, parce que ça me pose des problèmes.

Quel est le comble de l'électricien ?
Avoir des ampoules aux mains.

« J'ai mis du temps à me rendre compte qu'on nous avait cambriolés. Je croyais que c'était mon mari qui cherchait des chaussettes propres. »
(P. Carlson)

Melon et Melèche allument des bougies chez eux.
Melon en met dans le salon et Melèche un peu partout.

C'est la leçon de conjugaison.
– Patricia, si c'est toi qui chantes, tu dis…
– Je chante.
– Bien !… Et si c'est ton frère, tu dis…
– Arrête !

Un fou est suspendu à une poutre du plafond. L'inspecteur demande au directeur pourquoi. Le directeur lui dit : C'est parce qu'il se prend pour un lustre. Ne peut-on pas le faire descendre maintenant ? Oui, on le peut, mais avec quoi va-t-on s'éclairer ce soir ?

Un juge demande à la prévenue :
– Vous êtes prostituée, je crois ?
– Ben dis-donc, ça c'est mes affaires !
– Soit, alors je vous pose la question autrement : comment vont vos affaires en ce moment ?

Deux fiancés se présentent à la mairie pour la publication des bans. Voyons voir, dit l'employé, nous disons donc Sorgue Gilbert et Sorgues Marguerite… C'est curieux, vous semblez porter le même nom. Cela n'arrive pas souvent. Il y a vraiment une relation ? Oh, juste une fois, dit le fiancé en rougissant. On ne pouvait plus se retenir !

Pourquoi les avions ne sont-ils pas faits dans le même matériau que les boîtes noires ?

Sept personnes se retrouvent sur une île déserte après un naufrage. Six superbes femmes, et un homme ; très rapidement et pour éviter les querelles, il est décidé que chaque femme aura droit à l'homme un jour de la semaine, et que celui-ci gardera son dimanche libre.
Mais au bout de quelque temps, les créatures ont beau être de rêve l'homme commence à fatiguer d'autant que ses partenaires sont toujours affamées après une semaine de jeûne.
Aussi voit-il arriver avec satisfaction le survivant d'un autre naufrage, il va à sa rencontre sur la plage
Le nouveau en abordant l'île s'écrie : « Oh comme c'est chou ici… »
Et l'autre :
« Merde… mon dimanche est foutu »

Deux pizzas dans un four
Une dit : « Pfou ! Il fait chaud ici… »
L'autre dit : « au secours, une pizza qui parle ! »

Un mari dit à sa femme pendant qu'ils sont très occupés… :
– Dis-moi chérie, tu pourrais me le dire quand tu auras un orgasme
– Mais chéri, tu ne veux quand même pas que je t'appelle au travail !

Deux prostituées discutent sur le trottoir, devant les vitrines de Noël.
– Et toi, tu lui as demandé quoi, au Père Noël ? dit l'une.
– La même chose qu'aux autres !

Deux gardiens de prison discutent :
– Durand s'est évadé hier soir !
– Tant mieux ! Les grincements de sa lime me rendaient fou !

Quelle est la différence entre un homme et une boîte de pâtée pour chien ?
Dans la boîte, il y a du cerveau et du cœur.

Un gars a mis une annonce pour vendre sa voiture. Il a placé, comme beaucoup, une affiche sur sa lunette arrière, avec son N° de portable.
Il se rend au boulot et roule tranquillement à 50 km/heure.
Soudain, le téléphone sonne :
– Bonjour, Gendarmerie nationale, on est derrière vous. Vous savez qu'il est interdit de répondre au téléphone en conduisant. Veuillez vous ranger sur le bas-côté…

Quel est le comble de la prévoyance ?
Réponse : s'excuser avant de péter !

Trahi par les élus de son camp, le ministre est éculé en finance.

Un éléphant croise un homme sur une plage nudiste. Après l´avoir détaillé des pieds à la tête, il s´écrie :
– Et c´est avec ÇA que tu veux manger ! ! ! ! ! !

C'est un homme de 55 ans qui va chez le médecin et lui dit :
– Docteur j'aimerais vivre jusqu'à 90 ans !
Alors le docteur le questionne :
– Fumez-vous ?
– Non, je n'ai jamais fumé.
– Est– ce que vous prenez un coup ?
– Non, l'alcool, je n'ai jamais touché à ça.
– Est-ce que vous êtes actif sexuellement ?
– Non je n'ai jamais fait l'amour.
– Est-ce que vous prenez de la drogue ?
– Non, je n'y ai jamais touché.
Le médecin demande alors au patient :

– Alors pourquoi voulez-vous vivre jusqu'à 90 ans ? ! ? !

C'est une femme de 50 ans qui demande à son mari :
– Tu ne trouves pas que je suis mieux sans soutien-gorge ?
Et le mari qui dit :
– Oh si chérie, ça te rajeunit vachement : y a toutes tes rides du visage qui disparaissent.

Maman demande à Julien :
– Pourquoi as-tu de si mauvaises notes ?
– Parce que ce n'est pas moi qui les mets !

Le curé rend visite à une vieille fermière :
– Alors la Fernande, t'es contente d'avoir l'électricité depuis une semaine ?
– Pour sûr... Ça rend bien service quand la bougie s'éteint !

Deux clitoris se rencontrent... l'un dit à l'autre :
– Il paraît que tu es frigide ?
L'autre répond :
– Ce sont les mauvaises langues qui disent ça.

Dans un grand magasin, une femme perd son sac à main, dans la cohue de ce premier jour de Soldes...
Rentrée à la maison et désespérée, l'on sonne à la porte. Un jeune homme apparaît, son sac à main sous le bras !
« Je rêve ! Il y a donc encore des gens honnêtes en ce monde ! Merci, Merci beaucoup ! »
Devant lui, elle l'ouvre ; tout y est ! Cependant, en ouvrant son portefeuille... son billet de 50 euros a disparu, mais il s'y trouve : 2 billets de 10, 1 de 20 et 2 de cinq Euros...
N'y comprenant rien du tout, elle demande au jeune homme
« Comment cela ce fait-il donc ? ! »
Au jeune de rétorquer :
« L'autre fois, j'avais ramené un sac à main à une personne qui m'a remercié sans me récompenser. Elle n'avait pas de monnaie... »

Un type entre dans un magasin d'animaux, fait un tour et passe devant un perroquet sans pattes. Il dit tout haut « eh ben, qu'est-il arrivé à ce perroquet ? ».
« Je suis né comme ça », dit le perroquet.
« Eh, on dirait qu'il a compris ce que je disais et qu'il a répondu »
« Je comprends chaque mot. Je suis terriblement intelligent et très

cultivé. »
« Ah ouais ? Et bien explique-moi comment tu tiens sur ta perche. »
« C'est-à-dire... c'est un peu embarrassant... comme je n'ai pas de pattes, je me sers de mon petit zizi de perroquet comme d'une sorte de crochet. Tu ne peux pas le voir à cause de mes plumes. »
« Wow, dit le gars, alors comme ça, tu peux vraiment comprendre et répondre à ce qu'on te dit ? »
« Bien sûr. Je parle couramment français et anglais et peux tenir une conversation sur des sujets divers : politique, religion, économie, physique, philosophie... Bien sûr, je suis assez calé en ornithologie. Tu devrais m'acheter, je serais un compagnon très agréable. »
Le gars regarde le prix
« 14 000 balles, c'est cher mais effectivement, tu vaux ton prix »
Il rentre chez lui. Les semaines passent et le petit perroquet est fantastique. Il est amusant, intéressant, un bon copain, il comprend tout, sympathise avec les problèmes de son maître et est de bon conseil. Un jour, le type revient du boulot. Le perroquet, en dessous du fauteuil, l'appelle « Psst ». Il approche et le perroquet dit à voix basse « Je ne sais pas si je devrais te dire ça mais ta femme et le facteur ... »
« Quoi, ma femme et le facteur ? »
« Chuuut. Eh bien, quand il est passé ce matin, ta femme lui a ouvert, vêtue seulement d'une chemise de nuit quasi transparente, l'a fait entrer et elle l'a embrassé sur la bouche. »
« Quoi ? Et puis, qu'ont-ils fait ? »
« Il a soulevé sa chemise de nuit et l'a caressée sur tout le corps... »
« Hein ? Et puis, qu'a-t-il fait ? »
« Il a commencé à lui lécher les seins, puis le ventre, puis s'est mis à genoux et lui a embrassé le bas-ventre ... »
« Quoi ? Et puis ? Qu'a-t-il fait ? Réponds ! »
« ... Je ne sais pas, j'ai commencé à bander et je suis tombé »

Dans un bar, un jeune homme se fait draguer par une femme. La dame est plutôt entreprenante et prend les choses en main. Elle lui propose de boire un verre.
– Je ne suis pas Rockefeller, mais d'accord, je paie !
Ensuite, elle entraîne le jeune homme sur la piste de danse.
– Je ne suis pas Fred Astaire, mais d'accord, je te fais danser !
Enfin, elle décide de rentrer chez elle, avec lui.
– Je ne suis pas Marlon Brando, mais d'accord, je te suis !
S'ensuit une folle nuit d'amour. La dame sait y faire, même mieux que le jeune homme. Le lendemain, elle lui propose même de l'argent pour la soirée qu'ils ont passé ensemble.
– Je ne suis pas gigolo, mais d'accord, je prends !

Que faut-il à un éléphant qui a la diarrhée ?
Réponse : Beaucoup d'espace !

Trois vieux amis se retrouvent :
- Ça y est, fait le premier, j'ai cinq fils. Encore un et je monte une équipe de volley.
- Moi, j'en suis à dix fils. Encore un et je monte une équipe de foot.
- Et moi j'ai huit filles. Encore une et je monte un terrain de golf.

Ce cadre est déjà sexagénaire ! ?

C'est l'histoire d'un gars qui vient de passer des examens de santé à l'hôpital. Le médecin annonce au patient qu'il est gravement malade et qu'il va mourir. Le gars demande ce qu'il peut faire pour guérir. Le médecin lui répond :
- Vous n'avez qu'à faire des bains de boue.
- Pourquoi ça va me guérir ?
- Non, mais ça vous habituera à la terre.

Encore une histoire pour les machos :
Quand la voiture devant vous freinera brusquement ;
Quand vos pneus glisseront sur la glace noire ;
Quand votre cœur battra à 150 ;
Quand votre vie défilera devant vous ;
Quand votre propre cri vous fera peur ;
Quand vous supplierez le ciel à genoux.
Vous regarderez votre conjointe prise de panique et vous penserez que vous n'auriez JAMAIS dû la laisser conduire.
Utilisez votre tête, l'hiver peut vous piéger…

Le corbeau sur un arbre était perché
À ne rien faire de la journée.
Un lapin voyant ainsi le corbeau
L'interpelle et lui dit aussitôt :
« Moi aussi, comme toi, puis-je m'asseoir
Et ne rien faire du matin jusqu'au soir ? »
Le corbeau lui répond de sa branche :
« Bien sûr, ami à la queue blanche,
Je ne vois ce qui pourrait empêcher
Le repos, ainsi, de rechercher. »
Blanc lapin s'assoit alors par terre,
Et sous l'arbre reste à ne rien faire,
Tant et si bien qu'un renard affamé,
Voyant ainsi le lapin somnoler,
S'approchant du rongeur en silence,
D'une bouchée en fait sa pitance.
Moralité :
Pour rester ainsi à ne rien branler,
Il vaut mieux être haut placé.

Quelle est la différence entre une mouche sur le dos d'une vache et

une femme enceinte ?
Aucune, car elles ont forcément pris des coups de queue.

Ce sont trois souris assises autour d'une table, en train de boire une bière et discuter le bout du gras. Naturellement, ça commence à se vanter à qui mieux mieux.
La première souris dit :
– Moi, il faut reconnaître que je suis plutôt balaise : vous savez les attrapes à souris avec un bout de fromage dessus ? Et bien j'arrive à soulever les mâchoires et à prendre le fromage. Rien que ça !
La deuxième en entendant ça dit :
– Ouais, pas mal. Mais tu vois le blé empoisonné qui traîne çà et là... Et bien moi, j'utilise ça comme biscuit apéritif quand je regarde Tom & Jerry à la télé.
Alors la troisième souris se lève et se dirige vers la porte.
Les deux autres souris lui crient :
– EH ! OÙ EST-CE QUE TU VAS ? «
La troisième souris répond :
– OH LES GARS, OK, VOUS ÊTES VRAIMENT TRÈS FORTS. MOI JE RENTRE CHEZ MOI, C'EST L'HEURE À LAQUELLE J'ENCULE LE CHAT.

Charlotte dit à son père :
– Je suis certaine que j'aurai zéro en maths.
– Ah bon ?
– C'est aussi sûr que deux et deux font cinq !

L'excuse de l'infidélité, c'est qu'il n'y a rien d'aussi agréable que les commencements amoureux (Édouard Herriot)

L'histoire se déroule au siècle dernier. Un montreur d'ours arrive dans une auberge et demande une chambre. Malheureusement l'auberge est complète mais le patron lui propose de passer la nuit dans l'étable en compagnie de son animal. Pendant le dîner, la serveuse, fort aguichante, commence à faire des avances à notre homme qui lui propose un petit rendez-vous galant dans l'étable en fin de soirée... L'heure dite arrive. Le monteur d'ours fait son affaire à la serveuse et s'endort comme une masse. Le lendemain matin, l'homme rentre dans l'auberge pour prendre son petit déjeuner ; la serveuse arrive dans un état lamentable (griffes sur le visage, robe déchirée...) et lui dit : « Vous au lit, vous n'êtes pas une affaire, mais votre copain avec la canadienne, qu'est-ce qu'il m'a mis ! »

Julie part en classe de neige. Sa maman lui dit :
– Tu penseras très fort à moi ?

– D'acc. Et au cas où j'oublierai, j'y pense tout de suite.

On ne dit pas « Jerrycan » mais « J'me bidonne ».

Dans un bar, deux gars discutent :
– Je n'ai pas de chance, vraiment ! Une fille s'était plaint que j'avais essayé d'attenter à sa pudeur dans ma voiture. Je suis passé au tribunal ce matin. J'ai été condamné à une amende de 150 €. Et quand le juge a vu la fille, il m'a condamné à une amende de 200   de plus pour conduite en état d'ivresse !

Quelle est la différence entre un clitoris et un bistrot ?
9 mecs sur 10 sont capables de trouver un bistrot.

Quelle est la différence entre une blonde et une balle de golf ?
La balle de golf ne revient pas quand tu l'as frappée !

Un fermier demande à son voisin :
– Qu'est-ce que tu avais donné à ton cheval quand il était tombé malade le mois dernier ?
L'autre répond :
– De la térébenthine.
Une semaine plus tard, le fermier dit à son voisin :
– J'ai fait comme toi, j'ai donné de la térébenthine à mon cheval, mais il est mort sur le coup !
L'autre répond :
– Ah bon ? Le tien aussi ? !

Ta mère est tellement conne que quand tu lui demandes d'aller acheter une télé couleur, elle demande de quelle couleur !

Un gars du Sud monte à Paris. Il se balade dans les rues sans savoir où il va. Au cours de sa balade, il se retrouve par hasard (???) rue Saint-Denis. Là, une personne du beau sexe, légèrement vêtue pour la saison, l'accoste et lui dit :
– Alors, mon tout beau, on fait l'amour ?
Pas follement emballé, il répond tout de même :
– Euh, ça peut s'envisager. Mais je ne pense pas qu'ici on puisse me faire ce qu'on me fait chez moi.
– Il n'y a pas de problème avec moi. Je suis une véritable pro. Tu ne seras pas déçu.
– Oui peut-être. Mais je ne pense pas que tu puisses me faire ce qu'on me fait chez moi.

– Je n'ai aucun interdit. Je suis une très bonne spécialiste. Tu risques même d'être surpris.
– Euh certainement, mais je ne pense pas que tu puisses me faire ce qu'on me fait chez moi.
– ! !@ !# !@ Ah oui ? Et qu'est-ce qu'on te fait chez toi de si fabuleux ?
– Crédit.

Deux mères discutent...
– Ma petite fille est tellement intelligente que même si elle est juste en deuxième année, elle peut épeler son nom dans les deux sens !
– Ah oui ? Et comment s'appelle-t-elle ?
– Anna !

C'est un riche industriel qui racontait à un de ses amis :
– Ma femme commence à être vraiment névrosée. En ce moment, elle fait une fixation sur ses manteaux de fourrure : elle a peur qu'on les lui vole. C'en est arrivé au point que l'autre jour, quand je suis rentré dans l'après-midi à la maison, j'ai vu qu'elle avait loué les services d'un gars pour les lui garder à domicile ! Et rends-toi compte, elle oblige ce pauvre gars à rester debout tout nu dans la garde-robe !

Les trois plus grandes crises dans la vie d'un homme ?
La perte de sa femme, celle de son travail et une éraflure sur la carrosserie de sa voiture.

Melon et Melèche vont dans un dancing.
Melon drague les rockeuses et Melèche les valseuses.

Deux jeunes mariés partent en voyage de noces. Pour faire des économies, ils envoient des nouvelles par messages très courts. Premier message : TVA. Une semaine après : TVA. Au bout de 15 jours : TVA. De retour chez eux, la famille demande que veulent dire ces 3 lettres. Le couple répond :
– Le premier message voulait dire Tendresse-Vitalité-Amour. Le deuxième : Trou-Vachement-Agrandi. Le troisième : Testicules-Vides-Arrivons.

Quelle est la différence entre un car de CRS et un préservatif ?
Dans le préservatif, on met qu'un seul gland.

Quelle est la seule chose qui fait

ses huit heures par jour dans les administrations françaises ?
La machine à café...

Deux bites vont au cinéma :
– J'espère que ce n'est pas un film porno, sinon on va encore passer la soirée debout.

Une dame se présente dans une quincaillerie et demande une prise de courant.
– Une prise mâle ou une prise femelle ? S'enquiert le vendeur.
– Imbécile ! Dit la dame. C'est pour une réparation, pas pour faire de l'élevage...

Marie-Chantal explique à Éléonore :
– Ma chère, si je pouvais combiner les qualités de mes deux petits amis, je serais comblée... L'un est riche, beau et intelligent, l'autre veut m'épouser !

Les fonctionnaires sont les meilleurs maris : quand ils rentrent à la maison, ils ne sont pas fatigués et ont déjà lu le journal.

Quelle est la différence entre une femme et une maîtresse ?
C'est le jour et la nuit !

Chère Désespérée,

Vous devez vous rappeler que Chum 5.0 est un « spécial » divertissement, alors que Mari 1.0 est un système d'exploitation.
Essayer la commande : C :/ JE PENSAIS QUE TU M'AIMAIS et installez Larmes 6.2. Mari 1.0 devrait alors exécuter Culpabilité 3.0 et Fleurs 7.0 automatiquement.
Attention ! Si vous surutilisez cette méthode, Mari 1.0 retournera par défaut à Boudage 2.5, 5.7 ou Cocktail 7.0 ou Bière 6.1.
Bière 6.1 est un logiciel très néfaste qui causera des vagues de filières et de forts ronflements.
NE PAS installer Belle-Mère 1.0 ou réinstaller un autre programme Chum. Ces logiciels ne sont pas supportés et vont « fracasser » Mari 1.0.
En conclusion, Mari 1.0 est un bon logiciel mais il souffre d'une mémoire très faible et n'apprend pas rapidement de nouvelles applications.
Pensez à acheter des logiciels additionnels pour améliorer sa performance. Je recommande personnellement BonPetitsPlats 3.0 ou DéshabillésVaporeux 5.3.

Bonne chance !

Ne cherchez pas pourquoi un clavier coûte plus cher en France qu'en Angleterre.
C'est qu'un clavier AZERTY en vaut deux.

C'est Caroline qui dit à sa mère :
– Maman ! Maman ! J'ai eu 100% dans mon bulletin !
– Oh oui ! Répond sa mère, fière de sa fille, et dans quelle matière ?
– Eh bien… j'ai eu 50% en math, et 50% en anglais !

C'est deux singes qui se croisent…
– Hé salut ! Qu'est-ce qui t'es arrivé, t'as l'air crevé ?
– M'en parle pas ! J'ai baisé toute la nuit !
– Ah ? Avec ta guenon ?
– Non, avec Annie la girafe, alors toute la nuit, c'était « Bouffe-moi le cul, embrasse-moi sur la bouche, Bouffe-moi le cul, embrasse-moi sur la bouche… »

Un fermier célibataire a un troupeau de 1 000 vaches, mais un seul taureau. Un visiteur s'exclame en les voyant :
– Qu'est-ce que vous avez un grand troupeau ! Vous devez être bien heureux !
– Oui, répond mollement le fermier, mais pas autant que le taureau.

Marie-Chantal est bien déçue :
– Charles-Edouard, lorsque vous m'avez dit que vous viendriez me chercher avec Rolls, je n'ai pas pensé une seconde qu'il pouvait s'agir de votre petite chienne…

Pour une personne optimiste, le verre est à moitié plein.
Pour une personne pessimiste, il est à moitié vide.
Pour l'informaticien, il est deux fois plus grand que nécessaire.

Heureux l'étudiant qui, comme la rivière, arrive à suivre son cours sans sortir de son lit.

Où trouve-t-on de la laine vierge ?
Sur les brebis moches.

Quel est le jeu favori des fonctionnaires ?
Le Mikado. C'est le premier qui bouge qui a perdu.

C'est un jeune toubib fraîchement installé en ville, qui est appelé pour un accouchement difficile. Plutôt nerveux, il vire le père sur le balcon de l'appart', houspille la parturiente, s'énerve de plus en plus, gueule. Au bout d'un moment, il se décide à sortir les forceps, mais tremble tellement qu'ils lui échappent et tombent sur la tête de la mère, qui pousse son dernier soupir. Foutu pour foutu, il empoigne le bébé à pleines mains et tire violemment. Il vient d'un seul coup, l'objet encore gluant lui glisse des mains et traverse la fenêtre pour aller s'écraser sur la gueule du père, toujours sur le balcon. Le pauvre recule sous le choc et tombe du 2e étage. Au sol, il gigote encore. Le toubib rentre chez lui, et sa femme lui demande si ça s'est bien passé. Il répond : « Pas mal, mieux que la dernière fois. Ce coup-ci, j'ai sauvé le père. »

À Londres, un banquier de la City, très élégant avec chapeau melon, parapluie, canne et costume noir rencontre un punk avec les cheveux rouges et verts à un arrêt de bus. Le vieux banquier regarde le punk d'un air de dédain. Le punk lui demande : « Vous avez un problème ? À vous voir, je me doute que vous n'avez jamais rien fait d'excentrique de votre vie. »
Le banquier le considère un instant : « À vrai dire jeune homme, si. Une fois j'ai enc*** un perroquet et je me demandais justement si vous ne pourriez pas être mon fils. »

Une fondation décide de financer des études sur les éléphants. Un Français, un Américain, un Anglais et un Allemand proposent d'écrire des livres sur le sujet, et la fondation accepte de les financer. Le Français produit un livre : Les relations sexuelles chez les éléphants. L'Américain : La psychologie infantile des éléphants. L'Anglais : La chasse aux éléphants. L'Allemand... rien. La fondation s'inquiète et fait rechercher l'Allemand, en vain. Au bout de 7 ans, l'Allemand revient avec 15 énormes volumes, intitulés : Introduction à l'étude des éléphants, première partie.

Mamy vient d'arriver à la maison de retraite et tout le monde est aux petits soins pour elle. Les infirmières la baignent, lui servent un délicieux repas et l'assoient sur un fauteuil face à la fenêtre donnant sur un magnifique jardin.
Tout semble parfait mais après un moment elle commence à pencher lentement vers la droite...

Immédiatement, deux infirmières se précipitent et la remettent bien droit dans le fauteuil.
Tout semble retourner à la normale quand elle recommence à pencher lentement vers la gauche...
Les infirmières accourent et une fois de plus essaient de la remettre d'aplomb. Plus tard, la famille arrive pour voir comment va Mamy.
– Tout se passe bien ici, ils sont gentils avec toi ?
– C'est pas mal du tout, à part qu'ils ne me laissent pas péter tranquillement.

Pourquoi les fonctionnaires de police ne regardent jamais par la fenêtre le matin ?
Parce qu'ils ne sauront pas quoi faire l'après-midi !

L'avocat : – Sur les lieux de l'accident, n'avez-vous pas dit au policier que « vous ne vous étiez jamais senti aussi bien de toute votre vie » ?
Le fermier : – C'est exact.
L'avocat : – Et c'est maintenant seulement que vous venez vous plaindre d'avoir été sérieusement blessé dans l'accident entre la voiture de mon client et votre carriole ?
Le fermier : – C'est parce que, lorsque le policier est arrivé sur le lieux de l'accident, il est allé voir mon cheval, qui avait une patte cassée, et il l'a descendu d'une balle dans la tête. Ensuite, il est allé vers Rouky, mon chien, qui était couché sur la route et qui se vidait de son sang et il l'a descendu lui aussi. Alors quand ensuite il s'est approché de moi et m'a demandé comment je me sentais, j'ai pensé qu'il valait mieux lui dire que j'allais parfaitement bien...

Quelle est la différence entre un homme et de la peinture ?
Il n'y en a pas : il faut les brasser tous les deux si on ne veut pas qu'ils deviennent épais.

La caissière d'une grande surface replie le journal qu'elle a acheté et le jette à la poubelle. Sa collègue s'étonne :
– Tu as déjà tout lu ?
– Ouais... Déformation professionnelle... C'est comme aux caisses rapides, pas plus de 10 articles !

Un technicien de Compaq reçut l'appel d'un homme se plaignant du fait que sa souris n'était pas pratique à utiliser à cause de sa « protection ».
Cette « protection » se révéla être le sac plastique dans lequel avait été livrée la souris en question.

Un thon téléphone à une sardine :
– Allô ?
– Non, à l'huile

Benoît rentre de l'école beaucoup plus tôt que prévu. Sans un mot et la tête baissée, il sort son carnet de correspondance du cartable et le tend à sa mère. La directrice a rédigé une note qui dit :
– Nous avons renvoyé Benoît de l'école aujourd'hui à cause de son comportement. Merci de lui expliquer la différence entre les hommes et les femmes.
Après avoir pris connaissance du message, la mère de Benoît prend son fils par la main et, arrivée dans la chambre, elle lui dit :
– Benoît, enlève mes chaussures.
Aussitôt, il enlève les chaussures de sa mère.
– Benoît, enlève mon chemisier.
Il le fait.
– Benoît enlève ma jupe.
Il le fait.
– Benoît, enlève mon soutien-gorge.
Il le fait.
– Benoît, enlève mes collants.
Il le fait.
Furieuse, sa mère lui crie alors aux oreilles :
– Et maintenant, Benoît, promets-moi de ne plus jamais mettre mes vêtements pour aller à l'école !

Dans une famille aux faibles revenus, deux jeunes mariés se voient dans l'obligation de passer leur nuit de noces dans la maison de la mère de la mariée…
La jeune mariée, qui est l'innocence même, est vierge naturellement et est très effrayée par ce qui se prépare.
Le mari essaye d'y aller doucement, mais il a beaucoup de mal à arriver à ses fins.
– Calme-toi, lui dit-il, on va y aller progressivement ! Tiens, pour la première fois je te propose de ne pas tout entrer, on va y mettre juste la tête.
À ce moment on entend des coups à la cloison et une voix qui crie :
– Ma fille ! Souviens-toi qu'une bite n'a pas d'épaules !

Le dentiste dit à son patient :
– Je vais creuser la dent : criez aussi fort que possible !
– Ça va faire si mal que ça ?
– Non, mais il y a dix personnes dans la salle d'attente et j'ai pas envie de manquer mon match de hockey à la télé !

Quelle est la meilleure voiture ?
– La femme car toutes les bougies s'y adaptent.

Un seigneur de guerre s'apprête à partir en croisade. Pour s'assurer de la fidélité de sa femme, il lui impose une ceinture de chasteté d'un genre bien particulier : elle est équipée d'une guillotine.
Dix ans plus tard, le croisé revient dans son domaine et veut vérifier si sa femme lui a été fidèle. La ceinture est toujours en place. Mais il a un doute. Il convoque alors tous ses sujets et les oblige à défiler nus devant lui. Un par un, ils se déshabillent devant lui, et horreur, ils ont tous le sexe coupé. Vient alors le dernier des hommes : son sexe est bien en place !
– Bravo, cher sujet ! Tu as résisté à la tentation ! Comment t'appelles-tu ?
– Mmffmf.
– Ben quoi, tu ne sais pas te servir de ta langue ?

Un type raconte ses vacances à son collègue de bureau :
– La première semaine, il a plu sans discontinuer, nous avons tout eu : de l'orage, de la grêle, du brouillard et même de la neige !
– Ah ! Et la deuxième semaine ?
– Alors là, ça s'est gâté !
– Comment ça ?
– Ma belle-mère est arrivée…

Proverbe sud-américain : « Ne cours ni après un homme ni après un bus, il y en a toujours un autre qui arrive. »

Alexandre a la grippe. Quand le docteur a fini de l'examiner, il lui demande :
– Docteur, je vous promets d'être courageux, alors dites-moi la vérité. Quand dois-je retourner à l'école ?

Un homme quitte les rues enneigées de Montréal pour passer quelques jours de vacances sous le soleil de Floride. Sa femme en voyage d'affaires a prévu de le rejoindre le lendemain de son arrivée.
Quand il arrive à l'hôtel, il décide d'envoyer un email à son épouse. Comme il ne trouve pas le bout de papier sur lequel il avait noté l'adresse email de sa femme, il essaie de s'en souvenir de mémoire. Malheureusement, il fait une erreur dans l'adresse et le message est envoyé à l'adresse d'une femme veuve depuis la veille. Quand celle-ci consulte ses emails, elle lit ce qu'il y a à l'écran, pousse un cri d'horreur et meurt d'une crise cardiaque.
Ses enfants entendant le cri se précipitent et lisent le message suivant sur l'écran :
« Ma chérie, je suis enfin arrivé à destination. Ce fut un long voyage. Bien que je ne sois arrivé qu'il y a peu de temps, j'adore déjà l'endroit. J'ai parlé avec les gens d'ici et ils sont en train de tout préparer pour ton arrivée demain. Je suis sûr que

tu vas aimer autant que moi ! ...
Bisous de ton cher mari, à bientôt. »
P. S. : Ici, il fait une chaleur infernale.

Un enfant voit sa mère nue pour la première fois.
– Maman, maman, c'est quoi ça, dit le jeune enfant en désignant en le sexe maternel.
La mère, un peu gênée :
– C'est le coup de hache du bon dieu.
– Ouh la la ! Pas de bol : en plein dans ta chatte !

Melon et Melèche se demandent pourquoi ils aiment les blagues.
Pour Melon, c'est les jeux de mots et Melèche « pour le plaisir ».

Melon et Melèche apprennent à faire du bateau.
Melon fait le pilote et Melèche le nœud.

Quelques détails à savoir sur l'armée :
Tout ordre qui peut être mal compris a été mal compris.
Ne partagez jamais un trou d'obus avec quelqu'un de plus brave que vous.
Aucun plan de bataille ne survit au contact de l'ennemi.
Les tirs amis ne le sont jamais.
La chose la plus dangereuse sur un champ de bataille est un officier avec une carte.
Le problème, quand on veut prendre la voie la plus simple, est que l'ennemi l'a déjà minée.
Le système qui vous attribue un sergent est essentiel à votre survie : il donne à l'ennemi une autre cible.
Plus vous serez en avance sur vos positions, et plus l'artillerie alliée tirera mal.
Le feu ennemi a toujours la priorité.
Si votre avancée se passe bien, c'est que vous êtes dans une ambulance.

Melon et Melèche fabriquent une tirelire.
Melon fait le moule et Melèche la fente.

Un mari suisse arrive à l'improviste chez lui. Il trouve sa femme, haletante, nue sur le lit. Furieux, il fonce vers la salle de bains et se trouve nez à nez avec un homme, cachant tant bien que mal ses attributs avec une serviette.
Le mari furieux, s'écrie :
– Immonde dégueulasse, c'est la serviette pour les mains !

Une petite fille entre inopinément dans la salle de bains alors que son père fait ses ablutions dans la baignoire.
Elle ressort aussitôt en criant à sa mère :
– Maman, maman, papa il est en train de prendre son bain avec un gros serpent !
– Mais non, ma fille, il faut que je t'explique, ce n'est pas un serpent, ça fait partie de son corps, et s'il ne l'avait pas tu ne serais pas là !
Et pour elle-même, elle ajoute :
– Et moi non plus d'ailleurs.

Deux vis parlent d'un tournevis :
– Oh, celui-là, quel beau gosse !
– Il nous a bien fait tourner la tête.

Journal intime

Ses annotations à ELLE :
Samedi soir, je l'ai trouvé un peu étrange. On s'était mis d'accord pour aller boire un verre dans un bar. Comme j'avais passé l'après-midi avec mes copines à faire du shopping, j'ai pensé que c'était ma faute… Je suis arrivée avec un peu de retard mais il ne m'a rien dit. Aucun commentaire.
La conversation n'était pas très soutenue, alors je lui ai proposé d'aller dans un lieu plus tranquille et plus intime. Nous sommes allés dans un bon restaurant, mais lui continuait à être bizarre. Il était comme absent. J'ai essayé de le dérider, tout en commençant à me demander si je pouvais ou non en être responsable. Je lui ai demandé si c'était de ma faute et il m'a répondu que je n'avais rien à voir là-dedans, mais il ne m'a pas convaincue.
Pendant que nous retournions à la maison en voiture, je lui ai dit que je l'aimais comme une folle. Lui s'est limité à me serrer dans ses bras, sans dire un mot. Je ne sais pas comment expliquer son comportement, il n'a pas décroché un mot… Il n'a pas dit qu'il m'aimait, lui aussi…
J'étais hyper préoccupée !
Finalement, nous sommes arrivés à la maison. À ce moment-là, j'étais persuadée qu'il voulait me larguer. J'ai essayé de parler, mais il a allumé la télé et a commencé à la regarder l'air perdu dans ses pensées, comme s'il cherchait à m'annoncer que tout était fini entre nous.
Finalement, je me suis rendue à l'évidence et je suis allée au lit. Mais environ dix minutes après, il est arrivé lui aussi et, à ma grande surprise, a répondu à mes caresses, et nous avons fait l'amour, même s'il continuait à être distant. J'ai tenté une fois de plus de lui parler de notre situation, de ce qui s'était passé, mais il s'est endormi tout de suite après. Je me suis mise à pleurer, et j'ai pleuré jusqu'à ce qu'enfin je m'endorme, moi aussi. Je suis à peu près convaincue qu'il

pensait à une autre. Ma vie est un vrai désastre.

Ses annotations à LUI :
Le PSG a perdu... Heureusement qu'au moins j'ai tiré mon coup !

Le renard et le lapin font les quatre cents coups ensemble. Ils passent leurs nuits en boîte à boire des coups et à draguer les femelles de la forêt. Mais un soir, le lapin est tellement ivre qu'il ne peut rentrer seul chez lui. Le renard lui dit :
– Allez, viens, monte sur ma queue, je te dépose chez toi.
Le lapin s'accroche à la queue du renard et ils rentrent sans encombre.
Le lendemain, c'est au renard de finir la soirée complètement cassé.
Le lapin lui propose à son tour :
– Allez, monte sur ma queue.
Mais la queue du lapin est beaucoup trop petite pour que le renard puisse s'y accrocher. Le lapin s'éclipse alors :
– Ne bouge pas, renard, j'arrive.
Et il revient avec une énorme voiture, dans laquelle le renard monte pour se faire raccompagner.
Moralité : quand on a une petite queue, il vaut mieux avoir une grosse voiture !

Melon et Melèche louent en appartement.
Melon paie le loyer et Melèche l'habite.

Un mouton dit à une chèvre :
– Tiens, tu te laisses pousser le bouc ?

Deux Martiens sont arrêtés au feu rouge. Le feu passe au vert. L'un d'eux s'écrie : « Tu as vu, il me fait de l'œil ! »

Es-tu coiffeur ? demande Julien à son grand-père.
– Non, pourquoi ?
– Parce que maman a dit que tu frisais la cinquantaine, et papa que tu allais nous raser tout l'après-midi.

Combien d'hommes faut-il pour changer un rouleau de papier cul ?
– Pour changer quoi ?

Deux crevettes parlent d'une troisième copine crevette :
– Elle a un nouvel amant !
– Ça, c'est le bouquet !

Deux copines prennent un café en discutant. La première remarque que l'autre est toute bizarre. Elle lui demande :
– Quelque chose te préoccupe, on dirait ? Tu as l'air anxieuse.
La seconde répond :
– Si tu savais ! Mon petit ami vient tout juste de perdre toutes ses économies en bourse !
La première :
– Oh, c'est vrai ? C'est vraiment dommage. Je suis sûre que tu dois beaucoup t'en faire pour lui !
La seconde :
– Oui c'est vrai, il me manquera.

La première fois que je t'ai vue, je suis tombé à tes pieds, non pas par amour, mais parce que j'ai glissé ! !

Julien rentre de l'école. Il a le genou écorché.
– Pauvre chou, tu as dû beaucoup pleurer, compatit sa maman.
– C'était pas la peine, y avait personne !

– Alors, mon cher, ces vacances ? Où étiez-vous ?
– Oh, la première semaine, j'étais dans les Alpes et les deux suivantes, j'étais dans le plâtre !

Un soir, une bonne sœur hèle un taxi et monte dedans. Au bout de quelques minutes, le taxi, un peu gêné, demande à la bonne sœur, en la regardant dans le rétroviseur :
– Ma sœur, je n'ose pas vous le demander, mais j'ai un fantasme.
– Ne vous gênez pas mon fils, répond-elle en rougissant.
– J'ai toujours rêvé qu'une religieuse me fasse une fellation, avec le costume et tout.
– Oh, si ce n'est que ça, mon fils. Mais dites-moi, êtes-vous un bon chrétien ?
– Oui, oui, bien sûr !
Alors le taxi change de route et va se garer dans une petite rue parallèle où tout est bien tranquille. Les deux descendent de voiture et font leur petite affaire dans un coin. De retour dans le taxi, le chauffeur, tout penaud, s'adresse à la sœur et lui avoue qu'il n'est pas un bon croyant et qu'il ne va jamais à l'église.
– Mensonge avoué à moitié pardonné, monsieur. Moi, je ne suis pas bonne sœur. Je m'appelle Éric et je vais à un bal masqué.

Tant que mon chef donnera l'illusion de beaucoup me payer, je donnerai l'illusion de beaucoup travailler.

Qu'est-ce que la pleine lune ?
Un croissant qui a pris de la brioche.

Un boxeur rentre chez lui après le combat. Il a des bleus partout et l'œil tuméfié. Son épouse l'accueille :
– Alors ? Comment ça s'est passé ? Tu as gagné ?
– Non... Mais j'ai terminé deuxième !

À l'école.
– Simon, avoue que ton père t'a aidé à faire ton devoir ?
– Ben, non m'sieur, je vous jure !
– C'est bien vrai ? Sûr ?
– Oui, j'en suis sûr. Il l'a fait tout seul...

Quel est le comble de la paranoïa ?
Quand un homme regarde un match de rugby à la télé et, en voyant une mêlée, se dit :
– Ils sont encore en train de dire du mal de moi !

Ce sont 2 employés et un patron à la pause du midi quand un génie arrive.
– Je vous laisse faire chacun un vœu, dit-t-il.
Le premier employé dit :
– Je veux être au milieu des îles avec 4 femmes nues.
– Ok ! Que ton vœu soit réalisé !
Et il se retrouve alors avec 4 bombes sexuelles, entièrement nues, sur une île.
Le second employé fait le même vœu, qui se réalise.
Le génie se tourne alors vers le patron et lui demande son vœu.
– Je veux qu'ils soient revenus avant la fin de la pause.

Avocat :
– Quel est le jour de votre anniversaire ?
Témoin :
– Le 15 juillet.
Avocat :
– Quelle année ?
Témoin :
– Chaque année.

Un musicien fait tomber son saxophone, et s'exclame :
– Oh flûte !

C'est une enseignante dans une petite ville du Texas. Elle demande à ses élèves combien d'entre eux sont fans de G.W. Bush.
Ne sachant pas vraiment ce qu'est un fan de G.W. Bush, mais voulant être interrogés par le professeur,

tous les élèves lèvent la main, sauf le petit Johnny.
L'enseignante demande à Johnny :
– Mais pourquoi ne lèves-tu pas le bras, comme tous tes petits camarades ?
Johnny répond :
– Je ne suis pas un fan de G.W. Bush.
– Mais pourquoi ?
– Parce que je suis fan d'Al Gore, répond le petit garçon.
L'enseignante lui demande des explications.
– Ben ma maman est une fan d'Al Gore, mon papa est un fan d'Al Gore, donc je suis fan d'Al Gore.
L'enseignante est un peu énervée, parce qu'elle est dans l'état du Texas.
– Et si ta mère était stupide et ton père un idiot, qu'est-ce que tu serais ? demande la prof.
Johnny répond :
– Ben je serais fan de G.W. Bush.

Quelle différence y a-t-il entre une femme et le lait ?
La femme aime acheter (H.T.) et le lait, on l'aime U.H.T.

Quel est le comble pour un éléphant Premier ministre ?
Être ministre de la Défense.

Deux types sont accoudés au comptoir d'un bar et sont en train de refaire le monde. La discussion dérive rapidement sur la question de la beauté surévaluée des top-models.
Le premier dit :
– Prends par exemple Cindy Crawford... Si tu lui enlèves ses yeux, qu'est-ce qu'il lui reste ?
L'autre :
– Euh... Quand même, t'exagères un peu...
Le premier reprend :
– Bon, si tu lui enlèves ses yeux et sa bouche, qu'est-ce qu'il lui reste ?
– Euh... Quand même...
Le premier continue :
– OK, si tu lui enlèves aussi ses jambes ? Qu'est-ce qu'il lui reste ? Je te le demande...
– Euh... Elle est pas mal...
Le premier poursuit son argumentation :
– Bon, tu prends Cindy Crawford et tu lui retires ses yeux, sa bouche, ses jambes et son visage, qu'est-ce que tu obtiens ?
L'autre réfléchit quelques secondes, imaginant le tableau et dit :
– Ma femme... Tu obtiens ma femme !

Dans le métro, aux heures de pointe, une femme sent une main baladeuse lui toucher les fesses. Outrée, elle se retourne et crie :
– Dites donc, vous ne pourriez pas la mettre ailleurs ?
Une petite voix répond :
– Je voudrais bien, mais je n'ose

pas !

Quel est le comble du facteur ?
C'est d'être timbré ! ! !

L'éléphant et la souricette vont voir monsieur le curé pour se marier... Le digne père leur demande en termes choisis s'ils connaissent bien les devoirs des époux. La souricette répond :
– Justement, c'est pour ça qu'on veut se marier.

Je ne savais pas ce qu'était le vrai bonheur jusqu'à ce que je me marie... Mais alors il était trop tard !

Un type parvient à raccompagner une fille chez elle. Après avoir bu un dernier verre, ils passent aux choses sérieuses. Après les caresses, vient l'effeuillage.
– Tu vas voir mon soldat, quand il se met au garde à vous !
– Euh, pour l'instant, je vois un gros stagiaire endormi entre deux sacs poubelles.

Quel est le comble de la technologie ?
– Un préservatif avec une fermeture éclair.

Quel est le comble du radin ?
Réponse : De donner son corps à la science pour ne pas payer les frais d'enterrement.

Quel est le comble d'un imprimeur ?
Avoir un bon caractère pour faire une bonne impression.

Une dame dit à une voisine :
– Moi, mon mari, c'est une véritable tête sans cervelle. D'une minute à l'autre, il oublie tout. Ainsi, je viens de l'envoyer à l'épicerie me chercher du sel. Je vous parie que lorsqu'il reviendra, il n'aura absolument pas pensé à acheter du sel.
Cinq minutes plus tard, le mari arrive en courant, tout essoufflé. Il dit :
– Oh ! Ma chérie ! C'est formidable ! J'ai fait vérifier mon billet de Loto au dépanneur. Nous avons les six numéros gagnants. On remporte la grosse cagnotte de 10 millions d'euros ! Hourra !
Sa femme lance un clin d'œil à sa voisine et demande sèchement à son mari :
– Et, naturellement, tu as oublié le sel !

Einstein arrive au Paradis, et devant la porte d'accès se trouve Dieu qui lui demande :
– Nom, prénom, profession.
Einstein répond : – Einstein, Albert, physicien.
Dieu lui dit :
– Il y a beaucoup de personnes qui se sont fait passer pour Albert Einstein, donc il me faut une preuve de votre véritable identité.
– Donnez-moi un tableau et une craie, dit Einstein.
Dieu claque des doigts et Einstein se retrouve devant le tableau, sur lequel il fait la démonstration complète de la théorie de la Relativité.
Dieu est épaté, et lui donne le droit d'accès.
Quelque temps plus tard, Picasso se pointe devant la porte du Paradis.
Dieu s'adresse à lui :
– Nom, prénom, profession ?
– Picasso, Pablo, artiste.
– Il y a beaucoup de personnes qui se sont fait passer pour Picasso, donc comme Einstein l'a fait, donnez-moi une preuve de votre véritable identité.
Picasso demande une toile et des pinceaux, Dieu claque des doigts, et Picasso refait une de ses plus belles toiles période bleue.
Dieu le félicite, et lui donne le droit de passage.
Bien plus tard, George W. Bush se pointe au Paradis et, est arrêté par Dieu, qui lui demande :
– Nom, prénom, profession ?
– Bush, Georges, ex-président des États-Unis.
– Ok, fait Dieu, mais beaucoup de personnes se sont fait passer pour Georges W. Bush, donc comme l'ont fait Einstein et Picasso, il me faut une preuve de votre identité.
Bush le regarde et lui demande :
– C'est qui Einstein et Picasso ?
Et Dieu lui répond : – C'est bon Georges tu peux rentrer...

Une femme rentre, très fière d'elle, à la maison : elle vient de gagner à l'émission « Qui veut gagner des millions ? ». Elle se précipite sur son mari et commence à l'embrasser partout en disant :
– Chéri, fêtons ça, on fait l'amour.
– Mais enfin, chérie, il y a un match de foot, ce soir.
– Tu ne veux pas ?
– Non !
– C'est ton dernier mot ?
– Oui !
– Alors j'utilise le joker, et j'appelle un ami.

Quelle différence y a-t-il entre le pastis et une femme ?
Réponse : le pastis se trouble quand on le mouille !

Melon et Melèche voyagent en Angleterre.
Melon visite Londres et Melèche l'Essex.

Une très grosse dame chez le gynéco :
– Docteur ! Je suis affolée : je crois que mes pets ne sentent plus rien.
– Tiens donc ! Est-ce que vous pouvez m'en faire un, que je regarde où ça cloche ? dit-il en se mettant en position, juste devant.
Et la grosse dame lui fait un pet ignoble à la face, à vous dératiser un bidonville tellement il est nauséabond.
– Vous voyez, docteur, ça ne sent rien du tout ! Qu'est-ce vous me conseillez ?
– De consulter un O.R.L. le plus rapidement possible…

Vous connaissez le comble de la contradiction ?
– non !
– …oui !

– Papa ! Papa ! Pourquoi grand-mère elle saute dans le jardin ?
– T'inquiète pas et passe-moi les cartouches.

Ca se passe dans un urinoir public. Deux copains sont en train de vider leur vessie en sifflotant. Celui de droite regarde machinalement l'urinoir d'à côté et remarque l'énooorme bite de son pote. Il lui fait la remarque :
– Dis-donc Rocco, c'est incroyable ! Comment fais-tu pour avoir une si grosse bite ?
Rocco rigole et répond :
– Facile : Tous les soirs avant d'aller me coucher, je la frappe violemment sur le pied du lit trois fois de suite. Je t'assure que non seulement ça te maintient les corps caverneux en forme, mais en plus, ça impressionne les filles !
Le copain prend bonne note de la recette et décide de l'appliquer le soir même.
Avant de rejoindre sa femme sous les couvertures cette nuit-là, il fouette son appendice trois fois de suite sur le pied de lit… Il grimpe dans le lit sûr de lui et prêt à en mettre un bon coup, lorsque sa femme dit à moitié endormie et se frottant les yeux :
– C'est toi Rocco ?

Quelle est la différence entre un trou du cul et une pastille Valda ?
LE GOÛT…

Trois hommes discutent sur la surcharge pondérale de leur femme respective.
Le premier dit aux deux autres :
– Moi ma femme pour s'asseoir il lui faut deux tabourets !

Le deuxième dit alors :
– Eh bien ça c'est rien, la mienne, il lui en faut trois
Alors le troisième leur dit :
– Ma femme de toute façon, elle peut pas s'asseoir et quand je porte ses petites culottes au pressing pour le nettoyage, ils me disent à chaque fois « Ha non monsieur, ici on ne lave pas les parachutes » ! ! !

Quelle est la différence entre un chalet à la montagne et un 69 ?
La vue…

La jeune femme à son mari, qui vient de rentrer du travail :
– Chéri, j'ai une grande nouvelle pour toi : très bientôt nous serons trois dans cette maison, au lieu de deux !
Le mari est fou de joie et embrasse sa femme, qui poursuit :
– Je suis bien contente que tu le prennes comme ça. Maman arrive demain matin.

Quelle est la différence entre une blonde et le Titanic ?
Sur le Titanic, on sait combien de personne sont montées, tandis que sur la blonde, on ne sait pas !

Le directeur d'un asile de fous a deux perroquets : un rouge et un vert. Un jour, ils s'échappent et vont se percher dans un arbre.
Le directeur demande si un des patients peut grimper dans l'arbre. Un fou se présente, monte dans l'arbre et ramène le perroquet rouge. Ensuite, il va s'asseoir. Le directeur lui demande pourquoi il ne va pas chercher le perroquet vert. Le fou lui répond : Comme il n'est pas mûr, je l'ai laissé sur l'arbre !

C'est le Père Noël qui descend par la cheminée dans une maison, et là… surprise, il y a une super nana, nue, lascivement étendue sur un divan et qui lui fait de l'œil.
Le Père Noël marmonne : « Je suis foutu. Si je me la fais, je suis radié de l'ordre des Pères Noël. Et si je ne me la fais pas, je ne repasse pas par la cheminée… »

Une psychologue demande à son patient :
– Un chasseur tire au fusil à chevrotine sur un arbre qui abrite 10 oiseaux. Combien d'oiseaux restent sur l'arbre ?
Le patient calcule :
– En fonction de la létalité des munitions utilisées et compte tenu de la distance de tir habituelle pour

ce type de cible... le chasseur aurait dû toucher 4 oiseaux. Il en resterait donc 6.
La psychologue répond alors à son patient qu'elle aime bien le raisonnement. Mais en fait, le bruit du canon a effrayé les oiseaux qui se sont envolés. Il n'en reste donc plus sur l'arbre.
Le patient pose alors la question :
– Sur un banc public, trois femmes dégustent des glaces. La première la lèche, la deuxième la croque et la troisième la suce. Laquelle de ces femmes est mariée ?
La psychologue rougit et un peu gênée, répond :
– Celle qui la suce.
Le patient répond :
– J'aime aussi le raisonnement mais c'est faux, celle qui est mariée est celle qui porte une alliance.

Quelle est la différence entre une vieille blonde et une jeune ? Environ 3 milliers de mecs !

C'est un homme qui est en train de crever de soif dans le désert. Il trouve une lampe, l'astique et un génie en sort :
- Tu peux faire trois vœux.
L'homme demande d'être dans un endroit où il y a beaucoup d'eau. Puis il dit qu'il voudrait voir beaucoup de fesses.
Et là, le génie le transforme en chiottes.

Quelle est la différence entre le cerveau d'une blonde et une pomme de terre ?
La pomme de terre, ça se cultive...

Ta mère est tellement grosse qu'en voiture, on a l'impression que c'est l'airbag qui conduit.

Quelle est la différence entre l'entrejambe d'une blonde et l'entrejambe d'un gars ?
Dans l'entrejambe d'un gars, il y a toujours la même paire de couilles !

Quelle est la différence entre un hochet et une blonde ?
Aucune, quand on les agite, ils font le même bruit.

Quelle est la différence entre un avocat et un trampoline ?
– On enlève ses bottes avant de sauter sur un trampoline...

Tom est sur le bord de la route quand il voit passer le plus étonnant cortège funèbre, qui approche du cimetière d'à côté. Un long corbillard est suivi par un autre long corbillard, 50 mètres plus loin. Derrière ce deuxième corbillard, il y a un seul homme, marchant avec un pitbull en laisse. Derrière, 200 hommes marchent à la queue leu leu. Tom ne résiste pas à sa curiosité : il s'approche respectueusement de l'homme qui marche avec le chien et demande :
– Monsieur, ce n'est peut-être pas le bon moment pour vous déranger, mais je n'ai jamais vu des funérailles comme ça ! Ce sont les funérailles de qui ?
L'homme répond :
– Et bien… le premier corbillard est pour ma femme.
– Qu'est-ce qui s'est passé ?
– Mon chien l'a mordue et elle est morte.
– Et… qui est dans le deuxième corbillard ?
– Ma belle-mère. Elle était en train d'essayer d'aider ma femme quand le chien s'est retourné, l'a mordue, et elle est morte.
Après un long moment, Tom demande :
– Monsieur, puis-je vous emprunter votre chien ?
– Faites la queue.

C'est un pilote anglais qui a été abattu derrière les lignes allemandes durant la Seconde Guerre mondiale. Une fois le pilote capturé par les Allemands, il est emmené dans une prison et en raison d'une blessure lors de l'atterrissage forcé, il lui ampute la jambe.
L'Anglais demande aux Allemands s'ils auraient la gentillesse de parachuter sa jambe au-dessus de l'Angleterre.
La semaine suivante, c'est la jambe gauche qu'on lui ampute. Il leur demande s'ils pourraient faire la même chose, les Allemands acceptent encore.
Deux semaines après, c'est le bras droit qu'on lui ampute. Comme toujours, les Allemands refont ses quatre volontés et ils parachutent son bras.
La semaine suivante, il perd son second bras. L'Anglais demande encore s'ils peuvent larguer son autre bras sur l'Angleterre.
Là, les Allemands rétorquent :
– NON ! ! ! ! NOUS AVONS DÉCOUVERT VOTRE STRATAGÈME, VOUS ESSAYEZ DE VOUS ÉVADER.

On vient d'apprendre les fables de La Fontaine en classe, et la maîtresse d'école demande à Toto de raconter une histoire ayant une morale à la fin.
Toto ne se fait pas prier :
Toto : c'est histoire de Zorro qui est sur son cheval Tornado. Ils se baladent dans la pampa et rencontrent un vieux paysan. Le paysan en les voyant lance : « Eh salut Zorro, ça va ? » et alors Zorro fonce sur lui et lui balance un bon coup d'épée en plein dans le ventre !

Tous les petits poussent un cri d'horreur, et la maîtresse dit à Toto : « Dis-donc Toto, tu ferais mieux de raconter des histoires moins sanglantes... Mais continue ton histoire
Toto : Alors Zorro continue son chemin et arrive dans un village. Là il croise une jeune fille qui en le voyant est toute gaie et lui crie « Oh Zorro, bonjour, tu m'emmènes sur ton beau cheval noir, dis... » et alors Zorro donne deux bons coups d'éperons à Tornado son cheval qui se cabre et fait retomber ses deux antérieurs sur le corps de la jolie jeune fille qui était toute gaie (avant)...
Rebelote, tout le monde dans la classe pousse un cri de dégoût. La maîtresse dit à Toto : « J'espère que ton histoire a une bonne morale, parce que pour l'instant, ton Zorro ne l'est pas, lui, moral ! Vas-y, continue ! »
Toto : Enfin Zorro rentre chez lui, et là l'attend Bernardo. Mais Bernardo est très excité et il veut faire comprendre quelque chose à Zorro qui ne comprend rien à tous les grands gestes de Bernardo (Rappel : Bernardo est sourd-muet). Alors Zorro prend Bernardo par le col de la veste et le balance dans les escaliers ! Voilà »
La maîtresse prend la parole : « Eh bien alors Toto, il n'y a pas de morale à ton histoire de Zorro ?! »
Toto répond : Si m'dame, la morale, c'est qu'il faut pas faire chier Zorro !

Quelle est la différence entre un Français et une patate ?
La patate, elle, est cultivée.

Un chameau et un éléphant se rencontrent pour la première fois :
L'éléphant, étonné devant pareil animal, demande :
– Pourquoi t'as les nichons sur le dos ?
Réponse du chameau :
– Culottée comme question pour quelqu'un qui a la bite au milieu de la figure ! !

C'est l'histoire d'une fille qui tombe follement amoureuse d'un Grec. Un jour, ils décident de se marier. Du coup, la mère fait à sa fille toutes sortes de recommandations et notamment celle-ci sur laquelle elle insiste particulièrement :
« Quoi, qu'il arrive, ma fille, surtout n'accepte jamais de te retourner en sa présence. »
La fille accepte en rougissant. Ils se marient et coulent des jours heureux jusqu'à ce qu'un soir, pendant leurs ébats, le Grec demande à sa femme :
« S'il te plaît, chérie, retourne-toi ».
Soudain la fille repense aux paroles de sa mère et réagit sauvagement :
« NON, NON, surtout pas, ma mère m'a interdit de me retourner non, non... »
Le grec dit alors à la fille :
« Ben quoi ? T'as pas envie d'avoir des enfants ? »

C'est un Marseillais qui se promène en bateau, et un jour, il fait naufrage et se retrouve sur une île déserte… Au bout de 3 ans, il voit apparaître un bateau à l'horizon… Il allume un feu, fait des grands signes… ça marche ! Le bateau s'approche de l'île et… le bateau s'appelle « La Canetière » ! Les gars le recueillent…
– Ça fait 3 ans que t'es ici ! T'as pas dû t'amuser ! 3 ans sans boire un pastaga, houla !
– Oh oui, peuchère !
– Aller, va, on t'offre un pastis…
Et il boit le Pastis (du Janot en plus).
– Ca fait 3 ans que t'as pas mangé de bouillabaisse ?
– Oui, 3 ans…
Et le cuistot fait une magnifique bouillabaisse, comme là-bas, dis…
Il mange la bouillabaisse.
– Alors, ça fait aussi 3 ans que t'as pas tiré ?
– Oh, les copains, c'est pas vrai ! Vous avez amené les boules ? !

À partir de quel moment un homme perd son intelligence ?
Lorsqu'il perd sa femme.

Qui vole un bœuf est vachement musclé.

Rien ne sert de courir… ça sert à rien !

Un type bourré tire à la carabine dans une foire. Il est bon tireur et réussit à mettre dans le mille. Il gagne une tortue.
Il revient un quart d'heure plus tard et gagne de nouveau. On lui donne une poupée mais il demande :
Vous n'auriez pas un sandwich comme tout à l'heure ?

Quelle est la différence entre une blonde et du beurre d'arachide ?
Il n'y en a pas, les deux sont faciles à étendre !

Les hommes, et leur manière de faire… pipi :
Le type sociable
--> Il se joint à ses amis pour une pisse qu'il en sente le besoin ou pas, étant donné que ça ne coûte rien et que ça engendre la compréhension.
Le type gêné
--> Ne peut pisser quand on le regarde, prétend qu'il a déjà eu envie et revient plus tard.
Le type nerveux
--> Sa braguette bloque, il se

fâche et déchire le devant de son pantalon.
Le type bruyant
--> Il siffle, chante, rote, pète et parle fort tout en se secouant.
Le type stupide
--> Pisse dans la jambe de son pantalon, mouille ses souliers et sort la braguette ouverte.
Le type talentueux
--> Il pisse sans se la tenir tout en arrangeant sa cravate.
Le type lunatique
--> Il déboutonne sa veste, sort sa cravate et urine dans son pantalon.
Le type enfantin
--> Regarde le fond de l'urinoir et admire les bulles.
Le type vantard
--> Défait cinq boutons alors que deux suffiraient.
Le type niais
--> S'amuse à faire des zigzags dans l'urinoir.
Le type curieux
--> Essaie toujours de voir comment son voisin est équipé.
Le type grognon
--> Il se tient devant l'urinoir tout en se parlant, pète, essaie de pisser mais n'y parvient pas. Pète à nouveau et sort en grognant.
Le type hypocrite
--> Lâche un pet silencieux, renifle et jette un regard accusateur vers son voisin.
Le type snob
--> Se tient à 1 mètre de l'urinoir et tient sa verge à deux mains.
Le type très gros
--> Doit se reculer à plus d'un mètre de l'urinoir à cause de son ventre, pisse 'en aveugle' et mouille les chaussures de son voisin.
Le type nain
--> Va à la pissotière avec un escabeau, tombe dans l'urinoir et se noie
Le type gros dur tatoué
--> Frappe sa bite sur le bord de l'urinoir pour l'égoutter
Le type cochon
--> Trouvant tous les urinoirs occupés, pisse par terre comme si rien n'était.
Le type endormi
--> Secoue son petit ami pour le réveiller mais n'y parvient pas.
Le type loucheur
--> Se place devant l'urinoir, regarde celui de gauche et pisse dans celui de droite.
Le type prétentieux
--> Tient sa chose comme si c'était un monstre. Son voisin le croit monté comme un âne. Se prend la bite dans la fermeture éclair et sort des pissotières en criant
Le type joueur
--> Pisse en jet à haute pression dans et autour de l'urinoir dans le but d'atteindre une mouche.

C'est l'histoire d'un gars pas très franchement évolué sexuellement. Par contre, il est très doué intellectuellement. Il habite à la campagne, dans une ferme. Il vient d'avoir son bac. Son père, pour le récompenser de sa réussite décide de lui faire un cadeau.
Le fils rentre à la maison.
Le père : « Mon fils, va voir dans ta chambre, je t'ai fait un cadeau que tu ne regretteras pas... » Le fils

monte alors dans sa chambre où il y découvre une femme (en fait, une prostituée). La femme s'approche de lui, ferme la porte de la chambre et lance la clef hors de portée du jeune homme et lui dit :
« Laisse-toi faire mon garçon, je serai très gentille avec toi »
Pendant ce temps, le père a l'oreille rivée à la porte de la chambre car il veut connaître l'évolution de l'affaire…
La femme commence donc de le déshabiller. Mais le jeune homme choqué commence à se rebiffer :
« Madame, je ne veux pas perdre ma vertu de cette façon ».
Il s'approche donc de la fenêtre de sa chambre et dit : « Si vous approchez d'un pas de plus, je saute ».
Croyant au bluff, la femme s'approche, et cela provoque le saut du jeune homme. Celui-ci tombe alors dans le tas de fumier qui se trouve au pied de sa chambre et le jeune homme crie alors :
« Papa, je suis dans la merde ! ! ! ».
Le père, toujours l'oreille rivée à la porte : « Sacré fiston, je le savais doué, mais à ce point ! »

C'est un neurone qui arrive par hasard dans un cerveau masculin. Tout est noir, vide, sans présence…
« Hou, hou ! », dit le neurone.
Ca résonne dans le vide, pas de réponse…
« Hou, hou ! », répète le neurone.
Tout d'un coup, arrive un autre neurone qui lui dit :
« Mais qu'est-ce que tu fais tout seul ici, on est tous en bas dans les couilles ! »

Quelle est la différence entre la bière et l'urine ?
Environ un quart d'heure.

Quel est le nouveau dispositif antivol sur les Lada ?
Ils ont agrandi le logo de la marque sur la calandre.

Dans un bar, un mec complètement bourré demande au barman les toilettes. Il les lui indique par des « au fond, à gauche puis à droite. »
Le gars s'y rend, ouvre la porte et là, stupéfaction, il voit des chiottes en OR ! Le plaisir est à son comble et le gars décide d'y mettre le paquet…
Le lendemain, l'ivrogne rencontre un de ses potes et lui raconte qu'il a chié dans des chiottes en or en lui précisant où se trouve le café. Le copain n'y croit pas trop mais décide de se rendre dans ce bar pour vérifier. Arrivé devant le barman, il demande :
– Où sont vos chiottes en or ?
Le barman, tournant son regard de l'autre côté du bar :
– Eh Raymond, j'ai trouvé celui qui a chié dans ton sax.

C'est un type qui va chez le coiffeur pour se faire raser la barbe. Le coiffeur lui dit :
– Pas de problème, asseyez-vous là, mon fils va s'occuper de vous.
Là, le fils commence à raser son client, seulement il tremble un peu et le rasoir glisse et entaille la joue de son client. Son père voit ça, furieux :
– Sale gamin, tu vas avoir ta correction.
Il veut lui donner une gifle mais il le loupe et c'est son client qui reçoit la baffe.
– Oh, je suis désolé, j'espère que mon fils ne va pas recommencer, il n'a pas intérêt…
Le fils reprend son travail. Naturellement il est un peu plus nerveux, le rasoir glisse à nouveau et entaille encore la joue du client. Le père rapplique aussitôt :
– Sale gosse, tu vas voir !
Cette fois-ci il veut lui coller son point sur la figure mais se loupe et écrase le nez du client.
– Oh, je suis désolé, monsieur, ça n'arrivera plus. Ca n'arrivera plus car vous voyez la batte de base-ball accrochée au mur ? Si mon fils vous entaille encore, c'est avec ça que je le corrige !
Alors naturellement, le fils est de plus en plus effrayé, et pendant que son père est dans l'arrière-boutique, il tranche carrément l'oreille gauche du client. Il s'apprête à hurler lorsque le client pose son pied sur l'oreille et lui dit :
– Tais-toi, imbécile ! Ton père n'a rien vu !

Sur une route départementale, un camionneur en rade arrête un autre camionneur en faisant des grands signes :
– Qu'est-ce qui vous arrive ? demande le camionneur qui s'est arrêté
– Vous tombez à pic, j'ai un petit service à vous demander ! Voilà, mon camion m'a lâché et j'ai 15 pingouins à amener au zoo. Par cette chaleur, le temps de réparer, ils seront tous morts. Comme votre bahut est réfrigéré aussi, ça serait sympa de me les emmener là-bas.
– Pas de problème, j'aime les bêtes répond le camionneur charitable.
Et voilà les pingouins transbordés dans le nouveau camion. Le gars en panne donne quelques billets au camionneur charitable :
– Tenez, voici un peu d'argent pour les frais… Dès que c'est réparé, j'arrive…
Une heure après, le gars qui était en panne a réparé, et le voilà avec son camion, en direction du zoo. Arrêté à un feu rouge, il voit son camionneur charitable, sur les passages cloutés, suivi de ses 15 pingouins :
– Mais qu'est-ce qu'ils foutent là ? ! ! Il court après son type et les pingouins :
– Mais vous allez où là, pourquoi vous ne les avez pas emmenés au zoo ?
– Je les y ai emmenés répond le gars, mais comme il me restait de la monnaie, je les emmenais au cinéma maintenant…

C'est une fille de 18 ans qui va chez le médecin avec sa mère. Le médecin, embêté, dit à la maman :
– Soit elle a la grippe, soit elle est enceinte.
Et la jeune fille répond :
– Je ne vois pas qui a pu me refiler la grippe !

Un couple a une scène de ménage. Excédée, la femme s'écrie : J'en ai assez, je vais chez ma mère ! Bon débarras ! Crie le mari. Oui, mais attention, je la ramène avec moi !

Quel est le comble du pompier ?
Être cocu et n'y voir que du feu.

Deux copains discutent :
– Qu'est-ce que tu as trouvé le plus dur en ratant ton permis ?
– Les arbres et le mur !

Une petite fille rentre de l'école et dit à sa mère :
– Dis maman, les enfants à l'école disent tous que j'ai une grande bouche. C'est vrai ?
Sa mère lui répond :
– Mais non ma chérie, prends ta pelle et mange ta soupe !

– Saint Nicolas, j'ai été sage toute l'année, j'ai bien fait mes devoirs, j'ai été obéissant et j'ai été poli envers autrui. Quel cadeau vais-je avoir pour Noël ?
– Ferme tes yeux et dis-moi ce que tu vois, lui demande Saint Nicolas.
– Je ne vois rien du tout, de rétorquer le petit Mimine les yeux fermés…
– Eh bien c'est exactement ce que tu vas avoir.

C'est un gars qui téléphone au numéro 555-5555.
Il y a un autre homme qui répond.
– Oui bonjour… Est-ce que j'ai bien appelé au 555-5555 ?
– Oui, c'est bien le 555-5555.
– Êtes-vous bien certain que je suis au 555-5555 ?
– Oui, oui, vous êtes-bien au 555-5555… Que puis-je faire pour vous ?
– Pourriez-vous appeler les pompiers pour moi s'il vous plaît… J'ai le doigt pris dans la roulette du téléphone…

C'est George Bush Jr qui arrive au purgatoire. Il est très intrigué de savoir ce qui va lui arriver. En

observant de son regard observateur (sic), il voit aux murs des horloges qui tournent par quart d'heure et pour chacune d'elles, un nom : Jacques Chirac, Tony Blair…
– Saint Pierre ! ! Pourquoi faire ces horloges aux murs ?
Saint Pierre est interloqué mais répond :
– Chaque fois qu'un chef d'État fait une connerie, son horloge avance d'un quart d'heure.
– Et la mienne, elle était où ?
– La vôtre, George, était dans mon bureau, elle faisait ventilateur ! !

Un ministre épouse une femme qui a déjà été mariée dix fois.
Pendant leur nuit de noce, elle lui glisse à l'oreille :
– Sois doux avec moi, je suis toujours vierge.
– Comment est-ce possible, tu as déjà été mariée dix fois ?
– Eh bien, mon premier mari était responsable des ventes, il passait son temps à me dire à quel point ça allait être super.
Le second s'occupait d'un SAV. Il me disait toujours qu'il ne savait pas bien comment ça fonctionnait mais qu'il allait jeter un coup d'œil et qu'il me tiendrait au courant.
Le troisième était informaticien. Il faisait des diagnostics mais ne pouvait pas traiter le problème.
Le quatrième faisait de la vente par correspondance et même en ayant la commande il ne pouvait pas me donner de date de livraison.
Le cinquième était ingénieur. Il comprenait bien le processus mais demandait trois ans de recherches supplémentaires et voulait revoir le design avant de se lancer.
Le sixième était dans l'administration. Il connaissait bien le problème mais se demandait toujours si c'était son boulot ou pas.
Le septième était dans le marketing. Il trouvait qu'il avait un super produit, mais ne savait jamais comment le positionner.
Le huitième était psy. Tout ce qu'il faisait c'était d'en parler, d'en parler, d'en parler…
Le neuvième était gynéco. Il passait son temps à regarder, jamais plus.
Le dixième collectionnait les timbres. Il ne se servait que de sa langue.
Enfin, maintenant que je suis mariée à un ministre, je suis vraiment excitée !
– Mince, mais pourquoi tu es excitée ?
– Tu es un homme politique, je suis sûre que tu vas vraiment bien me baiser !

Une dame se dispute avec son mari : – Tu marches comme une bête, tu travailles comme une bête, tu conduis comme une bête, tu manges comme une bête, tu dors comme une bête. Si on faisait le concours du plus bête, tu serais le deuxième ! Étonné, le mari demande : – Et pourquoi pas le premier ? – Parce que tu es trop bête !

C'est une fois 2 amies qui étaient en voyage au Québec. Elles roulaient depuis un bout déjà et il commençait à faire nuit. Donc elles décidèrent de s'arrêter dans un petit motel à l'air louche... N'ayant aucun choix de s'y arrêter car c'était le motel le plus près pour y passer la nuit, elles s'y arrêtèrent pour louer une chambre. Arrivées au comptoir du service à la clientèle, la vieille dame leur dit :
– Vous êtes chanceuses mes jolies, il ne reste qu'une chambre à louer. C'est la toute dernière, la chambre n° 13 ! Mais on dit qu'elle est hantée... Mais si vous la voulez...
Les filles décidèrent donc de la prendre.
Lorsqu'elles finirent de faire leur toilette, elles allèrent se coucher. Soudain une petite voix diabolique se fait entendre :
- Mmmm, je vais te manger ! ! !
Une des 2 filles pensa que c'était seulement le couple nouvellement marié de la chambre à côté qui s'amusait. Quelques heures plus tard, la même phrase se fit entendre :
- Mmmm, je vais te manger ! !
Mais d'un ton plus agressif cette fois. Les 2 filles n'y firent rien et se rendormirent. Dix minutes plus tard, cette même voix se fit entendre, mais encore plus effrayante :
- Mmmm, je vais te MANGER ! Cette fois, les filles en eurent assez et se mirent à fouiller la chambre. En ouvrant la porte du placard, elles trouvèrent un petit lutin avec une crotte de nez sur le bout de son doigt :
– Je vais te manger ! ! !

Un jeune garçon demande à son grand-père comment être heureux.
– Fiston, il faut la santé et un bon travail.
– Tu as eu cela, toi, pépé ?
– Moi ? J'ai toujours eu une bonne santé parce que mémé a toujours eu un bon travail !

Une nouvelle prostituée vient juste de passer une heure avec son tout premier client.
Lorsqu'elle revient, les « vétérantes » se rassemblent autour d'elle pour lui demander comment ça s'est passé, pour avoir les détails.
– Bien, dit la nouvelle, c'était un beau grand matelot musclé.
– Qu'est-ce qu'il voulait faire ? demandent les autres filles, toujours curieuses de connaître les fantasmes bizarres du client.
– Je lui ai demandé de payer d'avance, comme vous me l'aviez dit.
Je lui ai dit qu'une baise, c'était 30 euros, mais il m'a dit qu'il n'en voulait pas autant.
Alors je lui ai dit qu'une pipe, c'était 15 euros, mais il m'a dit que c'était trop.
Alors je lui ai demandé combien il avait et il m'a dit qu'il avait 10 euros.
Alors je lui ai dit que pour 10 euros, je pouvais lui faire un service

manuel.
Il a accepté.
– Et puis, demandent les autres filles, que s'est-il passé ?
– Ben, il a sorti son « engin ». J'ai mis une main dessus, puis l'autre main au-dessus de la première, puis la première main au-dessus de la deuxième. C'était énoooorme !
– Oh mon Dieu, c'est incroyable ! ! Et qu'est-ce que tu as fait ? !
– Je lui ai prêté 45 euros.

Sur les conseils d'une amie, une femme va consulter un sexologue. Après un petit questionnaire, le sexologue lui dit :
– Si je comprends bien, votre équilibre sexuel dépend de certains facteurs ?
La femme :
– Pas seulement les facteurs, il y a aussi les employés du gaz et ceux de l'électricité…

Quelle la différence entre le PSG et un taxi ?
Un taxi n'en prend pas plus de quatre.

Un type rentre un soir chez lui et dit à sa femme : Chérie, tu vas être obligée de préparer ta valise et de partir chez un autre, je t'ai perdue au poker ! Effondrée, elle demande : Mais comment est-ce arrivé ? Le type lui avoue : J'ai triché !

Un ivrogne au volant de sa voiture remonte une rue à contresens.
La police l'arrête :
– Vous êtes ivre ? Vous n'avez pas vu les flèches ?
– Les flèches ? Quelles flèches ? Je n'ai même pas vu les Indiens, alors les flèches !

On ne dit pas « mélodie en sous-sol » mais « gare notre voiture au parking »…

Un jeune marié va voir son médecin, qui trouve sur les chevilles de son patient des bleus. Il lui demande : Foot, rugby ? Non, répond le patient, bridge. Chaque fois que je fais une fausse annonce, ma femme me le signale sous la table !

Il était une fois une fille qui venait d'avoir 18 ans et qui était issue d'un couple divorcé depuis près de 12 ans.
Le père dit à sa fille :
– Va porter ce chèque de pension alimentaire à ta mère, dis-lui que

c'est le dernier et regarde bien la tête qu'elle fera.
Arrivée chez sa mère, celle-ci dit à sa fille :
– Va voir ton père, dis-lui qu'il n'est pas ton père et regarde bien la tête qu'il fera.

Un homme d'affaires, entre de voyages d'affaires et voulant « honorer sa femme » avant son nouveau départ, va à la pharmacie s'acheter un préservatif...
Parmi les préservatifs à l'unité, il avait le choix entre :
Préservatif vert : 10 centimes chacun
Préservatif noir : 20 centimes chacun
Préservatif blanc : 50 centimes chacun
Trouvant que 50 centimes pour un préservatif, c'était trop cher et que 10 centimes, ça ne devait pas être très efficace, il acheta le préservatif noir. Petit problème technique durant la nuit, la capote explose...
Alors 9 mois plus tard, un petit poupon fait son apparition. Mais stupeur générale : c'est un noir ! !
Enfin... c'est des choses qui arrivent... Alors 10 ans plus tard, le petit garçon s'en va voir son père et lui demande :
– Dis papa... Pourquoi j'ai la peau noire et toi blanche ?
Philosophiquement, le père de répondre :
– Ahhhh ! ! ! Toi, ferme-là avec cette question stupide... car à 10 centimes près, t'étais vert ! ! ! !

Ta mère est tellement petite que même quand elle est près, on dirait qu'elle est loin.

Ta mère est tellement petite qu'elle pourrait jouer dans une équipe de baby-foot.

Jacky aimait beaucoup son canari, qui vient de mourir. Son père lui propose d'aller l'enterrer dans le jardin. Prenant une vieille boîte de cigares, il y dépose l'oiseau sur du coton. Jacky lui demande : Papa, est-ce qu'il va aller au paradis, mon canari ? Sûrement, mais qu'est-ce qui te fait rire ? Jacky répond : C'est que je pense à la tête de saint Pierre quand il ouvrira la boîte et que, au lieu de cigares, il ne trouvera qu'un canari !

Il existe deux méthodes éprouvées pour écrire des programmes sans erreur.
Seule la troisième marche réellement.

Une dame entre dans le cabinet du dentiste. Sans hésiter, elle retire sa petite culotte, remonte sa jupe, s'assied dans le fauteuil et ouvre ses jambes bien large !...
– Vous devez faire erreur, lui dit le dentiste, outré. – Je suis chirurgien-dentiste. Le gynécologue, c'est l'étage au dessus !
– Non non, je n'ai pas fait erreur. C'est vous qui avez installé le nouveau dentier de mon mari la semaine dernière, eh bien, c'est vous qui allez le retirer maintenant !

Quelle est la différence entre une femme et une boule de bowling ?
On ne peut mettre que 3 doigts dans la boule de bowling.

La jeune fille contemple le Plant qui vient de la Guinée.

C'est l'histoire d'un parisien à la chasse. Il s'est levé très tôt et il est toujours bredouille. Soudain, il aperçoit une perdrix en vol. Il la vise, la touche et la voilà qui tombe sur le toit d'une ferme.
Prudemment, le Parisien rentre dans la ferme. Le fermier sort soudain et lui demande pourquoi il entre ainsi dans une propriété privée.
Le parisien lui explique alors toute l'histoire : il désire récupérer cette perdrix.
Le fermier répond que comme elle est chez lui, il entend bien la conserver.
Le parisien insiste : c'est la seule chose qu'il a réussi à avoir depuis le matin très tôt.
Le fermier lui propose alors un jeu : à tour de rôle, ils vont se donner un coup de pied dans les parties sensibles, le premier qui arrête a perdu. Le fermier commence.
Pour le parisien, c'est à prendre ou à laisser... Il accepte.
Le fermier lui donne un coup incroyable avec ses gros sabots.
Après s'être remis de ses émotions, le parisien se prépare à son tour, lorsque le fermier, tout content, lui dit :
– Tu as gagné !

Pourquoi les chimistes aiment venir en vacances en France ?
Parce qu'ils préfèrent les autoroutes à pH.

Quelle est la différence entre le 51 et le 69 ?
Le 51 sent l'anis et le 69 sent l'anus !

Pourquoi Jésus s'appelle Jésus de Nazareth alors qu'il est né à Bethleem ?

Un jour, alors qu'il était dans un bar Jésus n'arrêtait pas de commander de l'eau mais à chaque fois il la transformait en vin, alors à la fin, il était bourré et le barman lui dit : « Jésus t'es naze arrête ! »

Melon et Melèche sont à l'église. Melon regarde le curé et Melèche les saints.

Un fou se prend pour Napoléon. Un autre fou arrive un jour, qui se prend aussi pour Napoléon. Le directeur réfléchit et décide de les mettre ensemble dans un pavillon. Un mois après, il repasse et ne voit plus qu'un seul Napoléon. Il entre dans le pavillon et voit le deuxième fou dans la cuisine. Il lui dit : Alors, vous ne vous prenez plus pour Napoléon ? L'autre lui répond : « Non monsieur le directeur, maintenant je suis Joséphine » !

Une dame se présente à la mairie pour un certificat de résidence. Êtes-vous mariée, Madame, lui demande l'employé. Oui, je suis mariée, pour la seconde fois. Et quel est votre âge, je vous prie ? La dame hésite puis répond en minaudant : Vingt-cinq ans ! Sur quoi l'employé lui demande : Pour la seconde fois également ?

Un homme marche dans la rue lorsqu'il entend un cri derrière lui : « STOP ! ARRÊTEZ SINON VOUS ALLEZ PRENDRE UNE BRIQUE SUR LA TÊTE ! »
Le gars s'arrête et au même moment, une brique qui s'était détachée d'un immeuble lui passe devant le nez. Le gars se retourne. Personne. Un peu plus tard, alors qu'il veut traverser la rue, il entend encore :
« STOP ! ARRÊTEZ SINON VOUS ALLEZ VOUS FAIRE RENVERSER ! »
Le gars s'arrête, laisse passer une voiture et comme il ne voit personne derrière lui, il demande tout haut :
– Mais qui êtes-vous ?
– Je suis votre ange gardien.
– Ah ouais ? Et où étais-tu quand je me suis marié ?

Un fou écrit une lettre. Le directeur lui demande : A qui écrivez-vous ? À moi. Et qu'est-ce que vous avez mis ? Le fou lui répond : Je ne sais pas, monsieur le directeur : je ne l'ai pas encore reçue !

La femme est assez proche de l'homme, comme l'épagneul breton. À ce détail près qu'il ne manque à l'épagneul breton que la parole alors qu'il ne manque à la femme que de se taire.

Quelle est la différence entre Bill Gates et Dieu ?
Dieu ne se prend pas pour Bill Gates !

La reine d'Angleterre, Bernadette Chirac et la femme du président russe Eltsine ont une petite discussion plaisante.
La reine d'Angleterre dit :
– Savez-vous que chez nous, nous appelons l'organe sexuel masculin le « gentleman » car il se lève en présence de dames ?
La femme du président russe dit :
– Nous, nous le surnommons le « partisan » car il attaque par-derrière, par-devant et toujours sans prévenir.
Enfin la femme du président français dit :
– Eh bien nous, nous l'appelons la « rumeur », parce qu'il grossit de bouche en bouche...

Un client s'étonne :
– C'est la première fois que je vois un magasin d'instruments de musique vendre également des armes !
– Vous savez, monsieur, quand quelqu'un vient m'acheter une trompette, il n'est pas rare que quelques jours plus tard, son voisin vienne m'acheter un revolver !

La postière dit à Charlotte :
– Cette lettre est trop lourde. Il faut ajouter un timbre à cinquante centimes.
– Oui, mais si j'ajoute un timbre, elle sera encore plus lourde !

Deux grenouilles veulent traverser une route. Elles sautent sur le bitume et la 1re crie tout d'un coup à l'autre : « ATTENTION, UN ROULEAU COMPRESS... » SPLATCH ! L'autre : « Un quoi ? » SPLATCH !

Un garde chasse arrête un chasseur de canards qui avait mis en sac 3 canards. Le garde de chasse décida d'appliquer les lois.
Il arrête le chasseur, lui montre son insigne et lui dit :
– Il me semble que la chasse a été bonne pour vous. Puis-je examiner le résultat de votre chasse ?
Le chasseur remet les canards au garde. Le garde prend un des canards, insère son doigt dans le rectum du canard, retire son doigt, le renifle et dit : Celui-ci c'est un canard de l'état de Washington. Avez-vous un permis de chasse de l'état de Washington ?
Le chasseur retire sa pochette et montre calmement un permis de chasse de l'état de Washington.

Le surveillant prend un deuxième canard, insère son doigt dans le rectum de l'oiseau, le retire, le renifle et dit :
– C'est un canard de l'Idaho. Avez-vous un permis de chasse d'état de l'Idaho ?
Le chasseur, un peu énervé, lui présente un permis de chasse d'état de l'Idaho. Le surveillant prend un troisième canard, refait le même essai de doigt et dit :
– C'est un canard de l'état de l'Oregon. Vous avez un permis de chasse d'état de l'Oregon ?
De nouveau, le chasseur lui montre le permis approprié. Le surveillant remet les canards de nouveau au chasseur et dit :
– Vous avez tous ces permis, mais d'où juste venez-vous ?
Le chasseur baissa son pantalon et lui dit :
– Vous qui êtes si futé, vous allez pouvoir me le dire !

Un photographe s'apprête à faire une photo de groupe lors d'un séminaire d'avocats. Il fait regrouper tout le monde sur les marches du palais des congrès, puis il dit :
– Attention, maintenant, tout le monde dit 'honoraires' !

À l'entrée du paradis, Saint Pierre voit se présenter trois hommes qui viennent de périr dans le même accident de moto. Or il est de coutume, aux cieux, de distribuer des moyens de locomotion en fonction de la vertu de chacun pendant son séjour terrestre.
– Toi, Jean-Marc, commence Saint-Pierre, tu n'as pas eu une conduite exemplaire. Pendant ton mariage, tu as trahi ta femme sept fois. Tu auras donc une 125 !
– Toi Bernard, poursuit St-Pierre, tu as fréquenté trois femmes hors mariage, je t'accorde une Harley 883.
– Quant à toi, Philippe, bravo. Pas de relation avant le mariage, pas un seul écart de conduite en 25 ans, tu auras une BMW R1200C.
Quelques années se passent au paradis quand finalement les trois accidentés se revoient pour la première fois. Philippe a apparemment l'air dépité et triste. Les deux autres lui demandent :
– Quoi, t'es pas content de ta BMW R1200C ?
– Si, de ce côté-là, pas de problème, répond le triste bougre, mais je viens de croiser ma femme. Elle était en mobylette.

Un homme vient d'inventer une machine à augmenter le QI de l'être humain. Il demande à un ami de la tester. Celui-ci accepte et, après avoir subi « l'intervention », s'en va. Un mois plus tard, il revient et supplie son ami de lui rendre son QI d'origine car dans son entourage, collègues, amis, famille, c'est l'horreur, il les trouve vraiment tous cons.

Il remonte donc dans la machine et là, bien sûr, le hic, la machine se met à dérailler et descend son QI à 10. L'opération terminée, la porte de la machine s'ouvre, son ami sort, fait le tour de l'appareil et lance :
– Bon, vous avez les papiers du véhicule ?

Quel est le point commun entre un professeur qui part à la retraite et un tampax ?
Ils sortent tous les deux du corps enseignant...

Qu'est ce qu'une femme nue sur un lit ?
Une formalité à remplir.

Un gars à un autre :
– Ma femme parle tellement que l'hiver dernier, quand on est allé passer deux semaines à Cuba, elle est rentrée au pays avec un coup de soleil sur la langue.

L'intelligence artificielle n'est rien à côté de la stupidité naturelle.

Que préfèrent les abeilles dans le mariage ?
La lune de miel !

C'est une petite fille qui va donner son sang au centre de transfusion. Elle entre et l'infirmière lui demande :
– Alors, ma petite, tu es venue donner ton sang ?
– Oui madame
L'infirmière lui fait la prise de sang puis lui donne un petit sandwich au thon.
La petite en mangeant son casse-dalle regarde dans la pièce d'à côté. Elle y voit des hommes qui se bâfrent au milieu d'innombrables plats de charcuterie, de canapés et de pâtisseries.
– Madame pourquoi eux y z'ont plein à manger et pas moi ?
– Tu vois ma petite eux ce sont des donneurs de sperme et comme c'est pas facile d'en avoir, on essaye de les attirer comme ça, tu comprends ?
– Oui madame.
Deux semaines après, la petite revient au centre.
– Alors ma petite tu es revenue donner ton sang.
– Hum Hum (dit la petite en faisant non de la tête et en fermant bien la bouche)

Le mari rentre d'une visite médicale et dit à sa femme que le docteur a besoin d'un échantillon d'urine,

d'un échantillon de selles et d'un échantillon de sperme. Sa femme lui répond :
– Facile, tu n'as qu'à lui donner un de tes caleçons !

Quelle est la différence entre le point G et une balle de golf ?
Réponse : un homme peut passer facilement 20 minutes à chercher sa balle de golf.

Dans un coin sombre, deux amoureux s'embrassent. Des gamins les regardent. L'un dit à l'autre :
– Vise un peu, il essaye de lui piquer son chewing-gum !

C'est un gars qui rentre chez lui après le travail. Sa femme sortie pour la soirée, il se prépare alors un repas et mange. Après, il rince sa vaisselle et voit un Post-It sur le lave-vaisselle :
– PROPRE MAIS PAS VIDÉ !
Alors il vide le lave-vaisselle. La soirée se passe puis il se prépare à aller se coucher. Il va prendre sa douche, se couche dans le lit et se colle le Post-It sur le front.

Un passant. La nuit. Un jardin. Le calme. Tout à coup, il entend :
« AU VIOL ! AIDEZ-MOI ! »
Il s'approche, voit une femme et un agresseur. Après hésitation, il demande à la femme :
« Vous avez besoin d'aide ? »
Et c'est l'agresseur qui répond :
« Ben non, je vais y arriver tout seul ! »

Au cours d'une discussion entre amis, un homme se fait gentiment traiter de macho.
– Moi, macho ? Absolument pas ! Tenez, tous les matins, j'apporte le café au lit à ma femme. Elle n'a plus qu'à le moudre...

On ne dit pas « marigot » mais « vas-y Marie ! »

Deux copains discutent au bar.
– Je dois t'avouer quelque chose, dit le premier. Je n'avais jamais fait l'amour avec ma femme avant notre mariage. Et toi ?
– Je ne sais pas, comment elle s'appelle ?

– Docteur, docteur, je ne parviens

pas à avoir d'enfant !
– Bon, déshabillez-vous et attendez-là.
– C'est que... Docteur, j'aimerais autant qu'il soit de mon mari.

On a dépensé en 2003, cinq fois plus d'argent sur la planète pour les implants mammaires et le viagra que pour la recherche sur la maladie d'alzheimer... Moralité, dans 20 ans, nos compagnes auront de supers nichons, nous de superbes érections, mais nous ne saurons plus à quoi cela sert !

Un homme, c'est comme une vidéo : avance, recule, avance, recule, stop, éjecte.

Quelqu'un qui souffre de Parkinson et de l'Alzheimer en même temps, peut-il oublier de trembler ?

Quelle est la différence entre un thermomètre rectal et un thermomètre buccal ?
Le goût !

Celui qui, tout au long de la journée,
Est actif comme une abeille,
Fort comme un taureau,
Bosse comme un cheval,
Et qui, le soir venu, est crevé comme un chien,
Devrait consulter un vétérinaire : il est fort probable qu'il soit un âne !

En Angleterre, deux vaches discutent dans un pré :
– Hé, ça te fait pas peur la maladie de la vache folle ?
– Oh tu sais, moi je m'en fous, je suis un lapin ! ! !

Un fermier se rend au commissariat pour porter plainte contre un chauffard qui a écrasé sa poule préférée.
– Cela faisait longtemps que vous étiez fiancés ? lui demande le commissaire.

COURS DE FORMATION OFFERT AUX HOMMES
THÈME DU STAGE : devenir aussi intelligent qu'une femme (donc être parfait).
OBJECTIF PÉDAGOGIQUE :
cours de formation permettant aux hommes d'éveiller cet organe, appelé CERVEAU, dont ils ignorent l'existence.
PROGRAMME : 4 MODULES

OBLIGATOIRES

MODULE 1 : COURS OBLIGATOIRES
1. Apprendre à vivre sans sa mère (2 000 heures)
2. Ma femme n'est pas ma mère (350 heures)
3. Je donne ma paie à ma femme (550 heures)
4. Comprendre que le foot n'est qu'un sport, et Ronaldo un crétin (500 heures)
5. Ma femme n'est pas mon infirmière
6. Ma femme n'est pas ma bonne

MODULE 2 : LA VIE A DEUX
1. Avoir des enfants sans devenir jaloux (50 heures)
2. J'arrête de dire des niaiseries quand ma femme reçoit ses amies (500 heures)
3. Vaincre le syndrome de la télécommande (550 heures)
4. Je ne pisse pas à côté. Je m'avance un peu, j'oublie ma prétention... (exercice pratique avec vidéo 100 heures)
5. Je ne transforme pas la salle de bains en piscine municipale lors de ma douche...
6. Comment se rendre jusqu'au panier à linge sans se perdre ? (500 heures)
7. Comment survivre à un rhume sans penser être à l'article de la mort ? (200 heures)
8. Savoir s'habiller tout seul, choisir ses vêtements tout seul, ne pas faire semblant de ne pas savoir où se trouve l'armoire.

MODULE 3 : DÉTENTE ET LOISIRS
1. Repassage en 2 étapes :
a) 1 chemise en moins de 2 heures
b) idem pour les autres articles (exercices pratiques)
2. Le ménage... une activité familiale et valorisante.
3. Je mémorise les journées de sortie des poubelles.
4. J'apprends par cœur la définition du mot « ASPIRATEUR » : « appareil ménager, servant à aspirer les poussières, les menus déchets » (j'en profite pour gagner du temps en regardant le Niveau 1 du module 4)
5. Savoir se servir d'une éponge...
6. Savoir ramasser les dégâts après une séance de bricolage...
7. Réviser son français : le féminin de « assis devant la télé » n'est pas « debout devant la cuisinière »

MODULE 4 : COURS DE CUISINE
Niveau 1 (débutant) : Les appareils ménagers
– « ON » = mettre en marche
– « OFF » = arrêter (... l'appareil)
Niveau 2 (avancé) : mon premier « quick soupe » sans brûler l'eau. (exercices pratiques : faire bouillir l'eau avant d'ajouter les spaghettis)
Niveau 3 (expert) : faire du café sans oublier ni l'eau ni le café, et ne pas utiliser le soluble qui est incompatible avec la cafetière.
Niveau 4 (best of) : savoir servir le café, sans en foutre la moitié à côté...

Quand on change son fusil d'épaule, il y a intérêt à ne pas partir de la droite, sinon on passe l'arme à gauche.

C'est trois petits vieux dans une maison de retraite qui discutent.
Le premier dit : – Quand je me lève, la première chose que je fais, c'est d'aller faire pipi.
Le deuxième : – Ah ben moi c'est de faire caca plutôt !
Le troisième répond alors : - Moi, la première chose que je fais le matin, c'est pipi et caca en même temps. Et ensuite, je me lève...

Deux mecs meurent ensemble dans un accident et se retrouvent devant Saint Pierre qui est bien emmerdé car il n'y a qu'une place de libre pour l'instant, alors il leur dit :
– Voilà, celui qui me demandera une chose que je ne peux lui accorder il rentre, l'autre qu'il aille au diable.
Le premier déclare :
– Moi je veux sauter Ève. Saint Pierre rigole un bon coup et lui répond :
– Pas de bol mon pote car elle est ici et comme elle est vieille moche et pue de la gueule, plus personne ne la baise alors elle ne dira pas non, allez oust ! Va au diable !
Et se retournant vers l'autre :
– Et toi quel est ton souhait ?
Le deuxième se gratte la tête réfléchit un instant, puis d'un seul coup avec un superbe sourire, il lâche un pet tonitruant qui s'entend jusqu'en enfer et réplique :
– Tiens Saint Pierre, cours après et peins-le en bleu !

Jim, un homme religieux habitait au bord de l'eau. Un jour, l'eau de la rivière déborde et inonde le village. Il grimpe alors sur le toit de son garage. Un homme arrive en bateau et lui dit :
– Embarquez, je vous emmène en lieu sûr !
– Non merci, Dieu prendra soin de moi.
Et l'homme s'en va. L'eau continue de monter et Jim doit maintenant monter sur le toit de la maison. Un autre homme arrive avec un bateau et lui dit :
– Embarquez, je vous conduis en lieu sûr !
– Non merci, Dieu prendra soin de moi.
L'homme s'en va. L'eau monte encore plus, si bien que Jim doit grimper sur la cheminée.
Un hélicoptère arrive avec une échelle. Le pilote dit :
– Montez ! Je vous emmène en lieu sûr !
– Non merci, Dieu prendra soin de moi.
L'hélicoptère s'en va. L'eau monte encore et Jim fini par se noyer. Il se retrouve au paradis et arrive à la rencontre de Dieu. Jim lui dit :
– Dieu, vous étiez censé prendre soin de moi, que s'est-il passé ?
– Écoute, je t'ai envoyé deux bateaux et un hélicoptère, qu'est-ce que tu voulais de plus ?

C'est une vieille femme qui prend rendez-vous avec un portraitiste.
Elle dit à l'artiste :
– Je voudrais que vous me peigniez avec des boucles d'oreilles en diamants, un collier en diamants, une broche portant un rubis, un bracelet avec des émeraudes et une montre Cartier.
Le peintre :
– Très bien madame, mais ce serait mieux si vous les ameniez avec vous plutôt que de me laisser les imaginer.
La vieille :
– Mais je n'ai pas ces bijoux. Je veux les avoir sur mon portrait car je sais que si je meurs, mon mari se remariera aussitôt. Et je suis certaine que ça rendra folle sa nouvelle épouse de voir tous ces bijoux sur moi.

Pour Noël, j'ai commandé une dinde-kangourou.
C'est le croisement d'une dinde et d'un kangourou.
L'avantage, c'est qu'on peut la farcir de l'extérieur.

Sur les montres Festina, il y a 4 aiguilles : une pour les heures, une pour les minutes, une pour les secondes et une pour l'EPO.

Pourquoi les femmes ont les pieds plus petits que les hommes ?
Pour être plus près de l'évier !

Un gars va chez son coiffeur Jean-Pierre pour se faire couper les cheveux. Comme tous les coiffeurs, Jean-Pierre demande, pour lancer la discussion : « Alors… Comment ça va ? » Et le gars commence alors à raconter qu'il est content car il va partir en vacances en Italie, à Rome.
Jean-Pierre le coiffeur bondit :
– ROME ? ! Pourquoi voulez-vous aller là-bas ? La ville est sale, polluée, pleine d'Italiens. Faut être un peu fou, non, pour aller à Rome ? Et comment allez-vous y aller ?
– J'ai pris Air Liberté.
– Air Liberté ? Ah ben on peut dire que vous n'avez pas peur. Des vieux avions, un service inexistant, sans compter les retards… Et où allez-vous descendre à Rome ?
– On a réservé à l'hôtel Marriot.
– Ce TAUDIS ? ! C'est le pire hôtel de la ville ! Les chambres sont petites, le service est indécent et d'une lenteur effrayante. Et pour les prix, c'est carrément du vol. Au fait, pourquoi avez-vous choisi d'aller à Rome ?
– On voulait voir le Vatican, et si possible le pape.
– HA ! C'est la meilleure ! Vous serez des milliers sur la place Saint-Marc, en train d'écarquiller les yeux pour tâcher de voir une silhouette

de la taille d'une fourmi... Ah oui, vraiment, bonne chance pour vos vacances, vous allez en avoir besoin !
Un mois plus tard, le gars revient voir son coiffeur pour sa coupe de cheveux mensuelle. Jean-Pierre lui demande :
– Alors, comment s'est passé le voyage à Rome ? Je parie que le vol sur Air Liberté a été le pire de toute votre vie ? !
– Oh non, ce serait plutôt l'inverse. On a eu droit à un bel Airbus tout neuf, on est partis à l'heure, arrivés à l'heure. En plus, ils avaient surbooké les places normales, alors ils nous ont placés en classe affaire pour le même prix. Les hôtesses étaient très serviables et aux petits soins pour nous.
– Hum, et à Rome, ça a du être l'enfer à l'hôtel Marriot ?
– Au contraire ! Ils venaient tout juste de terminer des travaux de réfection et maintenant il est considéré comme le meilleur hôtel romain. En plus, eux aussi avaient surbooké leurs chambres, ce qui fait qu'on a eu la suite présidentielle pour le même prix !
– Ah... Mais au moins je suis SUR d'une chose, vous n'avez pas pu voir le pape !
– Ben, en fait, alors qu'on visitait le Vatican, à un moment, un garde suisse m'a abordé pour me dire que de temps en temps, le pape appréciait de rencontrer personnellement quelques visiteurs et il a ajouté que si je le désirais, je pouvais avoir une audience dans un salon particulier. Naturellement, j'étais d'accord et le garde nous a conduit dans un salon. Après 10 minutes d'attente, le pape est entré, il m'a serré la main, et je me suis mis agenouillé devant lui pendant qu'il me disait quelques mots...
– Qu'est-ce qu'il vous a dit ?
– Oh, pas grand-chose en fait. Il a dit : » Mais qui vous a fait une coupe de cheveux pareille ? ! «

La plus belle femme du monde se rend chez le médecin et lui dit :
– Docteur, j'ai mal au doigt.
– Très bien, Mademoiselle, commencez par vous déshabiller.

Un damné téléphone de l'enfer à un copain bienheureux qui a mérité le Paradis : Ici, cela ne va pas trop mal. Comme on est très nombreux, on travaille deux ou trois heures par jour, pour allumer les feux. Le reste du temps, on se la coule douce. Et toi, au Paradis, comment va ? Ne m'en parle pas, répond l'autre. Un travail fou : on se lève à six heures, on se couche à minuit. Je n'en peux plus ! Mais comment, demande le damné, comment cela se fait-il ? Le bienheureux répond : C'est à cause de la main-d'œuvre ! Il n'entre jamais personne ici !

Bill Gates va au paradis et Dieu lui

dit :
– Tu as bien œuvré mon fils, viens t'asseoir à ma droite.
– Pour commencer, je ne suis pas votre fils, et d'abord qu'est-ce que vous faites assis à ma place ?

Un avocat s'est lancé dans une vibrante plaidoirie :
– Monsieur le président, mesdames et messieurs les membres du jury, au fil des années, mon client n'a accumulé les crimes et les délits que pour figurer un jour dans le Livre des Records, ce à quoi il peut, enfin, prétendre, aujourd'hui. Je vous demande donc de bien considérer son plus récent hold-up, non comme une action criminelle mais plutôt comme une cerise artistiquement déposée sur le gâteau.

Deux copains, qui ne se sont pas revus depuis de nombreuses années, se rencontrent :
– Alors, que deviens-tu ? demande l'un.
– Ben, je me suis marié et j'ai des mômes...
– Combien ?
– Ben, d'abord, j'ai eu des jumeaux. Ensuite des jumelles puis encore des jumeaux. Deux ans plus tard, j'ai eu des jumeaux, encore des jumelles et ma femme attends des jumeaux pour dans 3 mois...
– Quoi ? s'exclame le copain. Et à tous les coups tu as des jumeaux ?
– Non, répond l'autre, y'a des coups où y a rien...

On ne dit pas « dégâts des eaux » mais « des marins »...

C'est un monsieur qui rentre d'un voyage d'un mois et tout heureux de retrouver sa petite amie lui fait l'amour comme il faut et très bruyamment.
À ce moment, le voisin frappe au mur en criant :
« C'est tous les jours maintenant... »

Si vous avez les seins qui tombent, faites-vous refaire le nez, ça détourne l'attention.

Maintenant que tu as 13 ans, mon fils, il est grand temps d'avoir une petite conversation sur les choses sexuelles.
– Bien sûr papa. Qu'est-ce que tu veux savoir ?

À sa mort, le président de Microsoft, Bill Gates, est envoyé en enfer.

Satan reçoit en personne l'homme le plus riche du monde et lui dit : « Vous avez été un homme important sur terre. Vous avez donc le droit à certains égards. Je vais vous proposer deux options pour votre séjour parmi nous. »
D'abord, Satan conduit Bill près d'un lac embrasé où des millions d'âmes sont torturées pour l'éternité. Bill déclare : « Cette option n'est pas très attirante. »
Satan dit : « Vous avez une autre option ! »
Et Satan le conduit vers un bâtiment et lui montre une pièce isolée. À l'intérieur, une table, une chaise et un PC. « Il y a Windows 98 installé dans l'ordinateur », précise Satan. « Ah oui ? », répond faussement Bill Gates, satisfait de constater qu'il est en position de monopole, même en enfer. Et il ajoute : « Je crois que je vais prendre cette option -là. »
Le pacte est scellé. Un assistant de Satan demande alors à son maître : « Satan, mais pourquoi lui offrez-vous tout ce confort ? ». Satan répond en ricanant : « J'ai retiré trois touches sur l'ordinateur ! »
« Ah oui, lesquelles ? », rétorque l'assistant. Et Satan de répondre : « Ctrl, Alt et Delete ! »

Quel est le comble du charcutier ?
D'avoir un caractère de cochon.

C'est un petit garçon qui rentre de son premier jour de maternelle avec une grande question pour sa maman :
– Maman, maman, c'est quoi le sexe ?
La maman est un peu décontenancée d'avoir à expliquer ça à son bambin. Mais il faut vivre avec son temps se dit-elle, et du coup, elle se lance dans une explication hyper détaillée de tout ce qu'il faut savoir sur le sujet.
Lorsqu'elle a terminé, le petit garçon qui a tout écouté bien sagement sort de sa poche un formulaire d'inscription qu'il avait ramené de l'école et dit :
– Oui, d'accord maman, mais comment est-ce que je vais faire rentrer tout ça dans le petit carré ?

Pourquoi les hommes n'ont-ils pas de période de crise à l'âge mûr ?
Parce qu'ils ne sortent jamais de la puberté.

Un professeur pose à ses élèves une série de questions auxquelles ils doivent répondre par oui ou par non. Voyant l'un d'eux jeter sans cesse en l'air une pièce de monnaie, il lui demande :
– Que fais-tu là ?
– Je joue mes réponses à pile ou face, m'sieur, répond le garçon. Pile, je réponds non, et si c'est face, je réponds oui.
Au moment de ramasser les copies,

le prof constate que le même élève continue de jouer, mais cette fois très rapidement.
– Qu'est-ce que tu fais encore ? lui demande-t-il.
– Je vérifie en vitesse mes réponses, m'sieur !

Quel est le comble de l'inutilité ?
Réponse : les couilles du Pape.

Dans une équipe de football, l'entraîneur dit à un joueur :
– Aujourd'hui, tu vas jouer avant.
– Ah non ! Moi, je veux jouer avec les autres !

Un couple : lui et elle. Elle : chéri le robinet fuit ! Change le joint.
Lui : pas le temps, et j'suis pas plombier !
LE LENDEMAIN elle : tu penses au robinet qui fuit ?
Lui : pas ce soir et j'suis pas plombier !
LE LENDEMAIN DU LENDEMAIN
lui : tiens, le robinet ne fuit plus ?
Elle : non le voisin est venu le réparer
Lui : ah. Et il t'a demandé quoi pour le service ?
Elle : que je lui fasse un gâteau ou une gâterie.
Lui : ah. Et tu lui as fait quoi ?
Elle : une gâterie
Lui : espèce de S… tu ne pouvais pas lui faire plutôt un gâteau
Elle : j'suis pas pâtissière moi !

Dans la série : Parlons bien la France, aujourd'hui, le verbe : CROIVER
– Mais dis donc, ça existe pas comme verbe ?
– Si et je le prouve !
« Ve roulais à droite à foifante-diffe quand v'ai croivé une voiture qui roulait
à gauffe à plus de fent-vingts.
V'avais pas ma feinture et ve me fuis café
toutes les dents fur le pare-brive ».

Je ne me suis jamais mariée parce que je n'en ai pas besoin : j'ai 3 animaux de compagnié à la maison qui remplissent les mêmes propriétés qu'un mari. J'ai un chien qui grogne chaque matin. Un perroquet qui jure tous les après-midi. Et un chat qui rentre tard le soir.

Une grosse femme, au bal, est invitée à danser avec un inconnu. Soudain, un pet lui échappe. Gênée, elle s'adresse à son cavalier :
– Excusez-moi, ça m'a échappé ! J'espère que cela restera entre nous ?

– Ben non, j'espère que ça va circuler !

C'est l'histoire de 3 fous qui se baladent dans le parc. Ils s'appellent Fou, Personne et Rien. Tout à coup il y a Personne qui tombe à l'eau. Rien veut téléphoner aux pompiers mais Fou lui dit de rester là pour essayer de sauver Personne.
Fou téléphone aux pompiers et dit :
– Bonjour, je suis Fou, j'appelle pour Rien, il y a Personne qui est tombé à l'eau.

Quel est le comble du jardinier ?
C'est de raconter des salades !

Qui pisse loin ménage ses pompes.

Quelle est la différence entre Jeanne Calment et Diana ?
– La première est morte à 120 tandis que l'autre est morte à 150

Trois petites souris marseillaises sont assises autour d'une table au fond d'un grenier et discutent le bout de gras. La modestie n'étant pas leur vertu principale, la première affirme avec insolence :
– Vous savez, les tapettes dans lesquelles on nous attire avec un morceau de gruyère ? Eh bien, moi, j'ai réussi à en soulever les mâchoires et à prendre le fromage !
La deuxième, pour ne pas être en reste enchaîne :
– Vous voyez les grains de blé empoisonnés qui traînent ça et là ? Eh bien, je les grignote comme des biscuits à l'apéritif !
C'est alors que la troisième souris se lève et prend congé des deux autres.
– Où vas-tu ? Lui demandent-elles surprises.
– Je rentre. C'est l'heure d'enculer le chat.

Au cours d'un voyage au Mexique, un routard cherche l'hospitalité pour passer la nuit à l'abri. Il frappe à la porte d'une petite maison et une sublime femme lui ouvre. Elle lui offre le gîte, mais le prévient :
– Je n'ai qu'un lit, donc nous dormirons côte à côte. Mais attention, je suis une fille sérieuse, pas de bagatelle !
La nuit arrive, ils se couchent, et le voyageur n'en peut plus de cette fille à côté de lui. Il se masturbe pendant son sommeil dans les draps de son hôtesse. Le lendemain matin, elle découvre avec horreur les traces du méfait et demande des explications :
– Je suis désolé, dit-il, je n'ai pas pu m'en empêcher, c'est la première

fois que je couche avec une Mexicaine.
– Et moi, ajoute-t-elle, c'est la première fois que je couche avec un mec si con !

Effrayé par un premier malaise cardiaque, un joyeux luron d'une cinquantaine d'années a consenti à écouter les conseils de son médecin.
– Il y a un mois de cela, la première semaine, raconte-t-il, j'ai renoncé à faire de plantureux repas. La deuxième semaine, j'ai renoncé à fumer. La troisième semaine, j'ai renoncé à fréquenter les femmes légères… que j'aime tant.
– Et la quatrième semaine ?
– J'ai renoncé à renoncer…

« Le jour de ton mariage, n'oublie pas de dire à ta femme que si elle veut conserver la brillance de son alliance, elle doit impérativement la laver dans de l'eau de vaisselle au moins trois fois par jour ! » (Jean Yanne)

Un homme tend un verre d'aspirine à sa femme.
– Mais je n'ai pas la migraine !
– Ah, alors on peut faire l'amour !

Un pauvre mendiant frappe à la porte d'une maison bourgeoise. Il tente alors d'attendrir la maîtresse de maison.
– Ma bonne dame, j'ai perdu un œil !
– Mon brave, il n'est pas ici !

Dans le bus, une dame s'adresse à son voisin :
– Monsieur, vous avez un zizi dans l'oreille.
– Quoi ?
– Monsieur, vous avez un zizi dans l'oreille.
– Pardon ?
– Monsieur, vous avez un zizi dans l'oreille.
– Comment ?
– Monsieur, vous avez un zizi dans l'oreille.
– Parlez plus fort, enfin, vous voyez bien que j'ai un zizi dans l'oreille !

Un dépressif achète des chaussures trop petites pour lui. Il marche douloureusement dans la rue. Quelqu'un lui demande pourquoi il souffre ainsi. Il explique qu'il a perdu sa mère, son boulot, sa femme, ses enfants et qu'il n'a plus maintenant qu'un seul plaisir dans la vie : retirer ses chaussures le soir !

C'est un pilote d'avion qui veut faire un looping.
Le co-pilote :
– Et ben vas-y, fais-le.
Le pilote :
– Ok, j'y vais.
Le pilote fait donc son looping.
Les passagers sont contents et en redemandent.
Alors le pilote en fait un autre. Là, un gars sort des WC en essuyant ses habits et dit :
– Vous avez fini avec vos bêtises ?

Quelle est la différence entre une échelle et un pistolet ?
L'échelle sert à monter, le pistolet sert à descendre.

Les hommes, c'est comme l'essence. Des pieds à la ceinture c'est du super, de la ceinture aux épaules, c'est de l'ordinaire, et des épaules à la tête c'est du sans plomb.

Un promeneur se balade aux abords d'une ferme. Soudain il aperçoit un poussin plein de merde.
Il le regarde avec étonnement puis continue son chemin.
Quelques mètres plus loin, il aperçoit un autre poussin, lui aussi, est couvert de merde. Intrigué, le promeneur poursuit sa route et aperçoit encore de nombreux poussins, tous couverts de merde.
De plus en plus intrigué, il arrive près de la ferme.
À ce moment, la porte de la ferme s'ouvre et le fermier apparaît dans l'encadrement de la porte. Voyant l'air abasourdi du promeneur, il demande : « Vous n'auriez pas du papier toilette, je n'ai plus de poussins » ! ! !

Que fait un crocodile quand il rencontre une superbe femelle ?
Il Lacoste !

Le comble du macho ?
Quand il ne bande pas, il demande à sa compagne : « Ça t'arrive souvent, ce genre de panne ? »

Quand je suis né, j'étais noir.
Quand j'ai grandi, j'étais noir.
Quand j'ai peur, je suis noir.
Quand je vais au soleil, je suis noir.
Quand je suis malade, je suis noir.
Tandis que toi « homme blanc »,
Quand tu es né, tu étais rose,
Quand tu as grandi, tu es devenu blanc,
Quand tu vas au soleil, tu deviens

rouge,
Quand tu as froid, tu deviens bleu,
Quand tu as peur, tu deviens vert,
Quand tu es malade, tu deviens jaune,
Et après ça tu as le toupet de m'appeler « homme de couleur » ?

Un type entre dans un salon de coiffure et demande :
– On fait la queue ici ?
– Non, les cheveux seulement !

Des étudiants en médecine reçoivent leur premier cours d'anatomie avec un vrai corps humain. Ils sont tous réunis autour d'une table d'opération, où le corps, recouvert d'un drap blanc, est allongé.
Le professeur leur dit :
« En médecine, il faut avoir deux qualités importantes. La première, c'est qu'il ne faut pas être dégoûté. »
Là-dessus, le prof retire le drap, enfonce un doigt dans l'anus du mort et quand il l'a retiré, suce son doigt.
« Allez, faites la même chose que moi ! »
Les étudiants, après quelques minutes d'hésitation, passent chacun son tour.
Ils enfoncent un doigt dans l'anus et sucent leur doigt après l'avoir retiré.
Quand tout le monde a fini, le prof les regarde et leur dit :
« La deuxième qualité, c'est l'observation. J'ai enfoncé mon majeur et j'ai sucé mon index. »

Quel est le comble du teinturier ?
– De mourir à la tâche

Quelle est la différence entre un aquarium et une boîte de conserve ?
Dans l'aquarium, les poissons rouges et dans la boîte de conserve les pois sont verts...

Un mari, à peine rentré chez lui, un soir, questionne :
– Qu'est-ce qu'on mange ?
– Aujourd'hui, répond sa femme, tu as le choix : les restes du ragoût de pattes de cochons.
– C'est tout ?
– Oui.
– Mais où est le choix, là-dedans ?
– C'est à prendre ou à laisser.

Si les compagnies aériennes étaient comme les systèmes d'exploitation...

UNIX Airways
Chaque passager apporte un morceau de l'avion lorsqu'il arrive à l'aéroport. Tous les passagers

se rendent ensuite sur la piste et assemblent l'avion ensemble pièce par pièce, tout en discutant sans arrêt sur la sorte d'avion qu'ils sont supposés construire. Lorsque les passagers arrivent, l'un d'eux doit être désigné pilote et doit se rendre dans la cabine de pilotage. Là, il trouve des manuels décrivant l'avion dans ses moindres détails, mais ne donnant aucune instruction sur le pilotage.

Air DOS
Tous les passagers poussent l'avion jusqu'à ce qu'il commence à planer. Ils sautent à bord et laissent l'avion glisser jusqu'à ce qu'il retombe. Ensuite, ils redescendent, poussent l'avion, et ainsi de suite.

Mac Airlines
Toutes les hôtesses, pilotes, préposés aux bagages et aux billets ont tous exactement le même visage. Vous entrez dans l'avion sans le voir et une fois à l'intérieur, vous n'avez aucun hublot pour voir dehors si vous êtes en vol ou pas. Aucune vibration durant le décollage, le vol ou l'atterrissage. Bref, vous ne savez même pas que c'est un avion et que vous êtes en vol ! Chaque fois que vous posez une question portant sur des détails, on vous rappelle gentiment mais fermement que vous n'avez pas besoin de le savoir, que vous ne voulez pas le savoir, et que tout sera fait pour vous sans que vous ayez à le savoir, alors fermez-la.

Windows Air
L'aérogare est très belle et colorée. Les hôtesses sont très gentilles. C'est très facile de consigner vos valises et l'embarquement se fait sans histoire. Le décollage est parfait. Après une dizaine de minutes de vol, l'avion explose sans aucun avertissement.

Windows NT Air
Comme Windows Air, mais le billet coûte plus cher, les avions sont beaucoup plus gros, et lorsqu'ils explosent, tous les autres avions dans un rayon de 80 kilomètres explosent aussi.

Linux Air
Compagnie fondée par des employés mécontents provenant des autres Compagnies aériennes. Ils construisent leurs propres avions, leurs propres comptoirs et pavent leurs pistes eux-mêmes. Le coût du billet est minime... il couvre seulement les frais encourus pour l'imprimer ! Vous pouvez aussi télécharger votre billet gratuitement et le faire imprimer vous-mêmes. Une fois à bord, on vous donne un siège, quatre vis, des outils et un petit guide nommé Pose-siège. html. Une fois en place, le siège entièrement ajustable est très confortable. Le vol part et arrive à temps, sans pépin. Les repas à bord sont légers et nourrissants. Lorsque vous essayez de dire aux autres personnes que vous avez voyagé gratuitement, dans un avion super confort, ils vous regardent comme si vous étiez un idiot et crient : « QUOI ? ! ? IL A FALLU QUE TU POSES LE SIÈGE TOI-MÊME ?

Pourquoi les Schtroumpfs rigolent-ils tout le temps ?
Parce que l'herbe leur chatouille les couilles.

Niki Lauda vient de décider qu'à sa mort il serait incinéré !
Bons princes, les Pompes Funèbres lui ont octroyé une réduction de 50%, vu que la moitié du travail est déjà faite !

Deux oignons sont sur une table. D'un coup, le cuisinier en coupe un en deux. L'oignon s'écrie : « Aie ! ! »

Quelle est la différence entre toi et le Yéti ? Il y en a un qui pue, qui est con, et l'autre habite au Tibet !

Quel est le poids idéal d'une belle-mère ?
– 2 Kg avec l'urne...

Un étudiant en médecine dîne pour la première fois chez les parents de sa petite amie. Après le repas, la jeune fille et le garçon vont s'isoler dans la chambre de celle-ci et font l'amour. Au moment de rentrer chez lui, l'étudiant va saluer le père de sa copine.
– Bonsoir cher ami... Mais dites donc, vous en avez passé du temps, dans la chambre de ma fille.
– Oui, elle se sentait un peu fébrile alors je lui ai donné un médicament et je l'ai un peu veillée...
Le père remarque alors la braguette ouverte du garçon.
– Eh bien, maintenant, vous pouvez refermer votre armoire à pharmacie !

La femme demande à son mari de lui donner 300 euros toutes les nuits où ils font l'amour. Au bout de quelques années, le mari lui demande pourquoi elle tient tellement à recevoir ces 300 euros chaque fois qu'ils font l'amour. Elle ouvre la fenêtre et lui montre tous les commerces avoisinants. Avec cet argent, j'ai acheté tous ces commerces. Si tu avais été plus en forme, on aurait déjà toute la rue !

Pourquoi le mot « long » est-il plus court que le mot « court » ?

Un monsieur entre dans son salon

avec un chiffon et une bouteille de spray nettoyant. Il décroche un Renoir, un Degas et un Van Gogh. Avec un chiffon imbibé de spray, il efface les trois signatures et, à l'aide d'un feutre noir, il inscrit à l'emplacement des signatures : « Martine ».
Sa femme arrive à ce moment-là et s'exclame :
– Mais tu es complètement fou !
– Ne t'inquiète pas, la rassure son mari. Demain, j'ai un contrôle fiscal. J'ai tout mis à ton nom.

On ne dit pas « néanmoins » mais « handicapé nasal ».

Un soir dans un bar, trois amis passent le temps en parlant autour d'un verre. Il y a un médecin, un avocat et un ingénieur. Après quelques verres, et quelques histoires de fesses, ils se posent la question de l'origine de leurs professions respectives. Le médecin commence :
– Au tout début, Genèse Chapitre 1er, Dieu prend une côte d'Adam pour créer Ève. Dieu était un chirurgien, c'est donc la profession des médecins qui est la plus ancienne.
L'ingénieur est d'accord mais :
– Oui, tu n'as pas tort là-dessus, mais encore avant cela, Dieu créa la Terre, le Soleil et tout l'univers à partir du chaos. Dieu était donc un ingénieur avant d'être chirurgien. Les ingénieurs sont donc la profession la plus ancienne.
L'avocat, souriant doucement, leur demande :
– Et d'après vous, qui a créé le chaos ?

Une mandoline en pinçait pour une guitare qui ne l'entendait pas de cette oreille. Las ! elle fut bien obligée de constater que son amour n'avait pas d'écho. Alors, perdant toute mesure, un jour qu'il pleuvait des cordes, elle assassina cette dernière d'un coup d'archet et se retrouva au violon.

Un gars passe en jugement en correctionnelle car il est accusé d'avoir volé une voiture de luxe. Après la plaidoirie de l'avocat, le juge décide d'acquitter le gars, et il quitte le tribunal libre. Le lendemain, le même gars se représente devant le juge et lui dit :
– Votre honneur, je voudrais déposer plainte contre ce vaurien d'avocat !
– Et pourquoi donc ? Il vous a obtenu un acquittement pourtant ? ! Pourquoi voulez-vous qu'on l'arrête ?
– C'est que, je n'avais pas assez d'argent pour le payer… alors il est parti avec la voiture que j'avais volée.

Pourquoi les souris gnigni ?
Réponse : parce que les rats gnagna.

Les chiens, c'est mieux que les filles parce que...
1. Le Chien ne pleure pas (sauf pour aller faire pipi).
2. Le Chien aime que vos amis vous rendent visite.
3. Le Chien ne vous demande pas de lui téléphoner si vous rentrez tard.
4. D'ailleurs, plus vous rentrez tard, et plus le Chien est content de vous voir !
5. Le Chien vous pardonne si vous jouez avec un autre Chien.
6. Le Chien ne fait aucune remarque si par mégarde vous l'appelez du nom d'un autre Chien.
7. Le Chien adore que vous laissiez des tas de choses traîner par terre.
8. L'humeur du Chien reste la même tout au long du mois.
9. Le Chien ne reçoit jamais la visite de sa famille.
10. Aucun Chien n'achèterait des albums de Céline Dion ou de Lara Fabian.
11. Aucun chien ne grossit de 50 kilos après avoir atteint sa maturité.
12. Le Chien admet très bien que vous éleviez la voix pour faire valoir votre point de vue.
13. Le Chien préfère dîner d'un hamburger plutôt que de langouste.
14. Le Chien est prêt 24 heures sur 24.
15. Le Chien n'a que faire de recevoir des fleurs, des cartes postales ou des bijoux.

Ca se passe dans une bourgade dans laquelle les habitants ont les mœurs un peu dissolues. Le curé du village, un beau jour, se fatigue des confessions de ses paroissiens où tout tourne toujours autour de l'adultère. Aussi, dès le dimanche, pour son prêche, il leur dit :
– À partir de maintenant, je ne veux plus entendre parler d'adultère dans les confessions. C'est bien simple, si j'entends encore quelqu'un confesser qu'il a trompé son mari ou sa femme, je demande à changer de paroisse !
Comme tout le monde aime bien son curé au village, une réunion informelle a lieu dès la sortie de la messe, et il est décidé de continuer à confesser les adultères, mais d'utiliser un nom de code pour ce péché : il est convenu que lorsque quelqu'un aura fauté sexuellement, il confessera être tombé par terre et avoir proféré des jurons à cette occasion. Une semaine plus tard, le curé croise le maire du village dans la rue, et lui dit :
– Bonjour Monsieur le Maire. Dites-moi, je suis bien content de vous voir. Vous devriez faire macadamiser les trottoirs du village : je ne compte plus les personnes qui se plaignent d'être tombées par terre !
Le maire ne peut pas s'empêcher de rigoler en entendant la remarque

naïve de son curé, mais le curé le coupe tout de suite :
– Vous ne devriez pas rire de ça : rien que cette semaine, votre femme est quand même tombée trois fois !

Une jeune fille annonce ses fiançailles à son père, qui dit en soupirant : Paul ? Est-ce qu'il a de l'argent, ce Paul ? Et la jeune fille répond : Mais vous êtes tous les mêmes ! C'est exactement la question qu'il m'a posée sur toi !

On ne dit pas « un microprocesseur » mais « un petit prof »...

Voici une liste non exhaustive de virus circulant actuellement et dont le plus redoutable est certainement le dernier !

Virus Droit à la Vie : vous empêche d'effacer un fichier et vous traite d'assassin si vous essayez de le faire.
Virus Politiquement correct : précise toutes les minutes qu'il n'est pas un virus mais un « micro-organisme électronique ».
Virus Slim Fast : réduit la capacité de votre disque dur à 20 Mo.
Virus Monica : pompe tout le jus de votre microphone.
Virus Alzheimer : fait perdre la mémoire à votre ordinateur.
Virus Suisse allemand : Y'a kek chos' qui kloch avec fotre komputer, mais fou safez pas c'est koi !
Virus de l'administration : divise votre disque dur en petites entités qui ne font absolument rien mais qui prétendent toutes être les parties les plus importantes de votre ordinateur.
Virus Star Trek : explore votre disque dur et va se loger là où aucun fichier n'est encore jamais allé.
Virus Médecin : analyse votre système, n'y trouve rien et vous demande 200 dollars pour la consultation.
Virus Elvis : votre ordinateur devient gros, lent, fainéant et avec un fort penchant pour l'autodestruction.
Virus Complexe d'œdipe : le contrôleur graphique tombe soudainement amoureux de la carte mère.
Virus Bill Gates : plante l'ordinateur de façon aléatoire, est aussi connu sous le nom de Windows

Un bonhomme rapporte un perroquet chez lui et il dit à sa femme :
Je l'ai payé 2000 balles à la salle des Ventes. Faut dire qu'on était bien dix amateurs à se le disputer... Le plus fort, c'est que je ne sais même pas s'il parle !
– Comment, si je ne parle pas ? Grogne le perroquet. Et alors qui a fait monter les enchères ?

Un jour, une petite fille vient questionner sa maman sur ses origines.
– Comment je suis arrivée au monde maman ?
– C'est le Bon Dieu qui t'a envoyée à nous, mon petit cœur.
– Et le Bon Dieu t'a aussi envoyée ici maman ?
– Oui, mon cœur, il l'a fait.
– Et papa et grand-père et grand-mère, et leurs parents aussi ?
– Oui, chacun d'eux.
La petite fille secoue la tête et dit :
– Tu es en train de me dire qu'il n'y a pas eu de sexe dans la famille depuis plus de 200 ans ? !

Il faut raconter cette blague à un de vos copains et lui faire croire que c'est une histoire vraie :

Un jour, mon père a pris quelqu'un en stop. Le mec avait un gros sac. Mon père, intrigué, lui demanda ce qu'il y avait dans le sac. Le mec lui dit : « Tu me pipes et je te l'dis. » Donc mon père l'a viré de la voiture. Le lendemain, mon père s'est rendu compte qu'il avait oublié son sac…

Maintenant, attendez que votre copain dise : « Mais il y avait quoi dans le sac ? » et répondez-lui : « Tu m'pipes et je te le dis ! »

À l'hôpital, une belle jeune femme attend dans le couloir, sur sa civière, avant d'être conduite au bloc opératoire pour subir une petite intervention. Elle s'inquiète un peu, d'autant que l'heure tourne. Un type en blouse blanche s'approche, relève le drap et l'examine. Puis il part. Un deuxième homme en blouse blanche s'approche, soulève le drap, l'examine et repart. Quand le troisième bonhomme s'approche, relève le drap et la scrute, la jeune femme qui s'impatiente lui demande :
– C'est bien beau toutes ces auscultations… Mais quand allez-vous m'opérer ?
Le type en blouse blanche hausse les épaules et répond :
– J'en ai aucune idée… Nous, on repeint le couloir !!!

– Il n'est pas question que je te donne un morceau de chocolat. Toi, tu ne me donnes jamais rien, dit Julien à son frère Frédéric.
– C'est même pas vrai, l'année passée, je t'ai donné la varicelle.

Un gars entre dans le bureau du doc et la secrétaire lui demande :
– Est-ce que je peux vous aider ?
Le gars répond :
– Je suis venu parce que je ne suis pas venu. Si j'étais venu, je ne serais pas venu.
Le doc lui propose des pilules et

lui dit de revenir dans un mois. Un mois plus tard, le gars revient et a toujours le même problème. Alors le doc lui fait une autre prescription et lui dit de revenir dans un mois. Le gars revient, la secrétaire le reconnaît et va avertir le doc.
– Doc, vous savez le gars qui vient pis qui vient pas, il est là.
Le doc répond :
– Bien, faites-le venir.
La secrétaire répond :
– Bien, c'est ce que j'ai fait, il ne reviendra plus.

Quel est le comble du journaliste ? Être à l'article de sa mort.

– J'ai deux nouvelles à t'annoncer.
– Commence par la bonne.
– Non, non, c'est deux mauvaises.

Quelle est la différence entre une église et toi ? L'église est consacrée et toi tu es un sacré con !

Une mère met en garde sa fille qui va au bal :
– Fais bien attention. Un garçon risque de te demander ceci, cela, etc. et cela ferait pleurer ta mère.
Le lendemain, la mère lui demande de lui raconter sa soirée. La jeune fille lui dit que c'est elle qui a demandé ceci, cela... à un garçon, en ajoutant : – Comme ça, c'est sa mère qui pleurera !

C'est trois samouraïs qui veulent mesurer leur adresse au sabre. Ils se choisissent un juge, gage d'équité pour la joute qui va se dérouler entre eux. Le juge, qui s'y connaît en tournois de samouraïs, leur a apporté de quoi s'affronter : il ouvre une petite boîte dans laquelle il y a une mouche.
Le katana d'un samouraï sort de son fourreau en un éclair, et la mouche retombe sur le sol, coupée en deux. Le juge est satisfait par cette première performance, et il félicite le premier samouraï. Lorsque le deuxième samouraï est prêt, le juge ouvre une nouvelle boîte et laisse s'envoler une autre mouche.
Cette fois-ci, le deuxième samouraï donne deux coups de sabre dans l'air, et la mouche retombe, coupée en quatre.
Cette fois, le juge est vraiment impressionné. Et il le dit au deuxième samouraï. Mais il reste un troisième concurrent. Lorsque celui-ci est prêt, le juge ouvre sa troisième boîte, qui contient une troisième mouche...
Le samouraï sort son sabre et dessine une arabesque dans l'air. Il range son sabre, mais la mouche continue à voler... Le juge dit alors :
– Mais la mouche vit toujours !

– C'est vrai, répond le troisième samouraï, mais elle ne pourra plus jamais se reproduire.

Pourquoi n'y a-t-il pas de nourriture pour chat avec goût de souris ?

Quel est le comble pour le petit Chaperon rouge ?
C'est d'avoir une faim de loup !

À quoi reconnaît-on un perroquet mâle d'un perroquet femelle ?
On les met l'un après l'autre dans le réfrigérateur. Celui qui gueule : « Fermez les portes, on se les gèle ici ! », c'est le mâle.

Quelle est la différence entre une dictature et une démocratie ?
La dictature on te dit « Ta gueule » et la démocratie on te dit « Cause toujours ».

Pourquoi les choses se trouvent-elles toujours au dernier endroit où on les cherche ?

Papa, Maman et bébé tomate traversent la rue. Bébé tomate est à la traîne car il regarde les belles filles. Papa tomate se retourne, lui met une claque et lui demande :
« Qu'est-ce qui t'arrive, t'es tout rouge ? »

Une grenouille mâle dépressive se décide à appeler un voyant par téléphone dans l'espoir qu'il lui remonte le moral.
Le voyant lui répond (après avoir noté son numéro de carte de crédit) :
– Vous allez rencontrer une fille très jolie qui voudra tout connaître sur vous !
La grenouille répond :
– Ouais ! Super. Et où est-ce que je vais la rencontrer ? À une partie sur la mare ?
Le voyant hésite et répond :
– Vous allez la rencontrer le trimestre prochain, en classe de biologie.

Quelle est la différence entre le chocolat et le travail ?
Le chocolat constipe et le travail fait chier.

Quel est le comble de la timidité ?
– Être patron et ne pas oser annoncer à un employé qu'on va l'augmenter.

Deux gars vont faire un séjour de ski dans la même station que l'année précédente. Ils vont s'inscrire à l'école de ski et demandent à avoir le même moniteur que l'année d'avant... La personne de l'école leur demande alors s'ils connaissent le nom de ce moniteur.
– Non, mais je me souviens qu'il portait toujours une combinaison bleue et rouge.
– Vous savez, ici, tous nos moniteurs portent une combinaison bleue et rouge. Ne vous souvenez-vous pas d'une autre particularité qu'avait ce moniteur ?
– Oui, je me souviens qu'il avait deux anus.
– Comment ? ! ! ! ? Deux anus ? ! ! ! !
– Je vous assure, quand on est allé sur les pistes avec lui, on a rencontré un autre moniteur, qui lui a demandé : « Alors, tu t'en sors avec tes deux trous du cul ? »

Quelle est la différence entre ton nombril et Athènes ? ? ?
Réponse : les deux sont au milieu de la Grèce (graisse).

Un chevalier du Moyen Âge rentre chez lui après de nombreuses années de croisade. Lorsqu'il retire son armure, sa femme s'exclame : Comme tu es bronzé ! Non, répond-il, c'est de la rouille !

Davy Croquet est mort il y a 100 ans, moralité : quand on est mort c'est pour longtemps !

– Que faites-vous pour le déjeuner ? demande une dame à une voisine.
– Du canard à l'orange.
– Votre mari va se régaler.
– Je l'espère parce que, comme je n'ai pas trouvé d'oranges, à la place, j'ai pris des pommes. Alors, pour que ça aille bien avec, j'ai remplacé le canard par du boudin.

Une femme se rend chez les policiers pour porter plainte contre son mari qui n'arrête pas de la sodomiser chaque soir. Le policier :
– Le geste de votre mari fait partie des relations normales dans un couple. Moi aussi j'encule ma femme tous les soirs.
La femme :
– La sodomie, ça me fait trop mal. Avant j'avais le trou du cul aussi large qu'une pièce de 5 centimes, alors que maintenant, il est large comme une pièce de 2 euros. Faites

quelque chose Monsieur le policier, je vous en supplie. Le policier :
– Écoutez Madame, vous n'allez quand même pas me faire chier pour 1 euro 95 !

Savez-vous ce que fait une femme de son trou du cul, le matin ?
Eh bien ! Elle lui met une cravate et elle l'envoie au boulot.

Elle doit souffrir longtemps, la girafe qui boit trop chaud.

Microsoft a annoncé qu'il comptait engager des poursuites judiciaires envers Bandai, le fabricant des Tomagotchi. En effet, Microsoft argue que les Tomagotchi (l'animal de compagnie électronique dont tous les enfants sont fous) est une atteinte à sa propriété intellectuelle. Le porte-parole de Microsoft, Erik Loregard explique : « Un produit qui a besoin d'une attention constante, heure par heure, sous peine de mourir ?
Cela me paraît être une description de Windows. C'est donc clairement une atteinte à notre technologie. »
La compagnie Bandai se refuse à tout commentaire.

Un autobus de touristes, dans un pays quelque peu agité par une guérilla latente, se fait arrêter par un commando armé. Le chef grimpe dans l'autocar, aligne le chauffeur, et hurle à ses hommes : « Allez, ligotez toutes les femmes, et violez les hommes ! Euh, non, non ! Ligotez les hommes et violez les femmes ! »
Et une petite voix masculine haut perchée, du fond du bus : « Ah ben non, alors ! Ce qui est dit est dit ! »

Un petit garçon se balade avec son grand-père dans la rue. Ils s'arrêtent et voient deux chiens l'un sur l'autre. Le garçon demande : « Papi, qu'est ce qu'ils font les deux chiens ? »
Le grand père un peu gêné lui dit : « Et bien tu vois, heuuuuu, le chien du dessus il a les pattes avant cassées, aussi le deuxième le remorque, tu comprends. » « Ha oui, et l'autre c'est pour le remercier qu'il l'encule ? ? ? »

Pourquoi les Écolos aiment-ils bien les lépreux ?
Parce qu'ils sont biodégradables

Le meilleur moyen de retenir

de façon certaine la date de l'anniversaire de votre femme, c'est de l'oublier au moins une fois.

Un garçon de café s'approche d'un client qui vient de s'installer et lui demande :
– Je vous sers quelque chose ?
– Oui, mais pas trop fort.

Quelle est la dernière chose qui passe par la tête d'un moustique lorsqu'il s'écrase sur votre pare-brise ? ? ?
Réponse : Son cul ! ! ! !

Un jeune garçon entre dans une pharmacie et dit au pharmacien :
– Bonjour, pouvez-vous me donner un préservatif ? Ma copine m'a invité à dîner ce soir et je crois qu'elle attend quelque chose de moi !
Le pharmacien lui donne le préservatif et quand il va sortir, le garçon se retourne et lui dit :
– Donnez m'en encore un autre, parce que la sœur de ma copine est très mignonne elle aussi, elle croise toujours les jambes de manière provocante quand elle me voit et je crois qu'elle aussi attend quelque chose de moi.
Le pharmacien lui donne un second préservatif et quand il va sortir le garçon se retourne et lui dit de nouveau :
– Tout compte fait, donnez m'en encore un autre parce que la mère de ma copine a de beaux restes et quand elle me voit, elle fait toujours des allusions... Et comme elle m'a invité à dîner, je crois qu'elle attend quelque chose de moi !
Au dîner, le garçon est assis avec sa copine à sa gauche, la sœur à sa droite et la mère en face de lui.
Quand le père arrive, le garçon baisse la tête et se met à prier :
– Seigneur, je bénis ce dîner, merci pour ce que tu nous donnes... bla bla bla...
Après une minute, le garçon est encore en train de prier :
– Merci Seigneur pour ta bonté... bla bla bla.
Dix minutes passent et le garçon prie encore, toujours avec la tête baissée. Ils se regardent tous très surpris et la copine plus encore que les autres. Elle se rapproche du garçon et elle lui dit dans l'oreille :
– Je ne savais pas que tu étais aussi croyant ! !
– Je ne savais pas que ton père était pharmacien !

Un monsieur, rentrant chez lui, pour dîner, est surpris de trouver sa femme en train de tricoter. Il s'étonne :
– Que fais-tu là ?
D'une voix presque imperceptible, elle murmure :
— Je tricote des petits chaussons.
– Comment ? demande le monsieur qui n'a rien entendu.

À peine plus haut, la dame reprend :
– Je tricote des petits chaussons.
– C'est... C'est merveilleux ! balbutie le mari, mais pourquoi parles-tu si bas pour me dire cela ?
– Parce que, mon chéri, je voudrais que ce soit une surprise pour le bébé...

– Guillaume enlève tes doigts du nez de grand-père !
– Guillaume, laisse grand-père tranquille ! !
– Guillaume, dernier avertissement, arrête ou je referme le cercueil.

Quel est le comble de l'extra-lucidité ?
– S'installer comme horticulteur pour pouvoir lire dans les pensées.

Si vous voulez quelqu'un qui vous apporte le journal, sans le mettre en pièces, pour récupérer les pages sportives, achetez un chien !
Si vous voulez quelqu'un qui adore toujours votre cuisine et ne dit jamais que c'était meilleur chez sa mère, achetez un chien !
Si vous voulez quelqu'un qui se contente de vous tenir chaud au lit et que vous puissiez dégager du lit dès qu'il ronfle, achetez un chien !
Mais si vous voulez quelqu'un qui ne vous répond pas quand vous l'appelez, qui se fiche complètement de vous quand vous rentrez à la maison, qui laisse des poils partout, qui vous marche dessus la nuit, qui ne revient chez vous que pour manger et dormir et qui fait comme si votre entière existence était dévolue à son unique bonheur, achetez un chat !

Ta mère, elle est tellement petite, qu'elle peut surfer dans la machine à laver.

C'est quoi la différence entre un homme et un faucon ? Le faucon c'est un faux con tandis qu'un homme c'est un vrai con !

Quel est le comble de la fainéantise ?
Faire caca dans son lit et pousser la crotte avec ses pieds.

Quelle est la différence entre un meeting du Front National et un préservatif ? Dans le préservatif, il n'y a qu'un seul gland.

C'est la mère de Julie qui demande :
– Tu n'es pas allée à la fête de ton prof ?
– Ben non, répond Julie. L'invitation disait de 7 à 9, et j'ai 10 ans !

Un type qui rentre chez lui après un voyage sent une odeur spéciale qui lui fait penser que sa femme vient sans doute de le tromper. Il se précipite à la chambre et voit en effet le lit défait et des traces indubitables de son infortune. Furieux, il jette tous les meubles par la fenêtre. Une armoire tombe dans la rue et écrase un passant. D'autre part le mari, déjà cardiaque, ne supporte pas cet effort et fait un infarctus. Il se retrouve chez saint Pierre avec deux autres types. Saint Pierre demande au premier comment il est mort. Le type répond : Je passais dans la rue et j'ai reçu une armoire pleine sur le crâne. Et vous, demande Saint Pierre au mari : Moi, j'ai jeté l'armoire et j'ai eu un infarctus ! Et vous, comment êtes-vous mort ? Moi, dit le troisième, j'étais dans l'armoire !

La maman en colère après son fils :
– Martin ! Je t'interdis d'aller chez Émile. Ton copain est trop mal élevé !
Alors, le petit Martin :
– Dis maman, comme je suis bien élevé, Émile peut venir ici, alors…

C'est l'histoire d'un homme parfait qui rencontre une femme parfaite. Après que l'homme ait fait parfaitement la cour à la femme, ils font un mariage parfait. Leur vie est parfaite…
Jusqu'au jour où, sur une petite route la veille de Noël, alors que la neige tombe à gros flocons, ils remarquent une personne sur le bas-côté qui visiblement a besoin d'aide. Le parfait couple s'arrête bien sûr. Sur le bas-côté, qui est là, bien content de voir quelqu'un se porter à son secours ?
Le Père Noël avec tout un paquet de jouets ! !
Alors pour ne pas décevoir des millions d'enfants, le couple parfait dit au Père Noël de monter dans la voiture avec son paquet de jouets. Et très vite, ils se mettent à faire la tournée du Père Noël, s'arrêtant devant chaque maison pour que le Père Noël puisse déposer les cadeaux…
Mais soudain, les conditions météo se détériorent et c'est l'accident. Seulement une personne survit au crash… Qui est-ce ?
C'est la femme parfaite bien sûr : tout le monde sait bien que le Père Noël et l'homme parfait n'existent pas.
Alors si ni l'homme parfait, ni le Père Noël existent, c'est forcément la femme qui conduisait… Ce qui explique l'accident de voiture.

Une religieuse rend visite au curé :
– Voilà mon père : au cloître nous avons un problème avec nos deux perroquets. Ce sont des femelles et elles ne savent dire qu'une seule phrase abominable : « Nous sommes des prostituées, voulez-vous vous amuser ? ».
– C'est affreux ! s'exclame le prêtre. Mais j'ai peut-être une solution. Apportez-moi vos perroquets, je les mettrai avec les miens qui sont des mâles, et auxquels j'ai appris à prier et à lire la Bible. Ainsi, vos deux femelles apprendront à louer et à adorer Dieu.
Le lendemain, la religieuse apporte ses perroquets au prêtre qui les met comme convenu dans la cage des deux mâles. Alors les deux perroquets femelles engagent la conversation :
– Nous sommes des prostituées, voulez-vous vous amuser ?
Et l'un des perroquets mâles dit à l'autre :
– Tu peux ranger ta Bible, mon vieux ! Nos prières sont enfin exaucées.

C'est un freluquet qui voudrait bien faire partie du club des Bikers... Bon, il est un peu minus, il a une toute petite... heu... une toute petite voix, mais il a une belle Harley. Alors il demande à s'inscrire. Le chef des Bikers, un gros monstre tatoué, velu, chevelu, pieds nus, lui dit comme ça :
– Pas de problème, gars, t'as trois épreuves à passer. Pas dur. Une, tu bois 20 bières. Deux, tu vois le pitbull, là, sous le bar ? Tu lui retires l'aphte qu'il a dans la gueule. Trois, tu vois la grand-mère, sur son banc ? Tu la violes 10 fois.
– Ah, ben ouais, ben j'y vais !
Bon, le type boit 10 bières, 15, 16, c'est pas facile, 17... Finalement les 20 bières y passent.
Alors il va sous le comptoir, et on entend un gros bruit de lutte entre le gringalet et le pitbull. Énorme. Ca dure.
Et le type ressort, abîmé, ébouriffé, et il demande :
– Bon, elle est où, c'te vieille, que je lui retire son aphte ?

Le premier jour Dieu a créé la vache. Dieu dit : « Tu dois aller au champ avec le fermier toute la journée et souffrir sous le soleil, avoir des veaux et donner du lait pour soutenir le fermier. Je te donne une durée de vie de 60 ans. » La vache répondit, « c'est une sacrée vie dure que tu veux pour moi pendant 60 ans. C'est ok pour 20 ans et je te rends les 40 autres. »
Et Dieu a été d'accord.
Le deuxième jour, Dieu a créé le chien. Dieu a dit : « Reste assis toute la journée sur le seuil de la porte de la maison et aboie sur quiconque entre ou passe devant. Je te donne une durée de vie de 20 ans. »
Le chien a dit, « c'est trop long pour aboyer. Donne-moi 10 ans et je te rends les 10 autres. »
Alors Dieu a été à nouveau d'accord (soupirs).

Le troisième jour Dieu a créé le singe. Dieu a dit, « Amuse les gens, fais des tours savants, fais les rires. Je te donne une durée de vie de 20 ans. »
Le singe a dit, « Faire des singeries pendant 20 ans ? C'est trop chiant ! Le chien t'a rendu 10 ans, non ? Ben je fais pareil, ok ? »
Encore une fois Dieu a été d'accord.
Le quatrième jour Dieu a créé l'homme. Dieu a dit, « Mange, dors, joue, baise, amuse-toi. Glande un rien, (tranquille, quoi !) Je te donne 20 ans. »
L'homme répondit, « Quoi ? Seulement 20 ans ? Que dalle. Écoute, je prends mes 20, les 40 que la vache a rendus, les 10 du chien et les 10 du singe. Ça fait 80, ok ? »
« Ok ! » Répondit Dieu.
« Marché conclu ». C'est ainsi que pendant les 20 premières années de notre vie nous mangeons, dormons, jouons, baisons, nous amusons et ne faisons rien ; pendant les 40 années suivantes nous travaillons comme un forçat au soleil pour entretenir notre famille ; pendant les 10 années suivantes nous faisons des singeries pour distraire nos petits-enfants ; et pendant les 10 dernières années nous sommes assis devant la maison à aboyer sur tout le monde !

Dans une distillerie écossaise, un employé déboule essoufflé dans le bureau du directeur en criant :
– Patron, Patron !!! Mac Yavel est tombé dans la cuve à whisky !
– Oh my god !!! Il est mort ?
– Hélas oui… Mais il a quand même eu le temps de ressortir trois fois pour aller chercher des olives et des cacahuètes…

Une vieille dame croise un jeune homme dans la rue, et lui demande :
– Quel âge me donnez-vous ?
– Les jambes 30… les bras 25… les seins 35… le visage 30… les hanches 25…
– Oh ! Mais vous me flattez !
– Attendez ! Je n'ai pas encore fait l'addition !

C'est l'ouverture de la chasse. Un lapin dit à l'autre : « Je ne crains rien, j'ai mangé un trèfle à quatre feuilles. »

Un type va pour la première fois en visite chez les parents de sa copine. Il veut faire bonne impression mais le chili con carne de la veille fait des siennes et ses intestins le rappellent à son bon souvenir toutes les cinq minutes. Notre héros est le centre d'intérêt de la famille entière et tout se passe bien, jusqu'au moment où un gaz s'annonce. La douleur est telle qu'il ne peut qu'adopter la solution d'urgence : le contrôle absolu de ses abdominaux et de ses

muscles fessiers pour en claquer un silencieux dans les coussins du fauteuil. Ouf, mission accomplie… Mais voilà que flotte autour de lui une sorte d'aura qui n'augure rien de bon pour son avenir de gendre potentiel. Le maître des lieux ne peut faire autrement que de remarquer l'odeur nauséabonde et hurle :
– MÉDOR !
Effectivement, repose aux pieds du prétendant un chien répondant au doux nom de Médor. « Sauvé, c'est lui qui prend ! », souffle notre héros soulagé. Il se dit qu'après tout, autant en profiter, d'autant plus que le suivant s'annonce féroce. En virtuose, le second est lâché avec autant de discrétion que le premier et l'odeur se fait de plus en plus présente.
– MÉDOR ! ! ! gueule le père.
« Et va pour le troisième », se dit le type. Le père se lève et hurle :
– MÉDOR, TIRE-TOI DE LÀ, CE TYPE VA TE CHIER DESSUS !

Ta mère est tellement grosse que même quand elle est loin, on croit qu'elle est tout près.

Quelle est la différence entre une blonde et un Pokémon ? Le Pokémon, il évolue.

Quelle est la différence entre les hommes et les cochons ?
– Les cochons ne se transforment pas en homme quand ils ont bu !

C'est une femme qui vient consulter son médecin. Elle lui dit :
– Docteur, j'ai un gros problème. À chaque fois qu'on est au lit avec mon mari et qu'il jouit, il pousse un énorme cri à m'en percer les tympans !
Le médecin lui répond :
– Mais c'est pourtant quelque chose de normal. Ça devrait vous plaire, non ? C'est un témoignage du plaisir que vous lui procurez !
– Peut-être Docteur, mais le problème, c'est que ça me réveille !

Blague à faire à votre femme ce soir en rentrant du boulot.
– Chérie, viens ici, je vais te raconter une blague tellement bonne que tes seins en tomberont par terre.
Après un regard insistant vers sa poitrine, vous ajoutez :
– Ho ! Ho, je crois que je te l'ai déjà racontée…

Un bûcheron était en train de couper une branche qui s'allongeait jusqu'au-dessus d'une rivière. La hache tombe et disparaît dans la rivière. Le bûcheron est très triste.

Tout à coup, il aperçoit Dieu qui lui demande pourquoi il est si triste. Le bûcheron lui dit alors que sa hache est tombée dans la rivière.
À sa grande surprise, il voit Dieu plonger dans la rivière et remonter avec une hache en or en disant :
– Est-ce ta hache ?
– Non.
Dieu plonge de nouveau dans la rivière et remonte avec une hache en argent :
– Est-ce ta hache ?
– Non...
Dieu replonge dans la rivière et remonte une vieille hache en fer, rouillée :
– Est-ce ta hache ?
– Oui, c'est bien elle !
Dieu apprécie l'honnêteté de l'homme et lui donne les trois haches. Le bûcheron retourne chez lui heureux.
Quelques jours plus tard, le bûcheron marchait le long de la rivière en racontant à sa femme ce qui s'était passé avec la hache. La femme trébuche et tombe à l'eau, emportée par le courant. Le bûcheron est paniqué et voit Dieu qui revient et lui demande :
– Pourquoi es-tu si paniqué ?
– C'est ma femme ! Elle est tombée dans la rivière !
Dieu disparaît quelques secondes et revient avec Jennifer Lopez dans les bras :
– Est-ce ta femme ?
– OUI !
– Oui ? Menteur ! Comment oses-tu me mentir après ce que j'ai fait pour toi ? Je devrais t'envoyer en enfer !
– Mon Dieu, je vous en prie, pardonnez-moi ! Écoutez, si j'avais dit non pour Jennifer Lopez, vous seriez revenu avec Claudia Schiffer. Si j'avais à nouveau dit non, vous seriez revenu avec ma femme, et j'aurais alors dit oui. À ce moment, vous m'auriez laissé les trois. Je suis un homme pauvre et je ne suis pas en mesure de nourrir trois femmes, c'est pour cette raison que j'ai dit oui à la première !

Trois religieuses, qui viennent d'avoir un accident de voiture, arrivent au ciel et aperçoivent une longue file d'attente devant Saint Pierre. Elles rejoignent la queue et remarquent vite que certaines personnes sont renvoyées par Saint Pierre.
Lorsque finalement, elle arrive devant lui, la première religieuse demande au grand Saint Pierre :
– Pourquoi renvoyez-vous autant de gens ?
– Vous savez, explique Saint Pierre, le Paradis est plein et pour y rentrer désormais, il faut répondre à une question.
– D'accord, quelle est la question ?
– Qui fut le premier homme sur Terre ?
– Facile, répond-t-elle, Adam !
– Très bien, vous pouvez vous présenter au Paradis.
– Et moi Saint Pierre ? intervient la seconde religieuse, quelle est ma question ?
– Qui fut la première femme sur Terre ?
– Ève fut la première femme !
– Bien. Et vous, vous êtes prête pour votre question ? demande Saint

Pierre à la dernière religieuse.
– Oui, répond-t-elle
– Quelle fut la première parole d'Ève à l'attention d'Adam ?
– Oh, c'est dur, ça, rétorque-t-elle
– C'est bien, intervient Saint Pierre, vous pouvez vous présenter au Paradis !

Un homme va à la maternité, voir sa femme qui vient d'accoucher. En se penchant au-dessus du berceau, il constate que son fils est noir !
Il regarde sa femme, étonné. En soulevant le drap, il constate qu'il a les deux bras blancs ! Il regarde sa femme étonnée. Puis, en prenant l'enfant dans ses bras, il constate qu'il a les jambes rouges et les pieds jaunes. Sa femme, un peu ennuyée (il y a de quoi !), hausse les épaules en signe d'incompréhension et dit :
– Là, vraiment, je comprends pas, les docteurs non plus ! ! !
Le type réfléchit un peu et puis :
– Ah, je crois savoir... Tu te souviens cette partouze, il y a 9 mois, au château de Bourre-les-Pins, il y avait des Africains, des Asiatiques, des Européens et des Indiens, ça doit expliquer cela ! ! !
Et la femme, soudain, assaillie par un doute,
– Oh, chéri, j'espère qu'il ne va pas aboyer !

Cellule à 2 – L'un colle des timbres sur le corps nu de l'autre. Le directeur lui demande ce qu'il fait. Le fou lui répond : Mais je l'affranchis avant de me l'envoyer !

Un chef d'entreprise convoque l'un de ses collaborateurs. Rouge de colère, il explose :
– J'ai appris qu'hier, dimanche, vous êtes allé à la messe et que vous avez prié pour obtenir une augmentation ! Sachez-le bien mon ami : j'ai horreur que quelqu'un essaie de passer au-dessus de ma tête quand il veut quelque chose.

Un enfant dit à sa mère :
« C'est quoi ça ? », en parlant de son vagin. Elle lui dit que c'est un tunnel. Le petit va voir son père et il lui demande : « C'est quoi ça ? ». Le père lui dit que c'est une voiture. Plus tard pendant la nuit, il crie :
« Attention, maman ! Papa va rentrer la voiture dans le tunnel. »

À l'école, Émilie est sage comme une image.
À l'heure de la sortie, elle va trouver la maîtresse et lui demande :
– Siouplait, dites-moi ce que j'ai appris aujourd'hui, parce que mon papa me le demande tous les soirs !

Quel est le comble du charcutier ?
D'avoir un caractère de cochon.

Quel est le point commun entre les huîtres et les hommes ?
Réponse : il faut en sucer beaucoup avant de trouver une perle rare.

Frédéric va chez son ophtalmologiste. Pendant la consultation, le médecin lui dit :
– Vous devriez arrêter de vous masturber comme ça.
– Ah bon, c'est vrai que ça rend aveugle ?
– Non, mais vous avez mis tout le monde mal à l'aise, dans la salle d'attente !

Une prostituée va voir son gynécologue. L'homme lui demande :
– Vous perdez beaucoup pendant vos règles ?
– Euh… 2000, 3000 balles.

Un homme va chez son antiquaire et lui dit :
– Alors, quoi de neuf ?

Un vieux couple entre lentement chez McDonalds, par une froide soirée d'hiver. Plusieurs clients les regardent avec admiration :
– Regardez ce vieux couple, toujours amoureux malgré les années…
Le vieux monsieur se rend directement à la caisse, commande et paie pour le repas. Le couple prend une table à l'arrière et pose le plateau contenant, un hamburger, un paquet de frites et un Pepsi. Le monsieur déballe le hamburger et le coupe en deux, il en place une moitié devant son épouse. Ensuite, il compte soigneusement les frites et en fait deux piles égales et en place une devant sa femme. Il prend une gorgée de Pepsi, sa femme en fait autant. Il place le Pepsi entre eux. L'homme commence à manger sa partie d'hamburger. Autour d'eux on murmure :
– Pauvre vieux couple, il ne peut acheter qu'un seul repas pour deux.
Un jeune homme se lève et s'approche de leur table. Il leur offre poliment de leur acheter un autre repas. Le monsieur lui dit que tout va bien et qu'ils sont habitués à tout partager. La vieille dame n'a encore rien mangé…
Elle reste assise en regardant son mari manger tout en sirotant de temps à autre une gorgée de Pepsi. Encore une fois le jeune homme les supplie de le laisser leur acheter un autre repas. Cette fois, c'est la vieille dame qui lui explique que ce

n'est pas nécessaire, qu'ils sont habitués à tout partager. Comme le vieux monsieur termine de manger et s'essuie le visage proprement, le jeune homme s'approche de leur table pour leur offrir encore une fois de la nourriture. Après qu'ils aient poliment refusé, il demande à la vieille dame :
– Madame pourquoi ne mangez-vous pas. Vous dites que vous partagez tout. Qu'attendez-vous ?
Elle répond :
– J'attends les dents...

C'est jour de marché dans Kensington et Sherlock Holmes et le docteur Watson se promènent dans la foule.
Tout près d'un marchand de fruits et de légumes qui fait goûter sa marchandise aux clients, Sherlock remarque trois jeunes femmes qui ont jeté leur dévolu sur les bananes.
– Bonjour madame, bonjour mademoiselle, bonjour ma sœur, leur dit Holmes.
– Vous les connaissez ? demande Watson.
– Non, je ne les connais pas. Mais je peux tout de même vous dire que l'une était une religieuse, une autre était prostituée, et la troisième était une jeune mariée !
– Pas possible ? ! Comment avez-vous pu deviner ça ?
– Élémentaire, mon cher Watson : la nonne mangeait sa banane en la coupant en petits morceaux au préalable. La prostituée mangeait sa banane en la prenant à deux mains et en l'introduisant complètement dans la bouche. Et enfin, la jeune mariée tenait le fruit d'une main pendant qu'elle poussait sa tête vers la banane avec son autre main.

Comment guérir un homme de son obsession sexuelle ?
En l'épousant.

Dans un restaurant, un client appelle le maître d'hôtel :
– Mon ami, il vous faut choisir : ou bien vous arrêtez de servir des portions aussi minces, ou vous fermez vos fenêtres. C'est la troisième fois que mon bifteck s'envole, à cause d'un courant d'air !

Une dame arrive chez son médecin. Elle a des dents en moins, le visage tuméfié et les yeux au beurre noir.
– Qui vous a fait ça, demande le médecin.
– C'est mon mari.
– Mais je croyais qu'il était en voyage d'affaires ?
– Moi aussi...

Une femme va porter plainte au commissariat de son quartier :

– Depuis une semaine, un homme, dans l'immeuble en face, se met tous les jours tout nu à la fenêtre !
Le commissaire se rend chez elle pour faire un constat et voit effectivement le bonhomme, torse nu :
– Il n'y a pas de mal à ça, ma petite dame !
– Vous n'avez qu'à monter sur la chaise, vous verrez !!

C'est un éléphant qui rencontre un serpent pour la première fois.
Il est très intrigué et lui demande :
– Mais comment fais-tu pour avancer ? Tu n'as pas de jambes !!!
– Et bien, tu vois, je rampe et cela me permet d'avancer.
– Ah, d'accord !
L'éléphant continue son chemin. Il est quand même encore intrigué par le serpent, alors il revient sur ses pas et demande au serpent :
– Mais comment fais-tu pour te reproduire ? Tu n'as pas de couilles.
– Maaaaaaaaaaaaaiiiiiiiiis tu fais chier !!! Je n'en ai pas besoin. Je ponds des œufs et c'est comme ça !!!
– Ah d'accord.
L'éléphant repart. Mais toujours intrigué par le serpent, il revient et demande :
– M'excuse encore une fois, mais comment fais-tu pour manger ? Tu n'as pas de mains.
– J'eeeeeeeen ai pas besoin ! J'ouvre la gueule comme ça....super grand...... et j'avale ma proie direct !
– Ok ok... mais alors... Tu rampes... T'as pas de couilles... T'as une grande gueule...Tu serais pas chef de service par hasard ?

– Maman, maman, je n'aime pas grand-père !
– Ca ne fait rien : pousse-le sur le bord de l'assiette et mange tes haricots.

Un homme va voir son médecin :
– Docteur, j'ai un problème avec ma femme.
– Ah bon ?
– Elle est obsédée par le sexe.
Le médecin lui coupe la parole :
– Monsieur, je ne vois pas où est le problème.
– Oui, mais, pas du mien !

– Quel est le métier de ton papa ? demande le prof.
– Moi, mon papa, il est pompeur.
– Ah ! Non ! On ne dit pas 'pompeur', mais 'pompiste' !
Et toi ?
– Moi, mon papa, il est livriste.
– Voyons ! On ne dit pas 'livriste' mais 'livreur' !
Et toi, Lucie, que fait ton papa ?
– Ben moi, maintenant, je ne sais plus si papa est mineur ou ministre !

Ta mère, elle met des timbres sur ses E-mails.

Melon et Melèche vont faire les courses.
Melon achète les fromages et Melèche les miches.

Un train est en train de quitter la gare. Par la fenêtre, un homme crie dans la direction d'un autre resté sur le quai et qui lui fait signe :
– MERCI POUR LE WEEK-END. ET TU DIRAS À TA FEMME QU'ELLE EST LE MEILLEUR COUP QUE J'AI JAMAIS TIRÉ !
Un autre passager lui demande alors :
– C'est incroyable ça ! Comment pouvez-vous dire à cet homme que sa femme est meilleure au lit que n'importe quelle autre femme ? !
Et le gars répond :
– Oh en fait sa femme est loin d'être la meilleure. Mais c'est mon ami et j'ai juste voulu être gentil avec lui.

Un milliardaire de 80 ans va bientôt célébrer son mariage avec une jeunette de 22 ans. Quelques jours avant, il va consulter son médecin et ami personnel François pour son check-up annuel. Ce dernier est en train de l'examiner lorsqu'il lui dit :
– Écoute Charles, tu me sembles être en excellente santé. Cependant, je dois quand même te prévenir d'une chose.
– Et quoi donc, François ?
– C'est difficile à te le dire, mais à ton âge, les relations sexuelles, ça peut être très très dangereux, mortel même !
Alors Charles semble réfléchir un instant, puis il répond :
– Bah, tant pis François. Si elle meurt, elle meurt !

Ta mère, elle est root sur zx81.

Quelle est la différence entre Jurassic Park et Microsoft ?
– L'un est un parc de milliardaire ou des gros monstres bouffent tout se qui se trouve sur leur passage. L'autre est un film.

Règle des « MMS » ou « la sexualité chez l'être humain (de sexe masculin) » :
– à 14 ans, ça veut dire : Maman Me Surveille (ou Ma Main Seulement) ;
– à 20 ans, c'est Matin, Midi et soir ;
– à 40 ans, Mardi, Mercredi et Samedi ;
– à 60 ans, Mars, Mai, Septembre ;

– à 80 ans, Mes Meilleurs Souvenirs !

Une mère de famille nombreuse s'aperçoit brusquement que la maison est silencieuse :
– Tu sais où sont les enfants, demande-t-elle à son mari ?
– Oui, ils jouent dans leur chambre.
– Alors, va vite voir ce qu'ils font, et dis-leur d'arrêter tout de suite.

Melon et Melèche décorent le sapin de Noël.
Melon accroche les guirlandes et Melèche les boules.

Quelle est la différence entre une femme enceinte et un pendu ?
Aucune, ils sont tous les deux victimes d'un nœud coulant.

Une association de nains a monté un club de football, et, chaque dimanche, ses équipes jouent l'une contre l'autre. Après le match, tous vont dans un café où on leur réserve la salle du premier pour boire un vin chaud.
Un dimanche, un client déjà éméché, accoudé au comptoir, voit soudain descendre dans l'escalier un, deux, puis trois, cinq, dix puis onze nains en maillot bleu, qui traversent la salle, passent devant lui, et sortent dans la rue...
Il se frotte les yeux et recommande un whisky. À peine l'a-t-il bu qu'il voit un, deux, cinq, dix puis onze nains en maillot rouge descendre à leur tour l'escalier, passer devant lui, et sortir dans la rue. Alors il appelle le propriétaire du bistrot et lui dit à l'oreille :
– Patron, je voudrais pas vous inquiéter, mais je vous signale que votre baby-foot se fait la malle.

Un groupe de trois animaux sont autour d'une table, parlant des vacances à venir. Il y a un ours, un dauphin et un crocodile.
L'ours dit :
– Vu que toute ma famille possède une bonne fourrure, nous avons décidé de partir dans un pays froid et ça sera le pôle nord.
Le dauphin dit :
– Vu que nous avons des nageoires, nous avons opté pour les vacances au grand large, dans l'océan Atlantique...
Le crocodile quant à lui :
– Ma femme a une grande gueule, mes enfants ont une grande gueule. En ce qui concerne la mienne, n'en parlons pas, elle est encore plus grande. C'est pour cela qu'on a décidé de passer nos vacances en France.

Quelqu'un m'a volé ma carte de crédit, mais je ne porterai pas plainte : le voleur dépense moins que ma femme

Trois hommes sont dans un ascenseur : un Français, un Japonais et un Américain. Le Japonais sort tout à coup un téléphone portable et crâne bien devant les autres. L'Américain veut faire mieux et sort un ordinateur portable de la taille d'une calculette. Il frime bien avec. Le Français voulant crâner aussi mais n'ayant rien, pète et dit aux deux autres qui le regardent en rougissant : « C'est rien, je reçois un fax ! »

Quel est le féminin de « assis devant la télé » ?
« Debout dans la cuisine »

Le travailleur vraiment courageux est celui qui n'hésite pas à se coucher à côté de son travail pour bien lui montrer qu'il n'a pas peur de lui.

Comment les avocats sont-ils semblables à des armes nucléaires ?
– Si un bord en a un, l'autre bord doit en avoir un. Une fois lancés, ils ne peuvent plus être arrêtés. Quand ils atterrissent, ils détruisent tout !

C'est un gars qui entre dans un bar et se dirige vers le barman.
– Je vous parie 200 balles que je peux mordre mon œil droit.
Le barman :
– D'accord.
Il retire son œil en verre et le mord.
Une demi-heure plus tard :
– Je vous parie que je peux mordre mon autre œil.
Le barman réfléchit et se dit qu'il est impossible que cet homme ait un autre œil en verre puisqu'il se déplace sans mal.
Le gars retire alors son dentier et mord son autre œil.
Un peu plus tard dans la soirée, il revient et lui dit :
– Je vous donne une autre chance de regagner vos sous. Je vais poser ce verre sur le bar et je vais pisser dedans de derrière cette ligne sans mettre une goutte à côté.
Le barman se dit que c'est impossible et il accepte le pari.
Il s'éloigne donc et rate complètement son objectif. Le barman est tordu de rire et lui demande ce qui lui a pris de faire un pari si insensé.
– Tu vois ces types là-bas ? Je leur ai parié 1 000 balles que je pisserais sur ton bar et que tu rirais comme un dingue.

Un monsieur est à l'hôpital avec la tête enveloppée d'un solide pansement. Son infirmière lui dit :
« Mon pauvre monsieur, votre femme doit vous manquer ? »
Ce dernier répond :
« D'habitude oui, mais cette fois-là, elle m'a eu ! »

Un gars entre dans un bistrot. Il a la figure, les bras, les jambes, tout égratignés. En bref, il est pas mal amoché. Alors ses copains lui demandent ce qui lui est arrivé. Le type répond :
– Je viens d'enterrer ma belle-mère !
Les autres l'interrogent encore :
– Quel est le rapport avec tes égratignures ?
Le gars répond :
– Mais c'est qu'elle ne voulait pas !

Quel est le point commun entre une police d'assurance et un nudiste ?
– Il y a beaucoup de choses qui ne sont pas couvertes.

Melon et Melèche sont sous un chêne.
Melon ramasse une feuille et Melèche le gland.

C'est un curé de campagne qui monte en chaire un dimanche matin et dit à ses fidèles :
– Mes chers paroissiens, pour attirer de nouveaux fidèles à la messe dimanche prochain, je vais faire mon sermon avec un langage de rue. Le sujet sera sur les items suivants : FOURRER – PÉNÉTRER – DÉCHARGER et JOUIR. À dimanche prochain !
Le message se transmet durant la semaine, de bouche à oreille dans le village. Le dimanche suivant, l'église est bondée, il y a jusqu'à 3 rangées debout au fond. Arrive le sermon, M. le curé monte en chaire et dit :
– Mes très chers paroissiens, je vous remercie d'être venus en si grand nombre ce matin et, tel que promis la semaine dernière, le sujet spécial de ce matin est : FOURREZ-VOUS bien dans la tête que pour PÉNÉTRER dans le royaume des cieux, il faut vous DÉCHARGER de vos péchés afin de JOUIR du paradis éternel. AMEN.

Quelle est la différence entre un horloger et une girouette ?
L'horloger vend des montres et la girouette montre le vent.

Quelle ressemblance y a-t-il entre un thermomètre et un professeur ?

On tremble quand ils marquent zéro.

Deux amis japonais se rencontrent un matin dans les rues de Tokyo. L'un d'eux vient tout juste de rentrer de ses vacances.
L'autre lui demande :
– Alors, comment s'est passé ton séjour ?
– J'ne sais pas, je n'ai pas encore développé les photos.

Étienne et Brandon discutent à la cantine.
– Je ne sais pas quoi faire, ma femme est un peu distante en ce moment, je crois qu'elle n'a plus envie de moi.
– J'ai un truc terrible : fais-lui l'amour comme un chat ! Tu vas voir, Étienne, elle va adorer ça.
Le lendemain, ils se retrouvent à la même table. Étienne est couvert de pansements.
– Ben dis donc, dit Brandon, ça a marché à ce que je vois.
– Tu parles, ça a bien commencé, elle ronronnait de plaisir puis elle a sorti ses griffes quand une tuile a glissé et qu'elle a failli tomber du toit !

C'est une brave femme à qui on a offert un perroquet. C'est un superbe animal, il parle très bien. Seule ombre au tableau : il parle sans arrêt. Elle a beau recouvrir la cage, le bestiau fait toujours autant de boucan. N'y tenant plus, elle attrape son volatile et fonce chez un spécialiste des perroquets.
– Voilà, dit-elle, il est trop exubérant, il parle et chante jour et nuit, je ne peux plus le supporter.
Le véto examine le piaf puis dit à la dame :
– C'est la première fois que je vois un tel cas. Je vais vous prescrire quelque chose mais le résultat n'est pas garanti.
Il lui fait son ordonnance et précise :
– Ce sont des suppositoires, vous lui en administrez un matin et soir pendant deux jours.
La femme suit les consignes à la lettre et, effectivement, le résultat est là : le perroquet ne dit plus un seul mot. Au début, elle trouve ça reposant, mais au bout d'une semaine, elle s'inquiète. Elle retourne voir le spécialiste.
– Docteur, il faut faire quelque chose, il ne parle plus du tout !
Après examen, le véto est perplexe.
– Votre perroquet est vraiment un cas clinique ! Je ne peux rien. Vous devriez aller chez un oiseleur, acheter la plus belle femelle que vous trouverez, et la mettre la dans sa cage. Vous verrez que pour la séduire, il reparlera comme avant.
Elle va donc acheter une belle femelle et, le soir venu, elle la met dans la cage. Elle se cache pour surveiller. La femelle parade autour du mâle, celui-ci, stoïque sur son perchoir, ne bronche pas. Elle redouble ses efforts de séduction. En vain. Elle s'approche du mâle et

lui dit :
– Ben quoi, je ne te plais pas ?
Le perroquet met le bout de son aile devant son bec et tout doucement murmure :
– Chut, ici, si tu parles, on t'encule !

Quelle est la différence entre une blonde et un miroir ?
Le miroir réfléchit !

Un couple passe sa lune de miel à l'hôtel Watergate de Washington.
La mariée est inquiète :
– Si la place est encore truffée de micro ?
– Mais non... Je vais quand même vérifier s'il y a des micros cachés.
Il regarde derrière les rideaux, derrière les peintures, sous le tapis.
Finalement, sous le tapis, il découvre un disque avec quatre vis.
Il prend son couteau Suisse, dévisse les vis, enlève la plaque et jette le tout par la fenêtre.
Le lendemain matin, ils rencontrent le directeur de l'hôtel...
– Comment était votre chambre ?
Vous êtes satisfaits du service ?
Vous n'avez pas eu de bruit ?
– Non, tout a été parfait.
– Tant mieux, car les gens de la chambre AU-DESSOUS de la vôtre ont reçu un lustre sur la tête. Vous n'avez vraiment rien entendu de louche ?

Quelle est la différence entre la France et le Mexique ?
Au Mexique, il n'y a que les plats qui font chier !

Un fermier découvre un beau jour que l'une de ses poules ne pond plus que des œufs carrés. Décidant d'exploiter cette anomalie spectaculaire, il prévient l'INRA de son cas, lequel, vivement intéressé, prend la poule en pension contre une bonne compensation. Le problème, c'est qu'une fois installée à l'INRA, la poule recommence à pondre des œufs ovales. Convoqué pour constater le fait, le fermier va voir sa poule et lui demande ce qui ne va pas.
Elle lui répond :
« Et alors... tu crois que je vais continuer à me casser le cul, maintenant que je suis fonctionnaire ? »

Une famille est en plein divorce. Lle juge demande à l'enfant :
– Alors mon petit, tu voudrais habiter chez lequel de tes parents ?
– En tout cas pas chez ma mère, elle me bat.
Le juge regarde la mère d'un air méchant et continue :
– Dans ce cas, il reste ton père...
– Ah non, pas mon père non plus, il

me bat aussi.
Toujours d'un air accusateur, le juge fixe les parents et pour finir :
– Mais alors, chez qui tu voudrais habiter ?
– J'aimerais habiter au PSG, parce qu'eux au moins, ils n'ont encore battu personne !

Une brune et une blonde discutent en prenant le thé.
La brune :
– Dis donc, la nuit dernière, j'ai eu 3 orgasmes d'affilée !
La blonde :
– Bah, c'est rien ça : moi la nuit dernière j'en ai bien eu une centaine !
La brune :
– Cent ? ? ? La vache, j'aurais jamais pensé que ton petit ami était si doué !
La blonde (surprise) :
– Oh, en fait tu voulais dire « avec un seul gars »....

Une maman, qui passait par la salle de bains, surprend son jeune fils Émile en train de se masturber dans son bain :
– Émile ! Tu ne devrais pas faire ça avec ton zizi !
– Pourquoi ? C'est mon zizi, et je le lave aussi vite que je veux ! ! !

Microsoft a annoncé un accord avec les industries du Père Noël lors d'une conférence de presse tenue par satellite, dans la résidence d'été du Père Noël, quelque part dans l'hémisphère méridional. Dans l'affaire, Microsoft gagnerait les droits exclusifs sur Noël, les rennes, et d'autres inventions non spécifiées. En outre, Microsoft accédera aux millions de ménages par la PapaNoël Corporation Inc. L'annonce a également inclus une notification que, à compter du 1er janvier 2001, les marques « Noël » et « Rennes » seraient « déposées » par Microsoft. À la question « Pourquoi avoir racheté Noël ? », Bill Gates a indiqué que Microsoft avait réfléchi à un mécanisme de livraison plus efficace pour tous leurs produits, mais avait considéré que la PapaNoëlCorporation avait des avantages immédiats.
« Nous l'utiliserons d'abord pour les nouvelles versions de nos suites et de Windows ». Les participants se sont vus offrir une avalanche multimédia présentant une suite sans fin des produits qui composent l'affaire. La conférence s'est terminée avec une version verte et rouge du logo de Microsoft, et une nouvelle marque déposée de Noël.

Un avion rempli à majorité de fous vole depuis plusieurs heures. Soudain un missile le frappe. Le plancher cède et part. Tous les passagers tentent tant bien que mal de s'agripper à mains nues aux

porte-bagages et à tout ce qui pend du plafond. En dessous, le vide ! Mais, miracle, l'avion continue de voler sans plancher. Le pilote lance un appel : « Nous sommes trop lourds, un des passagers doit se sacrifier et lâcher prise ! »
Un brave passager clame : « Très bien, puisqu'il le faut, je me sacrifie ! »
À ces mots, tous les fous se sont mis à applaudir !

Monsieur et sa blonde sont en train de manger dans un restaurant chic. Madame lui chuchote à l'oreille :
– Chéri... Qu'est-ce que tu dirais de faire l'amour à trois ?
L'homme hésite longtemps, puis, observant sa belle, qui est bien mignonne lorsqu'elle est tout excitée comme ça, se penche et lui murmure :
– D'accord, si tu y tiens vraiment. C'est pour te faire plaisir.
Elle s'exclame alors :
– YOUPPIIIIIIIII ! ! ! 1, 2... et 3 ! ! !

– Je n'arrivais pas à dormir. Mon médecin m'a donné un remède merveilleux. Je compte les éléphants.
– Les éléphants, mais d'habitude ce sont les moutons ?
– Je sais, c'est ce qu'il a dit, mais moi je suis myope.

À part pour le physique, comment différencie-t-on un homme et une femme nus ?
L'homme a encore ses chaussettes.

On ne dit pas... un pinailleur mais... un mari infidèle.

Un fou se tient en haut d'une grande échelle avec un livre.
– Que fais-tu, lui demande un passant ?
– Je fais des études supérieures.

Que fait un canard aveugle quand il veut se marier ?
Il cherche une cane blanche.

Un couple avait été invité à une soirée costumée mais, au moment de s'y rendre, la femme avait été victime de maux de tête et son mari, déguisé en ours, s'y était donc rendu seul.
Toutefois, après un petit moment de repos, la migraine disparut et la femme décida finalement de rejoindre son mari à la fête. Comme

il ignorait la nature du costume qu'elle avait réservé, elle s'était dit qu'il s'agissait-là d'une bonne occasion de l'espionner.
En arrivant à la soirée, elle remarqua tout de suite que son mari faisait le pitre dans son costume d'ours et qu'il cherchait à séduire le plus grand nombre de femmes possible.
Elle s'avança déguisée elle aussi et décida de se laisser séduire pour voir jusqu'où il serait prêt à aller.
Après une heure de danses en tout genre, ce dernier lui glissa une petite proposition dans l'oreille et l'emmena aussitôt dans une pièce isolée pour une petite séance...
Elle s'enfuit avant même d'ôter son déguisement et regagna le domicile conjugual pour attendre les explications de son mari à propos de cette chaude soirée costumée.
Il arriva finalement une heure plus tard alors qu'elle était au lit. La femme demanda au mari :
– Alors, tu t'es bien amusé ?
Il répondit :
– Oh moi, tu sais, j'aime pas trop ce type de festivités. Au bout d'un quart d'heure, j'ai rencontré Marcel et Bernard et on est partis dans un coin de la salle pour jouer aux cartes. En revanche, mon costume a eu tellement de succès que j'ai fini par le prêter à un type. Et lui, tu peux me croire, il s'est bien amusé...

Dans un bureau de fonctionnaires, il n'y a que le bois qui travaille.

À Kaboul, les talibans sont dans la rue en train de manifester... ils gueulent : « À bas Clinton, À bas Clinton... »
Là un journaliste intervient et leur dit : « C'est plus Clinton, c'est Bush. »
L'un lui répond... « Tu nous vois gueuler : À bas Bush ! ! ! ? »

Deux types discutent de leurs épouses vieillissantes.
L'un deux est sûr que la sienne devient sourde.
L'autre type lui fait une suggestion pour tester son audition.
– Voilà ce que tu vas faire. Tu commences à 15 mètres d'elle, tu parles sur un ton normal de conversation et tu vois si elle t'entend. Sinon, tu te mets à 10 mètres, puis à 8 mètres, et ainsi de suite jusqu'à ce que tu obtiennes une réponse.
Alors, ce soir-là, elle est dans la cuisine en train de préparer le dîner, il est dans le séjour et il se dit à lui-même, « Je suis à environ 15 mètres, voyons ce qu'il arrive ! »
– Chérie, qu'est-ce qu'il y a pour le dîner ? Pas de réponse.
Alors il se déplace jusqu'au bout de la pièce à environ 12 mètres.
– Chérie, qu'est-ce qu'il y a pour le dîner ?
Pas de réponse.
Alors, il va dans la salle à manger à environ 8 mètres.

– Chérie, qu'est-ce qu'il y a pour le dîner ?
Pas de réponse.
À la porte de la cuisine à environ 5 mètres.
– Chérie, qu'est-ce qu'il y a pour le dîner ?
Pas de réponse.
Alors, il marche droit jusqu'à elle.
– Chérie, qu'est-ce qu'il y a pour le dîner ?
– POUR LA CINQUIÈME FOIS DU POULET !!!

Un jour, alors qu'elle marche dans la rue, une femme cadre à qui tout réussit est tragiquement heurtée par un autobus et meurt. Son âme arrive au paradis où elle est accueillie par Saint Pierre.
– Bienvenue au paradis, avant de vous installer ici, il semble que nous ayons un problème. Voyez-vous, c'est plutôt étonnant mais nous n'avons jamais eu de femme cadre jusqu'ici et nous ne sommes pas tout à fait sûrs de ce que nous devons faire de vous.
– Aucun problème, laissez-moi simplement entrer, dit la femme.
– J'aimerais bien mais j'ai des ordres qui viennent d'en haut. Ce que nous allons faire, c'est vous laisser passer un jour en enfer et un jour au paradis et ainsi vous pourrez choisir où vous voudrez passer l'éternité.
– Je pense que j'ai déjà fait mon choix... Je préfère rester au paradis, dit la femme.
– Désolé, mais nous aussi avons des règles...
Et Saint Pierre emmène la femme cadre dans un ascenseur, qui descend en enfer. Les portes s'ouvrent et elle se retrouve sur le green d'un terrain de golf magnifique. Un peu plus loin, il y a le country club et devant, tous ses amis, bien habillés, qui l'acclament. Ils s'approchent, l'embrassent et parlent du bon vieux temps. Ils font un excellent parcours de golf et, le soir, vont au country club où ils dégustent un excellent steak et du homard. La femme cadre rencontre le Diable, réellement quelqu'un de charmant, et elle passe un merveilleux moment à raconter des histoires et à danser. Elle passe un si bon moment qu'avant qu'elle ne s'en rende compte, il est temps de partir. Tout le monde lui serre la main, lui dit au revoir et elle monte dans l'ascenseur. Celui-ci retourne au paradis et elle retrouve Saint Pierre.
– Maintenant, vous allez passer un jour au paradis, dit-il.
Elle passe ainsi les 24 heures suivantes allongée paresseusement sur les nuages à jouer de la harpe et à chanter. Elle passe un si bon moment qu'avant qu'elle ne s'en rende compte, les 24 heures sont écoulées et Saint Pierre est de retour pour l'emmener.
– Alors, vous avez passé un jour en enfer et un jour au paradis. Maintenant, vous devez choisir pour l'éternité.
La femme cadre réfléchit un instant et répond :
– Eh bien, je n'aurais jamais cru que je dirais ceci, le paradis est vraiment bien mais je crois que je me plairai

plus en enfer.
Alors, Saint Pierre l'escorte jusqu'à l'ascenseur et elle descend à nouveau en enfer.
Quand les portes de l'ascenseur s'ouvrent, elle se retrouve dans un paysage désolé plein d'immondices. Elle voit ses amis vêtus de haillons, ramassant les saletés pour les mettre dans des sacs. Le Diable vient vers elle et lui met brutalement la main sur l'épaule.
– Je ne comprends pas, balbutie la femme cadre, hier j'étais ici et il y avait un parcours de golf et un country club et nous avons mangé du homard et nous avons dansé et nous nous sommes bien amusés. Maintenant, c'est un désert d'immondices et tous mes amis semblent si misérables…
Le Diable la regarde et sourit :
– Hier, nous vous recrutions. Aujourd'hui, vous faites partie du personnel.

Un copain dit à Julien :
– Tu m'avais donné ta parole, tu ne l'as pas tenue.
– Je ne pouvais pas la tenir, puisque je te l'avais donnée.

C'est un gars dans un avion. À côté de lui, une fille super top, genre Cindy Crawford, est en train de lire un bouquin. Le gars cherche à engager la conversation :
– Il a l'air intéressant votre livre… De quoi ça parle ?
La fille :
– Oh, c'est très intéressant en effet. C'est un livre sur la sexualité, mais vu sous l'aspect statistique…
Par exemple, d'après les statistiques, il est dit ici que ce seraient les indiens d'Amérique qui auraient le
plus gros diamètre de pénis. Tandis que les Polonais seraient les hommes dont le sexe est le plus long.
Pour ce qui est de l'activité sexuelle, ce sont les médecins qui sont censés avoir la vie sexuelle la plus active…
Le gars lui répond :
– Oh c'est réellement passionnant ! Mais au fait, permettez-moi de me présenter : Géronimo Kowalski, docteur en médecine.

Salon de l'auto : comment reconnaître les nationalités des visiteurs au Salon de l'automobile ?
– L'Allemand examine le moteur.
– L'Anglais examine les cuirs.
– Le Grec examine l'échappement.
– L'Italien examine le klaxon.
– Le Portugais examine la peinture.
– L'Américain examine la taille.
– Le Suisse examine le coffre.
– Le Chinois examine tout.
– Le Belge n'examine rien.
– Le Français examine la vendeuse.

Un homme vient de mourir. Le curé

ne tarit pas d'éloges : quel bon mari c'était, et quel bon chrétien, et comment il aimait ses enfants, etc. Finalement, la veuve a un doute. Elle se penche sur un de ses fils et lui dit à l'oreille :
– Va jusqu'au cercueil et jette un œil à l'intérieur pour voir si c'est bien ton père qui est dedans.

Puisque vous connaissez le slogan « Dites-le avec des fleurs », pourquoi n'achetez-vous qu'une seule rose ? demande une fleuriste à un monsieur. Parce que ma femme est si bavarde qu'elle ne me laissera jamais en dire plus !

Quelle est la différence entre une blonde et un moustique ?
Il n'y en a pas, il faut leur frapper sur la tête pour qu'ils arrêtent de sucer.

C'est un GI au Kosovo qui voit un de ses collègues aider une mémé à marcher. Il l'interpelle :
– Hé Dick, je ne te savais pas aussi civil !
– Civil, civil, c'est que ce n'est pas facile de savoir où ils foutent leurs mines !

Melon et Melèche vont à la pêche.

Melon pêche le saumon et Melèche la raie.

La femme : Je n'ai pas eu d'enfant dans mon mariage... À part mon mari...

Quelle est la différence entre une femme et un chien ? Le prix du collier.

Dans quelle catégorie se range la ou les femmes que vous connaissez ?

La femme DISQUE DUR :
Elle se rappelle tout, POUR TOUJOURS.

La femme RAM :
Elle oublie tout de vous, dès le moment vous vous lui tournez le dos.

La femme WINDOWS :
Tout le monde sait qu'elle ne peut pas faire une chose correctement, mais personne ne peut vivre sans elle.

La femme EXCEL :
On dit d'elle qu'elle peut faire énormément de choses mais vous l'employez surtout pour gérer votre

planning.

La femme ÉCONOMISEUR D'ÉCRAN :
Elle est bonne à rien mais au moins, elle est marrante !

La femme INTERNET :
C'est une vraie avaleuse de bits

La femme SERVEUR WEB :
Toujours occupée quand vous avez besoin d'elle.

La femme MULTIMÉDIA :
Elle sait rendre jolies des choses dénuées d'intérêt.

La femme CD-ROM :
Elle va toujours plus vite avec le temps.

La femme Courrier électronique :
Sur dix choses qu'elle dit, neuf sont des pures conneries.

La femme VIRUS :
Aussi connue sous le nome d'« ÉPOUSE » ; quand vous ne l'attendez pas, elle arrive, s'installe et utilise toutes vos ressources. Si vous essayez de la désinstaller vous perdez forcément quelque chose... Et si vous n'essayez pas de la désinstaller, vous perdez tout............

Nicolas demande à un copain :
– Qu'est-ce que ça veut dire, « I don't know » ?
Réponse de l'autre :
– Je ne sais pas !

On ne dit pas « incompétent » mais « un idiot qui se lâche »

Quelle est la différence entre un paquet de nouilles et un ver de terre ?
Réponse : l'un a des pattes (pâtes), l'autre n'en a pas.

Deux voyageurs de commerce discutent :
– Moi, fait l'un, je traite mes clients comme mes cigarettes.
– Comment cela ?
– Je les roule toujours moi-même !

Quel est le comble de la paresse pour un barman ?
Tenir un shaker en attendant un tremblement de terre...

On ne dit pas « Consensuel » mais « Génitalement attirante ».

Dans un hôpital psychiatrique, le directeur était fier de faire visiter au ministre de la Santé les dernières installations de son établissement.
La piscine venait d'être terminée mais n'était pas encore remplie.
Cependant, de tous les plongeoirs de nombreux malades s'élançaient dans le vide, et « FLACK », « FLACK », tous s'aplatissaient dans le fond de la piscine.
Le ministre interloqué voulait en demander la raison, mais le directeur lui répondit :
– Monsieur le Ministre, cette piscine est une merveille et ce que vous voyez là ce n'est rien, attendez qu'il y ait de l'eau !

Tu te souviens du prénom d'Alzheimer ? Non ? Ben ça commence !

Colette et Nicole sont deux amies de longue date.
Elles sont toutes deux mariées depuis plus de 25 ans.
Colette est vexée parce qu'elle pense que son mari ne la trouve plus attirante désormais. Elle se plaint :
« Je sais bien que je deviens de plus en plus vieille, mais il ne se donne même plus la peine de me regarder ! »
Nicole tente faussement de la réconforter :
« Je suis désolée pour toi. J'ai de la chance, le mien n'arrête pas de me dire que je deviens de plus en plus belle chaque jour. »
Et l'autre :
« Oui, mais tu oublies que ton mari est antiquaire… »

Ce sont deux bonbons qui se baladent en voiture. Soudain, un flic les arrête et leur demande :
– Papiers, s'il vous plaît !!!

Les femmes, c'est comme les mobylettes…
Elles font beaucoup de bruits pour pas grand-chose.
Quand on les monte à deux elles n'assurent plus.
Elles n'ont pas beaucoup d'autonomie.
Faut les changer après quelques heures de vols.
Faut ajouter plein d'accessoires pour ne pas avoir l'air d'un con.
Faut nettoyer le carbu une fois par mois.
Faut lubrifier souvent.
Celui qui a la plus belle la sort sans arrêt, celui qui a la plus moche ne s'en sert que lorsqu'il ne peut pas faire autrement.
La plus moche est toujours une poubelle.
On les préfère bien gonflées.
On les laisse devant le café pour aller boire un pot.
Quand on les prête aux copains c'est qu'on veut en changer.
Faut pédaler longtemps pour les

faire démarrer et ensuite on peut plus les éteindre.
Le top c'est quand elles ont une poignée tirage rapide et un pot de détente.
On ne peut jamais se payer le dernier modèle.
On n'arrête pas de se les faire piquer.

Deux prés : dans l'un il y a une belle petite vache qui se prénomme Marguerite, dans le second il y a un énorme taureau super hyper musclé portant le nom de Hannibal. La petite vache en est folle amoureuse et, toute la journée elle lui dit :
« Hannibal mon bel animal, je t'aime depuis toujours. »
Un jour, Hannibal en a marre, alors il prend son élan, saute la clôture pour aller trouver la petite vache qui lui dit :
– Ah, enfin te voilà Hannibal mon bel animal…
Et celui-ci lui répond :
– Hanni tout court, j'ai perdu mes « balls » sur la clôture.

Il était une fois, une jolie petite fée qui revenait d'un anniversaire bien arrosé. Refusant de se faire ramener, cette dernière passa un parc, en guise de raccourci, lorsqu'elle vit deux statues merveilleuses d'un homme et d'une femme, nus, face à face.
– Eh ! Hips ! Je vais vous donner la vie, mais juste 5 minutes ! Hips… Après quoi, vous redeviendrez des statues de pierre…
(Imaginez : 200 ans à se regarder…)
Un p'tit coup de baguette magique et le miracle se produit !
Le couple se jette dans les buissons. Ces derniers bougent, se secouent tels un ouragan les caressant… À peine curieuse, la petite fée s'en approche, l'heure arrivant trop vite, et elle les surprend entrain de dire :
– Maintenant, c'est toi qui tiens le pigeon, et c'est moi qui lui chie dessus !

L'enfant fait sa prière et les parents écoutent.
– Petit Jésus, prends bien soin de maman, de papa, de ma sœur Lucie et de grand-maman.
Il a oublié le grand-père et le lendemain, ce dernier meurt.
Quelques jours plus tard, dans sa prière, l'enfant dit :
– Petit Jésus, prend soin de maman, de papa et de ma sœur Lucie.
Pas un mot de sa grand-mère et le lendemain, cette dernière meurt.
Quelques jours plus tard, nouvelle prière.
– Petit Jésus, prend soin de maman et de ma sœur Lucie.
Le lendemain, très inquiet, le père se rend à son travail. Lorsqu'il revient, il demande à sa femme.
– Il ne s'est rien passé dans la famille, aujourd'hui ?
– Non. Au fait, j'ai appris que mon laitier était mort aujourd'hui.

Un avion survole la jungle
– Qu'est-ce que c'est ? demande un petit cannibale
– Un avion, répond son père.
– Et c'est quoi un avion ?
– C'est comme une huître. Il n'y a que l'intérieur qui se mange !

Dans un quartier chaud, il y a une prostituée avec un T-shirt portant l'inscription Jésus.
Passe un prêtre qui, voyant le T-shirt, commence à insulter notre demoiselle :
– Vade retro fille de Satan ! Tu n'as pas honte de porter le nom du Seigneur sur ta poitrine ? Tu iras brûler en enfer ! !
La prostituée étonnée de ces insultes, va voir son souteneur, lui montre le T-shirt et demande :
– Tu es sûr que JE SUCE, ça s'écrit comme ça ?

Une belle-mère est une sacrée magicienne, elle arrive toujours à transformer un petit rien en sujet de querelle.

Une femme s'apprête à sortir :
– Chéri, je vais au coiffeur.
– Enfin, répond-il, on ne dit pas cela ! Quand on dit « la vache va au taureau », c'est qu'elle va se faire monter. Toi, si tu vas te faire couper les cheveux, c'est « chez le coiffeur ».
– C'est bien ce que je dis, je vais « au coiffeur ».

Quelle est la différence entre le cerveau d'un homme et une olive ?
La couleur...

Pourquoi les coqs n'ont pas de mains ?
Parce que les poules n'ont pas de seins !

Deux types se promènent dans un jardin public quand ils aperçoivent un chien en train de se lécher les couilles. Le premier, rêveur, dit : « J'aimerai bien pouvoir faire ça... ».
Le second lui répond : « Ma foi, je veux bien t'aider et le tenir, mais ce serait plus agréable si vous preniez le temps de vous connaître. »

Savez-vous comment reconnaître un homme quand il va dire quelque chose d'intelligent ?

Sa phrase commence par « Ma femme m'a dit que… »

Qu'as dit le prince Charles lorsque la princesse Diana l'a quitté ?
– De toute manière tu finiras sous un pont.

Le monde appartient à ceux dont les ouvriers se lèvent tôt. (Coluche)

À l'hôpital, une jeune punk est admise aux urgences pour des maux de ventre très intenses. La jeune fille est coiffée à l'Iroquoise, la crête teinte en rouge et elle porte un peu partout quantité de tatouages. L'interne de garde qui l'examine détermine rapidement qu'elle est victime d'une crise d'appendicite aiguë et décide qu'il faut opérer. Une fois la fille sur la table d'anesthésie, l'équipe médicale constate qu'elle a les poils pubiens teints en vert et porte un tatouage juste au dessus du pubis disant « Pelouse interdite ». Après l'opération, et la pose des bandages, le chirurgien s'en va chercher un crayon marqueur et inscrit sur le pansement :
– Désolé, mais j'ai dû tondre le gazon.

Il était une fois, dans une toute petite petite petite galaxie, un tout petit petit petit univers, et dans ce tout petit petit petit univers, il y avait un tout petit petit petit système solaire, et dans ce tout petit petit petit système solaire, il y avait une toute petite petite petite planète et dans cette toute petite petite petite planète, il y avait un tout petit petit petit continent, et sur ce tout petit petit petit continent, il y avait un tout petit petit petit pays et dans ce tout petit petit petit pays, il y avait une toute petite petite petite région et dans cette toute petite petite petite région, il y avait un tout petit petit petit département et dans ce tout petit petit petit département, il y avait une toute petite petite petite ville et dans cette toute petite petite petite ville, il y avait un tout petit petit petit immeuble et dans ce tout petit petit petit immeuble, il y avait un tout petit petit petit appartement et dans ce tout petit petit petit appartement, il y avait une toute petite petite pièce et dans cette toute petite petite petite pièce, il y avait une toute petite petite petite armoire et dans cette toute petite petite petite armoire, il y avait un tout petit petit petit tiroir et dans ce tout petit petit petit tiroir, il y avait une toute petite petite petite lettre et sur cette toute petite petite petite lettre, il y avait écrit : « J'adore embêter les gens pendant deux minutes ! »

Un conseil de notre spécialiste en parachutisme :
« Si d'aventure vos deux parachutes venaient à ne pas s'ouvrir ou alors à se mettre en
torche, déglutissez trois fois ou sucez un bonbon à la menthe afin d'éviter une
surdité passagère. »

Le coiffeur dit à son client :
– Cette mousse ferait pousser des cheveux sur une boule de pétanque !
– Très bien, mais est-ce que cela ne gênerait pas un peu le jeu ?

Nain qui a la caméra : le petit calciné.
Nain qui a la baguette de pain : le petit ça le pin.
Nain qui tient le micro : le petit ça le çon.

Quel est le comble pour un dentiste ?
– Extraire une racine carrée.

Un petit garçon de cinq ans et sa mère vont au Mc Donald's. Le petit garçon regarde la caissière et lui dit :
– Suce ma quéquette, j'ai une grande bite...
La caissière, embarrassée, regarde la mère du petit garçon. Le petit remet ça :
– Suce ma quéquette, j'ai une grande bite...
Mais cette fois-ci, la mère du garçonnet intervient...
– Enlève ton bonbon de la bouche quand tu parles ! !
Le petit garçon :
– Six McNuggets et une grande frite...

Le moine, l'oisillon, la vache et le renard.
Un moine tibétain marche sur une route glacée de montagne et entend un faible pépiement.
Il regarde autour de lui et voit aux pieds d'une haie un tout petit moineau à moitié mort de froid. Il le prend et le réchauffe dans ses mains.
« Que faire ? s'interroge-t-il. Si je le garde avec moi, il va salir ma robe et au couvent le chat le mangera. Si je le laisse ici, il va mourir de froid. »
Soudain une idée lui vient. Pour le protéger du gel, il place l'oisillon dans une bouse fumante de vache sacrée, et poursuit son chemin, l'âme en paix. L'oisillon se réchauffe et commence à chanter à plein gosier sa joie d'être encore vivant.
Un renard qui passe par là entend la bouse de vache chanter. Intrigué, il s'approche, découvre notre

moineau, et le croque.
Trois moralités à cette histoire.
Celui qui te met dans la merde ne te veut pas forcément du mal.
Celui qui t'en sort ne te veut pas forcément du bien.
Quand tu es dans la merde, ferme ta gueule !

Un bateau est pris dans une violente tempête et coule.
Seul rescapé, un marin marseillais, accroché à une planche, échoue sur une île déserte.
Heureusement, il y a de l'eau douce, des fruits à profusion, et la mer est remplie de poissons, ce qui lui permet de survivre.
Le temps passe et au bout de plusieurs mois, un point grossit à l'horizon, un radeau apparaît, il s'échoue sur la plage et une superbe naufragée débarque en s'écriant, « avé l'assent » :
– Oh, Bonne Mère ! Quelle île !
Et le Marseillais s'exclame :
– Té ! Je rêve ! Une femme, et en plus une Marseillaise !
– Mademoiselle, j'aimerais vous offrir un verre pour votre arrivée, mais je n'ai que de l'eau.
– C'est parfait, dit la fille, moi j'ai le pastis.
Elle sort de sa trousse de survie une bouteille de 51. Le Marseillais est ébahi. Il lui dit :
– Je m'excuse, je n'ai que des fruits pour l'accompagner.
– J'ai ce qu'il faut dit la fille en sortant des olives.
Le Marseillais est aux anges. Quand ils ont terminé leur apéritif, la fille lui demande :
– Ça fait longtemps que vous n'avez pas vu une femme ?
– Pardi ! Six mois.
Alors elle se rapproche de lui et lui dit d'une voix douce :
– Ça vous plairait de tirer ?
Et le Marseillais extasié s'écrie :
– Oh putaing ! Ne me dites pas que vous avez aussi amené les boules !

Un homme se retrouve sur le divan d'un psy. Il se laisse aller à se confier :
– Dans un de mes fantasmes préférés, je suis dentiste et mes seules patientes sont des femmes.
Le psy intervient tout de suite :
– Hmmm, je vois. Ne serait-ce pas pour les faire souffrir ?
Et le gars répond :
– Non, je ne pense pas. C'est plutôt parce que ça doit être reposant d'avoir devant soi, pendant un quart d'heure, une femme qui garde la bouche grande ouverte et à qui vous interdisez de parler.

« Chéri, » dit le mari à sa femme, « j'ai invité un ami à venir dîner à la maison ce soir. »
« Quoi ? Mais tu es fou ma parole ? La maison est un vrai foutoir, je n'ai pas eu le temps d'aller faire les courses, il n'y a plus un seul couvert propre et je ne me sens pas du tout

d'humeur à faire la cuisine ! »
« Je sais tout ça ! »
« Dans ce cas, peux-tu m'expliquer pourquoi tu l'as invité à souper ? »
« Parce que ce pauvre gars est en train de songer à se marier. »

Une dame entre en courant chez son notaire et lui dit :
– Maintenant que mon mari est mort, je viens pour tirer les choses au clair !
– Vous n'avez pas de veine. Il vient juste de partir.

Ta mère est tellement petite qu'elle prend sa douche dans la cafetière électrique.

Je veux acheter un boomerang neuf. Comment puis-je me débarrasser du vieux ?

Deux amis se rencontrent sur le parking du vétérinaire :
– J'emmène mon chien chez le vétérinaire parce qu'il a mordu ma belle-mère.
– Tu ne vas quand même pas le faire euthanasier ?
– Non, tu rigoles... Je viens pour lui faire aiguiser les dents.

Trois Français se présentent devant St-Pierre.
Celui-ci leur explique que le Paradis est divisé en différentes « zones d'habitation », selon le QI des résidents. Il leur propose donc de passer un test.
Le premier démontre un QI de 180, le second un QI de 120 et le troisième, un QI de 10 seulement.
St-Pierre conduit alors chacun des trois hommes vers sa nouvelle « zone d'habitation »...
Aussitôt arrivé dans son groupe, le premier est assailli de questions par ses nouveaux compagnons :
« Alors, quels sont les progrès sur terre en matière de physique nucléaire ? » ou bien « A-t-on découvert des nouveaux vaccins ? »...
Le second rejoint sa zone à son tour et il fait tout de suite l'objet d'interrogations variées. On lui demande « As-tu lu le dernier Jean d'Ormesson ? » ou encore « Ça fait quoi de payer ses achats en Euro ? »
Le troisième arrive enfin dans son groupe. Et là, il voit une horde de types qui se précipitent vers lui avec une question unique sur les lèvres :
« C'est qui le nouvel entraîneur de l'OM ? »

On ne dit pas « soixante-neuf » mais « poils aux dents ».

Quel est le comble pour un cuisinier ?
Réponse : c'est de ne pas être dans son assiette !

Au cours d'une récente sortie médiatique, Hillary profite d'un moment de calme pour consulter une voyante locale très réputée. Dans son cabinet drapé de tentures rouges et baigné d'odeurs d'encens, la voyante se concentre et regarde fixement sa boule de cristal, puis elle délivre cette prédiction d'une extrême gravité :
– Ça me fait beaucoup de peine d'avoir à vous dire cela, mais j'ai pour habitude d'être directe : madame Clinton, préparez-vous à être veuve… Votre mari connaîtra cette année une mort violente et horrible !
Hillary encaisse le choc difficilement. Elle regarde la voyante fixement, bouche bée pendant au moins une minute. Puis elle semble refaire surface. Il faut qu'elle en sache plus. Alors elle prend sa respiration et tente de maîtriser les tremblements de sa voix en demandant :
– Est-ce que je serai acquittée ?

Un militant syndicaliste reçoit un télégramme de la maternité où sa femme vient juste d'accoucher :
« Félicitations, cher monsieur ! Vous êtes l'heureux papa de jumeaux selon la police et de triplés selon les organisateurs ! »

C'est une femme qui rentre dans un sex shop. Elle s'avance vers le vendeur qui remarque qu'elle est agitée de tremblements. La dame demande :
– Éééest-ce queu-eu-eu vou-ou-ous ven-en-en-endez dé-é-é-es vi-i-ibro-o-o-ma-a-a-a-sseu-eu-eurs ?
Le vendeur :
– Oui madame. Bien sûr. Nous en avons plusieurs.
– Éééest-ce queu-eu-eu vou-ou-ous en-en a-a-a-avez qui-i-i-i fon-ont 25 cen-en-enti-i-i-i-mè-è-è-tres de long et don-ont la-a-a marque é-é-est Ro-o-o-cco ?
– Oui madame. c'est un de nos modèles les plus vendus.
– A-a-a-a-lors di-i-i-i-tes-moi co-o-o-oment on l'a-a-a-rrê-ê-ê-ête !

On ne dit pas « sexologie », mais « coït à la maison ».

Lors de l'inauguration d'une statue de Churchill en sa présence, un journaliste lui demande : Quelle impression éprouve-t-on lorsqu'on assiste à l'inauguration de sa propre statue ? Eh bien, répondit Churchill, je peux vous dire qu'on commence à regarder les pigeons d'un tout autre œil !

Monsieur Martin rentre chez lui de bonne heure, et il trouve sa femme nue dans la chambre, devant l'armoire.
– Mais enfin chérie, que fais-tu dans cette tenue à cette heure-ci ?
Elle répond alors :
– Euh, j'allais me changer pour sortir faire les courses, mais je n'ai plus rien à me mettre !
Agacé, il ouvre l'armoire de vêtements et râle :
– Oh, tu exagères, regarde ! Une robe, deux robes, trois robes, bonjour monsieur, quatre robes...

Des fous rient avec 50 jetons. L'inspecteur leur demande pourquoi ils rient de ces jetons. Le directeur lui explique que les jetons sont numérotés et correspondent chacun à une histoire drôle. L'inspecteur veut aussi les faire rire. Il prend donc un jeton vierge, écrit 51 dessus et le jette devant les fous. Ceux-ci rient un peu. L'inspecteur est un peu déçu et demande au Directeur pourquoi ils n'ont pas ri comme avant. Le directeur lui répond : Ils ont ri par politesse. L'inspecteur jette alors un des jetons numérotés qui avait déjà fait rire beaucoup les fous, mais cette fois personne ne rit. De plus en plus intrigué, l'inspecteur demande encore pourquoi au directeur, qui lui répond : Mais monsieur l'inspecteur, ce n'est pas tout de jeter, il y a la manière de raconter !

Quelle différence entre les femmes de 8, 18, 28, 38 et 48 ans ?
8 : Tu la couches et tu lui racontes une histoire.
18 : Tu lui racontes une histoire et tu couches avec.
28 : Tu n'as pas besoin de lui raconter d'histoire pour coucher avec.
38 : Elle te raconte une histoire pour coucher avec toi.
48 : Tu lui racontes une histoire pour éviter de coucher avec.
...
Quelle différence entre les hommes de 8, 18, 28, 38 et 48 ans ?
8 : Tu le couches et tu lui racontes une histoire.
18 : Tu lui racontes une histoire pour éviter de coucher avec.
28 : Tu lui fais croire qu'il doit te raconter une histoire pour coucher avec toi.
38 : Tu lui racontes une histoire et tu vas au lit avec quelqu'un d'autre.
48 : Tu n'as rien besoin de lui raconter parce qu'il s'est endormi sur le divan.

Test d'aptitude à la fonction parentale

Se préparer à être parent, ça ne consiste pas seulement à lire des livres et à décorer la chambre du futur bébé... Voici 11 tests réalistes qui permettront aux futurs parents d'éviter les mauvaises surprises.

1. Femmes : pour vous préparer à la grossesse, mettez une blouse d'hôpital et collez-vous dessous, sur le ventre, un sac rempli de lest. Gardez le sac en place 9 mois en le remplissant à raison de 2 kg par mois. Après 9 mois, retirez seulement 10 % des 18 kg obtenus. Hommes : pour vous préparer aux joies d'être père, allez jusqu'à la pharmacie la plus proche, versez le contenu de votre portefeuille sur le comptoir et dites au pharmacien qu'il se serve lui-même. Puis rendez-vous au supermarché et arrangez-vous pour que votre salaire soit directement versé sur leur compte. Rentrez ensuite à la maison. Prenez le journal et lisez-le pour la dernière fois.

2. Avant d'aller plus avant dans votre envie de descendance, trouvez un couple qui a déjà des enfants, et doutez des méthodes qu'ils appliquent pour le respect de la discipline, parlez-leur de leur manque de patience, et de leur absence totale de tolérance. Donnez-leur des conseils sur l'heure du coucher des enfants, sur comment les inciter à faire leur toilette eux-mêmes, sur comment leur enseigner à bien se comporter à table, et sur leur comportement en général.
Profitez-en : ce sera la dernière fois dans votre vie où vous aurez toutes les réponses !

3. Pour savoir comment se passeront vos nuits, marchez de long en large dans votre salon de 17 h à 22 h, en portant un sac humide lesté à environ 5 kg. À 22 h, posez le sac, programmez votre réveil pour minuit et allez dormir. Levez-vous à minuit et allez marcher avec le sac dans le salon jusqu'à environ 1 h du matin. Mettez le réveil pour 3 h. Comme vous n'arrivez plus à vous rendormir, sortez du lit à 2 h, allez vous servir un petit martini blanc (exemple) et retournez vous coucher à 3 h moins le quart. Levez-vous quand même à 3 h et chantez des chansons dans le noir jusqu'à 4 h du mat'. Mettez le réveil à 5 h. Réveillez-vous quand il sonne et allez préparer le petit déj. Répétez ça pendant 1 année (ou deux).

4. Pourrez-vous supporter le bordel que peut faire un enfant ? Pour le savoir, répandez de la confiture et du Nutella un peu partout sur les meubles et le canapé. Cachez divers morceaux de nourriture (au choix) derrière la T.V., dans les tiroirs... et laissez-les en place plusieurs mois. Allez tremper vos mains dans la boue, puis essuyez-les sur la tapisserie. Essayez ensuite de masquer les tâches en faisant des dessins avec des crayons de couleur.

5. Habiller les petits enfants n'est pas si facile qu'il y paraît. Allez d'abord chez le poissonnier pour acheter un poulpe vivant et un

sac qui se ferme avec un nœud coulissant. Essayez de mettre le poulpe dans le sac en évitant qu'un des 8 bras ne sorte à l'extérieur du sac. Le temps imparti pour cet exercice est d'une matinée.

6. Prenez une boîte de macaronis. Collez les pâtes sur une planche de contreplaqué de 40 x 40 cm en formant un cercle. Vernissez-les et peignez le contreplaqué en noir. Mettez un accroche-cadre derrière le contreplaqué, puis accrochez au mur pendant 5 ans ce splendide collier de fête des mères.

7. Oubliez votre idée d'acheter la BMW Z1. Achetez plutôt un break R21 Nevada d'occasion, et mettez un bâton de glace au chocolat dans la boîte à gants. Prenez quelques pièces de monnaie et laissez-les tomber dans l'emplacement K7 de votre autoradio. Coincez quelques bonbons au chocolat dans les plis de la banquette arrière. Passez un coup de râteau sur la housse de la banquette. Voilà, vous y êtes.

8. Pour les jours où vous souhaiteriez sortir en famille, préparez-vous à sortir de la maison. Attendez d'abord devant la porte de la salle de bains pendant une demi-heure. Allez à la porte d'entrée. Sortez.
Attendez une minute dehors. Re-rentrez. Ressortez. Re-rentrez. Re-sortez. Démarrez la voiture. Accélérez nerveusement. Klaxonnez. Coupez le moteur. Sortez de la voiture. Si vous fumez, allumez votre dixième cigarette. Sinon, rognez-vous les ongles de pieds. Allez à la porte d'entrée de la maison, appuyez sur la sonnette pendant une minute. Criez : « C'EST PAS ENCORE FINI LÀ-DEDANS ? »
Allez dans la rue, marchez sans but pendant 5-10 minutes. Revenez sur vos pas. Montez dans la voiture. Allumez la radio. Re-klaxonnez. Voilà. Vous avez subi le processus en son entier.

9. Répétez chacune des phrases que vous dites au moins cinq fois. Ajoutez : « Qu'est-ce que je viens de dire ? »

10. Pour vous entraîner à nourrir votre jeune enfant, demandez de l'aide à votre femme. Dites-lui de répéter : « Et c'est pour qui la cuillère de purée ? C'est pour papa. » Puis, faites-la amener la cuillère à votre bouche en faisant comme si c'était un avion (pensez à faire le bruit des moteurs avec les lèvres). Puis lorsque la cuillère arrive à votre bouche, faites « Non » de la tête et mettez-vous à pleurer. Si elle insiste, prenez la cuillère dans votre bouche et recrachez la purée en bavant tout doucement. N'oubliez pas de pleurer. Si vous pouvez faire pipi dans votre culotte (ou vomir), c'est un plus.

11. Apprenez le générique de Babar par cœur. Lorsque vous ne pourrez plus vous empêcher de le fredonner au boulot, ce sera bon : ça voudra dire que vous êtes mûr pour être de vrais parents.

LES CINQ SECRETS D'UNE RELATION FRUCTUEUSE...

1. Il est important de trouver un homme qui participe dans les tâches ménagères, qui de temps en temps cuisine, fasse le ménage et qui ait un boulot.
2. Il est important de trouver un homme qui te fasse rire.
3. Il est important de trouver un homme sur qui tu puisses compter et qui ne mente pas.
4. Il est important de trouver un homme qui soit bon au lit, et qui adore te faire l'amour.

5. Il est important que ces quatre hommes ne se connaissent pas.

Quel est le comble d'un sumo ?
De mourir de malnutrition.

David à son père :
– Papa, pourquoi as-tu épousé maman ?
– Tiens, toi aussi tu te poses cette question-là !...

On ne s'est jamais demandé pourquoi les filles baissent les yeux quand les garçons leur font une déclaration d'amour.
Eh bien, c'est tout simplement pour savoir si c'est vrai !!!

Melon et Melèche sont médecins légistes.
Melon ausculte les trous de couteau et Melèche le trou de balle.

Quel est le comble de la conscience professionnelle pour un sapeur-pompier ?
– S'éteindre à petit feu.

C'est un homme qui entre chez un concessionnaire lambda pour y acheter une voiture d'occasion. Après avoir entendu le baratin du vendeur, il demande à essayer cette voiture.
« Pas de problème, je vous laisse les clefs... » L'homme prend l'autoroute...vitesse : 50 puis 100 puis 150... il dépasse les 170 km/h quand des flics en motos le rattrapent, le font ralentir puis s'arrêter.
« B'jour monsieur, vos papiers SVP » dit le flic en se penchant vers la portière. Et c'est là, oh horreur, qu'il s'aperçoit que l'homme au volant est nu comme un ver.
« Puis-je savoir svp, la raison de cette nudité dans votre véhicule ? »
« Ben voilà le concessionnaire m'a dit : faites attention car à partir de 150, elle commence à sucer... »

Un bon gros paysan a acheté un tout nouveau coq, trouvant le sien trop vieux pour « satisfaire » toutes ses poules. Alors quand le jeune coq arrive dans la basse-cour, le vieux coq vient le trouver et lui dit :
– Salut jeunot, voilà tu sais que j'approche de la fin, alors si tu veux, tu pourrais me laisser quelques poules…
Le jeune coq stupéfait, lui répond :
– Ah non ! Tu as fait ton temps pépé, maintenant c'est mon tour, je prends toutes les poules…
Mais le vieux coq, malin, lui demande : – Alors je te propose une course : le premier arrivé à la clôture, là-bas aura toutes les poules mais tu me laisses quand même 1 mètre d'avance, ok ?
Le jeune coq, costaud, en pleine forme, comparé au vieux coq, qui a du mal à se tenir sur ses pattes, répond : – OK, papy, pas de problème. Le jeune coq est persuadé de ne faire qu'une bouchée du vieux !
La course commence… Le paysan voit son jeune coq courir après le vieux coq, s'empresse de saisir son fusil, et mitraille le jeune coq en gueulant :
– Boudiou, ça fait le 5e coq que j'achète, c'est le 5e coq pédé !

Deux copains discutent au café :
– Hier soir, je suis rentré chez moi et j'ai trouvé ma femme au lit avec un Chinois !
– Et alors, qu'est-ce que tu lui as dit ?
– Rien, je ne parle pas chinois.

Qu'offrez-vous à l'un de vos amis qui vient de réussir son diplôme de droit pour devenir avocat ?
– Une lobotomie.

Qu'est-ce qu'un bras sur l'autoroute ?
C'est le bras d'un lépreux qui faisait du stop.

Pourquoi les hommes épousent-ils plus volontiers des femmes vierges ?
Réponse : parce qu'ils ne supportent pas la critique.

Quelle est la différence entre un avocat et un gynécologue ?
Le gynécologue ne baise qu'une personne à la fois.

Comment faire descendre un avocat d'un arbre ?
– En coupant la corde.

C'est une femme qui rêve et elle voit un gros Noir tout nu qui enjambe sa fenêtre avec un énorme sexe en érection.
Elle lui crie :
– Qu'est-ce que vous allez me faire ? !
– Mais j'en sais rien, c'est pas moi qui rêve !

Quelle est la différence entre une émission pour enfants et la méningite ?
– Aucune. Les deux s'attaquent au cerveau des enfants !

Plus tu pédales moins fort, moins t'avances plus vite !

Pourquoi les établissements ouverts 24 heures sur 24 ont-ils des serrures ?

Un petit garçon a eu un vélo pour son anniversaire. Devant la famille attendrie, il l'essaie autour de la maison.
À l'issue du deuxième tour, il passe en lançant fièrement :
– Sans les mains !
Et toute la famille applaudit.
Au troisième, il crie joyeusement :
– Sans les pieds !
Et les exclamations admiratives fusent.
Au quatrième, il repasse, les genoux écorchés, le nez tuméfié, en disant d'une voix chuintante :
– Sans les dents !

Melon et Melèche sont à la fête foraine.
Melon fait les montagnes russes et Melèche encore la queue.

Comment tondre facilement un mouton ?
Le faire courir, car cela lui fait perdre l'haleine.

On ne dit pas « L'électronique » mais « L'électricien fait l'amour ».

Si un chat retombe toujours sur ses pattes, et une tartine beurrée retombe toujours du côté du beurre, que se passe-t-il quand on attache une tartine beurrée sur le dos d'un chat et qu'on les jette par la fenêtre ?

- Maman, maman, l'armoire est tombée !
- Mon Dieu, il faut prévenir ton père !
- Il le sait déjà, il est dessous.

On ne dit pas « il a participé » mais « il est parti pisser »...

COMMENT DONNER UNE PILULE À UN CHAT

1) Attrapez le chat et placez-le dans le creux de votre bras gauche, comme si vous teniez un bébé. Avec votre main droite, appliquez une pression de chaque côté de sa gueule en tenant la pilule dans votre main. Lorsque le chat ouvrira sa gueule, jetez-y la pilule. Donnez-lui un peu de temps pour qu'il ferme sa gueule et avale.

2) Ramassez la pilule sur le plancher et le chat derrière le sofa. Placez le chat dans le creux de votre bras droit (pour éviter la blessure à votre bras gauche) et répétez l'opération.

3) Allez chercher le chat dans la chambre à coucher et jetez la pilule détrempée.

4) Prenez une nouvelle pilule. Placez le chat au creux de votre bras qui saignera le moins. Maintenez les pattes arrière du chat d'une main. Forcez l'ouverture de la gueule du chat et poussez la pilule au fond de la gorge de l'autre. Maintenez-lui la gueule fermée et comptez jusqu'à 10.

5) Récupérez la pilule dans l'aquarium et le chat en haut de l'armoire. Allez dans votre jardin et demandez de l'aide à votre femme.

6) Agenouillez-vous et serrez fermement le chat entre vos genoux. Tenez les pattes avant et arrière. Ignorez ses grognements. Demandez à votre femme de tenir sa tête fermement d'une main pendant que de l'autre elle place une règle en bois dans sa bouche pour y faire glisser la pilule. Frottez la gorge du chat vigoureusement.

7) Sortez votre chat du pôle de rideaux et prenez une nouvelle pilule. Notez d'acheter une nouvelle règle en bois et de réparer les rideaux. Balayez soigneusement les vases et les figurines cassées et mettez-les de côté pour les recoller plus tard.

8) Enveloppez le chat dans une serviette de plage et demandez à votre femme de se coucher sur lui en ne laissant dépasser que sa tête. Placez la pilule au bout d'une paille, forcez l'ouverture de la gueule du chat avec un crayon et soufflez dedans.

9) Vérifiez l'emballage des pilules pour être sûr qu'elles ne sont pas toxiques pour les humains et prenez rapidement une bière pour en faire

disparaître le goût. Aidez votre femme à appliquer des pansements sur ses blessures et nettoyez le sang sur le tapis avec de l'eau froide et du savon.

10) Allez chercher le chat dans le garage du voisin. Prenez une autre pilule. Ouvrez une autre bière. Dans la cuisine, videz un placard. Placez le chat à l'intérieur et fermez la porte sur son cou de façon que sa tête seule dépasse. Forcez l'ouverture de sa gueule avec une cuillère à dessert. Insérez la pilule avec un élastique.

11) Allez chercher un tournevis dans le garage et remettez la porte du placard sur ses charnières. Buvez votre bière. Sortez une bouteille de scotch et prenez-en un coup. Appliquez une compresse froide sur votre poitrine et vérifiez dans votre carnet de santé à quelle date remonte votre dernière injection contre le tétanos. Appliquez une compresse de whisky pour désinfecter. Buvez un autre coup. Jetez votre chandail et prenez-en un autre dans votre garde-robe.

12) Appelez les pompiers pour qu'ils viennent descendre votre ***** de chat du haut de l'arbre, de l'autre côté de la route. Excusez-vous auprès de votre voisin qui a foncé dans la clôture en tentant d'éviter le chat qui traversait la rue. Prenez la dernière pilule de la boîte.

13) Attachez les pattes avant aux pattes arrière avec une corde qu'ensuite vous attacherez solidement à un pied de la table. Trouvez des gants pour gros travaux dans le garage. Placez la pilule dans la gueule du chat, suivie d'un gros morceau de viande. Soyez ferme. Tenez sa tête verticalement et versez 2 litres d'eau dans sa gorge pour faire fondre la pilule.

14) Buvez le restant de la bouteille de scotch. Demandez à votre femme de vous conduire aux urgences. Asseyez-vous calmement pendant que le docteur vous recoudra les doigts et l'avant-bras, et retirera les restes de pilule de votre œil droit. En revenant à la maison, arrêtez-vous au magasin de meubles pour acheter une nouvelle table.

15) Appelez la Société protectrice des animaux pour qu'ils viennent chercher votre « chat de la mort » et appelez l'animalerie du coin pour savoir s'ils ont des cochons d'Inde.

COMMENT DONNER UNE PILULE À UN CHIEN

1) Enveloppez la pilule dans un morceau de viande. Laissez tomber par terre.

Quel est le comble de la folie ? Réponse : mettre ses lunettes pour écouter comme ça sent bon.

Ta mère est tellement conne qu'elle met du liquide bleu sur le Tampax avant de se le mettre.